“新时代为政修身”系列

政修十篇

石志刚 著

中国出版集团
中国民主法制出版社
全国百佳图书出版单位

图书在版编目（CIP）数据

政修十篇 / 石志刚著 .—北京 ：中国民主法制出版社，2023. 4

ISBN 978 – 7 – 5162 – 3152 – 4

Ⅰ. ①政… Ⅱ. ①石… Ⅲ. ①领导人员 – 道德修养 – 中国 – 学习参考资料 Ⅳ. ①D630. 3

中国国家版本馆 CIP 数据核字（2023）第 050748 号

图书出品人： 刘海涛
出 版 统 筹： 石　松
图 书 策 划： 张佳彬
责 任 编 辑： 刘险涛　高文鹏

书　　名/ 政修十篇
作　　者/ 石志刚　著

出版 · 发行/ 中国民主法制出版社
地址/ 北京市丰台区右安门外玉林里 7 号（100069）
电话/（010）63055259（总编室）　63058068　63057714（营销中心）
传真/（010）63055259
http：//www. npcpub. com
E – mail： mzfz@ npcpub. com
经销/ 新华书店
开本/ 16 开　710 毫米 × 1000 毫米
印张/ 18. 5　**字数/** 274 千字
版本/ 2023 年 4 月第 1 版　2023 年 4 月第 1 次印刷
印刷/ 三河市宏图印务有限公司

书号/ ISBN 978 – 7 – 5162 – 3152 – 4

定价/ 58. 00 元

序　言

中国社会里“官本位”思想比较严重，这是几千年中国皇朝更替轮回的历史文化产物。出现一个好皇帝、明君，就能极大推动中国社会的进步，增强国家实力和百姓幸福感，提升国家威望和对边疆的控制力；出现一个好官、能吏，就能造福一方百姓，形成风清气正的良好社会秩序，让百姓世世代代念记、歌颂。党的十八大以来，习近平总书记多次强调抓住领导干部这个“关键少数”，领导干部要以身作则、率先垂范践行党的全心全意为人民服务的宗旨，清正廉洁，执政为民，形成党风的风向标，以优良党风带动好的社会风气的养成。从严治党首先要从从严治官治吏开始，这是百年大党长盛不衰的客观要求，这既是从中国历史传统文化中汲取的政治智慧经验，也是现实社会中人民群众的迫切期待。

这些年，我在中央党校（国家行政学院）给各级领导干部讲政德修养，结合现实中一些领导干部贪腐堕落、寡廉鲜耻、丧失做人底线的案例，一直倡导领导干部要学点儿国学，尤其要学习中国历史上的好官好吏身上的好品德，用中华优秀传统文化滋养我们的身心，增强做新时代忠诚、干净、担当好干部的自信心，筑牢执政为民的为官底线。我还一直强调“仕而优则学，学而优则仕”的重要性，领导干部应该在工作之余多读书学习而不断提高自己的学识水平，在学习研究之余要多去体察民情、倾听民意和参与具体的工作与实践以砥砺自己的品性，努力在读书学习、干事创业之中提升为人民服务的本领。

什么样的官是一个好官？好官没有严格的定义，不同的人有不同的理解，不同的时代有不同的需求，不同的地域有不同的崇尚。但好官都有共同的品质特征和做人底线，自古至今流传于老百姓心中的明君、名相、名臣、能吏，都能照顾老百姓的现实利益需求，肯为老百姓办实事、清廉自爱，刚正不阿，能够维护公平正义、有较好的包容性，不搞小圈子，有大局观且能够为国家为民族的利益敢于牺牲自己。比如谈到清正廉洁的好官就会想到于成龙；说到公平正义的好官就会想到包拯；念到“先天下之忧而忧，后天下之乐而乐”，就会想到范仲淹；讲到肯与老百姓打成一片、为老百姓办实事好事而一生不改其志的好官，就会想到苏东坡；而谈到能为国家利益、民族大义不惜牺牲自己的好官，就会想起牧羊的苏武、通西域的张骞、下西洋的郑和……作为新时代的领导干部，仍然需要古代好官身上的这种优秀品质，并且要不断发扬光大，做到境界更高，目标更为远大，才能引领中华民族伟大复兴和为党的第二个百年奋斗目标的实现作出更大的历史性贡献。

如何才能做成一名好官？这是一件不容易的事。首先你得有能力水平，需要不断读书学习提升自己，需要不断在事上磨炼来锤炼自己，需要经常管控自己的欲望来修炼自己。从古至今能成大事者，都是坚持自己朝大目标坚定迈进的人，半途而废是不行的。在中国历史上，许多好官都是学富五车、能文能武的人，他们能留下清名让百姓念记，都是一生勤奋历练、齐家修身养性的结果，做到了富贵不能淫、贫贱不能移、威武不能屈。今天，我们的领导干部，应以古代好官为鉴，同样需要经历勤奋读书、刻苦修炼、清淡寡欲的过程，坚守做人底线，树立远大理想，只有不断地为人民、为社会、为国家贡献自己的力量，才能获得党和人民的认可，成为一名“好官”。

包头市委党校的石志刚老师在工作之余，收集大量的中国好官好吏素材形成了《政修十篇》，从良吏、交友、用人、奇才、尊师、家书、品格、廉洁、使者、读书等十个方面，全方位、立体地展现了传统中国社会里政德修养的人物故事和品德情怀。我认为这是一本政德教育方面的好教材，是一本弘扬传播中华优秀传统文化的好书，希望能够成为各级领导干部学习国学、学习中华优秀传统文化和增强自身修养的案头枕边书籍，激励我们做一个共产党的“好官”，做一个新时代中国特色社会主义建设的好领路人，不辜负人民，不辜负时代。

是为序。

王 杰

中共中央党校（国家行政学院）教授、博士生导师

中国实学研究会会长

领导干部学国学组委会主任

2023 年 2 月

目　录

良吏篇

愿坚持之官

作为官员，身上的责任非常大，担子非常重。如果在繁重的工作中，官员能够做到将正确的决策付诸实践，且能加以坚持，数年后会略有小成。坚持很重要。有的时候，精力不济会冲淡坚持之力，时间不够会冲淡坚持之力，承受过大压力会冲淡坚持之力，受习俗的影响会冲淡坚持之力。古代社会中，有个叫李光的官员，他愿坚持，能坚持，善坚持，且坚持有序、有法、有理，最终成为一个有影响力、受民众爱戴的好官。

南宋时期有一个官员叫李光。他从小的时候，就能树立远大的志向，显示出与众不同的风采。李光的父亲评价他："吾儿云间鹤，其兴吾门乎!"① 李光不负众望，终于考上了进士，走上了仕途，实践其为君尽忠、为民做事的人生理念。他不论在什么地方，任什么职务，都不会改变其做实事的意愿和行为。他在开化县担任县令的时候，面对当地文教落后的局面，决心下大力气进行扭转。在开化，县学荒芜，学风颓唐，士者不举。经过调查研究和集中分析后，李光决定建造新县学，聘请乡贤名士讲学于此。此刻，开化最需要钱财支持。"新官受事，以交代为第一务，而惟钱谷为尤要。"② 李光摸底开化县财政状况后，发现财力紧缺，没有多余的钱财来建造县学。慢官惰官会选择知难而退，放弃最初的坚持。李光则不然。他认准一件事，有扭住不放，一抓到底的决心。于是，李光撰写了建造县学的详细方案，呈交给上级官府，最终获得四十多万的财政拨款，用于建造县学。紧接着，李光亲自负责县学建造事宜，采购材料、整合资源、调动群众、群策群力，最终建造成了新县学。建造新县学是县里的一件大事、喜事、好事。李光特意邀请老家在开化、人暂住在苏州的乡贤程俱撰写祝文。程俱经过认真准备和思考，撰写了《衢州开化县新学记》，影响非常

---

① 倪其心：《二十四史全译：宋史》（全十六册）第十三册，汉语大词典出版社 2004 年版，第 8027 页。

② （清）黄六鸿：《福惠全书》，广陵书社 2018 年版，第 56 页。

大。办教育是给当地的最大福利，泽被了全县百姓。程俱专门为李光写了四首诗，其中一句尤能表现作者对李光政绩的认可："偶闻贤长官，邂逅尉所望。"①

后来，李光调任平江府（苏州府）常熟县任知县。李光不畏豪强，致力于打击地方豪强权贵，稳定社会秩序。常熟县有一个叫朱冲的人，因开药材铺，意外成为暴发户。当时权臣蔡京移居钱塘，经过苏州，心血来潮，答应为当地捐建一座寺庙阁楼。朱冲为了结交蔡京，愿意出钱修建该寺庙阁楼，得到蔡京赏识。蔡京不久回京且官复原职，于是就重用了朱冲及朱冲之子朱勔。朱冲父子搭上了蔡京这条线，对蔡京展开金钱攻势，更加得到蔡京的信赖。朱冲父子为蔡京和宋徽宗承办运载花石纲之活，惹得百姓怨声载道。朱冲父子还巧取豪夺、鱼肉百姓、横行乡里，被李光所闻。当时，朱家一个童仆在市井为非作歹，被李光抓起来并治罪。"勔（朱勔，作者注，下同）怒，讽转运使，移光（李光）知吴江，光（李光）即日以状上于郡，将致仕以归。会有直其事者，而光（李光）挺挺自若。勔（朱勔）终不能害也。"② 当时，朱勔权势熏天，李光能够对其作奸犯科之事进行有力回击，实属难得。后来，李光被调到京东西学事司任职，对朱勔始终没有屈服。"尽管朱勔气焰熏天，但是李光始终没有向他趋附一直到宋钦宗靖康元年，他还在上疏弹劾朱勔。《论曾纡等札子》《论制国用札子》《论胡直孺札子》《论燕瑛、胡直孺札子》《论燕瑛、胡直孺第三札子》等文，都有弹劾朱勔的言论，不可谓不执着。"③ 没有与豪强权贵做斗争的坚定决心，是不可能采取持续行为的。

李光为官有一个特征是敢于直言，这与他忠心为国的品性是分不开的。他在担任吏部司封员外郎后，向宋徽宗呈上一篇《乞开言路札子》，谏言宋徽宗要广开言路。李光在《乞开言路札子》中指出："陛下所当忧勤宵旰，虚己以听纳；群臣所宜精白勉励，夙夜以进戒。"④ 李光利用深厚的学养、

---

① 薛泉：《沧海抚鲸波　流落笑天涯：九死不悔的逐臣李光》，南方出版社 2019 年版，第 11 页。
② 周勋初：《宋人轶事汇编》（全五册）第四册，上海古籍出版社 2014 年版，第 2077 页。
③ 薛泉：《沧海抚鲸波　流落笑天涯：九死不悔的逐臣李光》，南方出版社 2019 年版，第 14 页。
④ 薛泉：《沧海抚鲸波　流落笑天涯：九死不悔的逐臣李光》，南方出版社 2019 年版，第 15 页。

扎实的文采、透彻的说理，告诫宋徽宗要虚心听取民意和各方意见，否则民意和意见不上达君主，君主决策就会盲目，就会动摇国本。当时宰相王黼以李光越职谏言之由，将其贬到桂林阳朔县为官。宋钦宗即位后，召李光回朝，担任右司谏，负责讽谕规谏，可以光明正大地向朝廷进行谏言。当时，李光不满蔡京父子专权擅政，待蔡京父子被放逐之时，上疏《论蔡攸欲潜入都城札子》，对蔡京之子蔡攸以护卫太上皇行宫为由妄图进驻京城进行谏言："若攸（蔡攸）果入都城，则百姓必致生变，万一惊犯上皇属车之尘，则臣坐不预言之罪。伏望陛下特降睿旨，早赐黜责施行。"[①] 李光之言十分有理，既然蔡京父子危害巨大，已然放逐，为何还要给予其放还的可能和空间。因蔡攸为祸较多，最终在流放中，被朝廷使者杀害。当时，李光看到朝廷重用李会、李擢，上疏《论李会、李擢札子》，陈述这二人既无尺寸之功，又主张避敌割地，需严加惩处。结果，其谏言如泥牛入海，杳无音讯。金兵入京师，擅自逃跑的京师士大夫有许多。面对此情此景，李光上《论在京擅离官守人一等科罪札子》，谏言皇帝要有奖惩机制来管理官员："臣窃惟圣主制世御俗之方，莫大于赏罚。所以行赏罚者，莫先于至公。"[②] 朝廷已经积贫积弱多时，不可能因李光一言而扭转局面。但李光的忠诚之心，可见一斑。他一旦发现朝政中的缺失，一定会谏言陈词，以坚持的精神为原则，持之以恒地表达自己的真挚政治见解。

南宋政权建立后，李光的仕途充满了起伏之态。既做过朝中显要之官，又当过基层实务之吏，阅历可谓丰矣。受秦桧及其党徒的打击，李光被贬到海南琼州。荒凉偏远之地，没有消磨李光之志。他没有垂头丧气、一蹶不振，而是调整自己的心态，积极地适应当地的生活。他的心态是乐观的。经历了宦海沉浮，路途艰险、环境恶劣带来的身心疲惫之感更能释怀一些。此时的他，走入了苏东坡的内心，与苏东坡发生了跨代共鸣。62 岁的苏东坡被贬为琼州别驾，已然是李光来琼州前 50 多年的事情了。李光更加注重寻踪苏东坡在海南的印迹，探寻心灵解放的可能。琼州的双泉，因苏东坡

---

① 薛泉：《沧海抚鲸波　流落笑天涯：九死不悔的逐臣李光》，南方出版社 2019 年版，第 23 页。
② 薛泉：《沧海抚鲸波　流落笑天涯：九死不悔的逐臣李光》，南方出版社 2019 年版，第 27 页。

在琼州饮而闻名。李光经过探寻，找到了双泉，发现双泉已经面目全非，十分荒芜了。经李光努力，做了大量清理、维护工作后，双泉之水又变成了清醇香甜之味。当地百姓又能饮这幸福之水了，还能方便百姓灌溉。李光作了一首《双泉诗》，对苏东坡在琼州的贡献赞不绝口："苏公（苏东坡）经行地，亭宇稍葺整。方池湛寒碧，曾照东坡影。"① 在琼州待了六年后，1150 年，李光再度被贬，去了昌化军。到了昌化军后，李光发现了更多苏东坡的遗迹。当年苏东坡来到昌化军后，当地黎子云兄弟修建的有水有竹有林有草的黎氏园，留下了苏东坡与众多文化贤达的身影。李光来到昌化军后，在海南士人的安排下，来到黎氏园，缅怀苏东坡："缅怀东坡老，陈迹记旧痕。空余载酒堂，往事孰与论。"② 李光持之以恒地搜集在海南的苏东坡书画遗文，深入地探寻苏东坡在海南的足迹，是因为与苏东坡有着同为贬人却心怀天下的情怀使然。在哀悼苏东坡的同时，李光是为了更好地传承苏东坡的文化精神，在人生低谷甚至被罢黜被冷落被忽视中，仍然能与自然亲近，仍然能与友人谈笑有鸿儒，仍然能用阔达的心性包容世间的万物。苏东坡致力于昌化文教事业的发展，使当地出现了厚重的文气。李光继承苏东坡的事业，推行礼乐教化，传播儒家之学，有"尼父道行千载后，坐令南海变东周"③ 之大观。

能担当之官

古代社会中，为官之人在其政治生涯中，有用性显得尤为重要。基于这种有用性的理解，百姓能实现安居乐业的目标，社会能实现和谐发展的目标，国家能实现富裕强大的目标。如果官员失去了这种有用性，也就是失去了为官的价值和作用，对百姓、社会和国家则产生负面的影响。故有识之士反对和抵制这种失去有用性的无用之官。吴应箕在《罢无用》中发

---

① 薛泉：《沧海抚鲸波　流落笑天涯：九死不悔的逐臣李光》，南方出版社 2019 年版，第 85 页。

② 薛泉：《沧海抚鲸波　流落笑天涯：九死不悔的逐臣李光》，南方出版社 2019 年版，第 117 页。

③ 薛泉：《沧海抚鲸波　流落笑天涯：九死不悔的逐臣李光》，南方出版社 2019 年版，第 129 页。

出这样的慨叹："故无用之官之当罢，臣以为无如今日之甚者也。"[①] 罢无用之官，唤醒官员身上有用性价值的发挥，即倡导让敢于善于担当的官员出现在官场中。

宋朝的李纲，以天下为己任，胸怀大志，有极强的爱国之心。他为官的一生，坚持不做无用之官，将为官之有用性发挥到极致，体现出能臣敢于担当的风采。他的担当，在于尽职尽业，在于对问题的透彻分析，在于明知不可为而为之。说他尽职尽业，是因为不论在什么岗位上，他都能立足岗位、忠于职守。他考中进士后，在担任监察御史期间，"以言事忤权贵"[②]，得罪了权贵，被调离了岗位。他负责监察工作，没有被权贵的地位和权势所吓倒，能秉公而言，实为难得。后来，汴梁发大水，李纲趁机上疏告诫朝廷："言阴气太盛，当以盗贼外患为忧。"[③] 朝廷认为他讲话十分不吉利，遂贬他为基层税务小官。这也说明，他能对朝廷提出较有远见的建议，为此而被贬，没有担当精神作支撑，焉能执着于此。

李纲对事物判断有着清晰的认识，这种认识往往能帮助他作出较为正确的决策，最终助推他成就功业。当时，宋朝政权飘摇，外有强敌，内滋腐化，考验着宋朝最高统治者和所有官员。担任太常少卿后的李纲，看到金国进攻宋，边防告急。李纲上"御戎五策"[④]，且提出宋徽宗传位于皇太子的要求。李纲刺破手臂，用血写下奏章："皇太子监国，典礼之常也。今大敌入攻，安危存亡在呼吸间，犹守常礼可乎？名分不正而当大权，何以号召天下，期成功于万一哉？若假皇太子以位号，使为陛下守宗社，收将士心，以死捍敌，天下可保。"[⑤] 宋徽宗看了李纲奏章后，决定禅位。宋钦宗登位，实现了李纲寄希望于君主更替而助朝政一新的目标，使得宋能以

---

① （明）吴应箕：《吴应箕文集》，黄山书社 2017 年版，第 154 页。

② 倪其心：《二十四史全译：宋史》（全十六册）第十二册，汉语大词典出版社 2004 年版，第 7933 页。

③ 倪其心：《二十四史全译：宋史》（全十六册）第十二册，汉语大词典出版社 2004 年版，第 7933 页。

④ 倪其心：《二十四史全译：宋史》（全十六册）第十二册，汉语大词典出版社 2004 年版，第 7933 页。

⑤ 倪其心：《二十四史全译：宋史》（全十六册）第十二册，汉语大词典出版社 2004 年版，第 7934 页。

全新的面貌迎接外敌入侵。李纲上疏宋钦宗，对当时时局提出了十分透彻的见解："方今中国势弱，君子道消，法度纪纲，荡然无统。陛下履位之初，当上应天心，下顺人欲。攘除外患，使中国之势尊；诛锄内奸，使君子之道长，以副道君皇帝付托之意。"① 李纲的透彻分析，是一种责任担当，是一种高层次的责任担当，里面寄托了他对国家得以善治富强的政治理想。宋钦宗十分欣赏李纲的担当，亲自召见他，表达了自己在东宫时就对他有钦服之意。看到有人出使金国商议割地事宜，李纲上奏曰："祖宗疆土，当以死守，不可以尺寸与人。"② 对事情的透彻分析，逐渐转化为对国家的誓死守护之情，担当色彩更加浓厚。宋钦宗十分嘉悦其言，提拔他为兵部侍郎。靖康元年，金兵渡过黄河，宋徽宗逃到东南，宰执大臣建议宋钦宗需要暂避风头，独有李纲挺身而出，建议坚守京城，团结军民，共同抗敌。"及至靖康时，国势阽危，养士一百六十年的北宋，唯有李纲能挺身救国，作为一个本不知兵的文臣，在仓猝之际，居然相当有效地组织了开封的城防，屡次击退了敌人。"③ 当慌乱中的宋钦宗询问李纲应对之策时，李纲慷慨陈词，谏言皇帝让宰执大臣负责出战事宜。当宰执大臣质疑李纲为何不应战时，李纲的担当精神体现得淋漓尽致："陛下不以臣庸懦，倘使治兵，愿以死报。"④ 怀有一颗忠诚之心，让臣僚担当，出于公心；允自己担当，出于责任。坚守京城之志已立，此后绝无更改之理。除了要面对臣僚的质疑，还要面对宋钦宗的犹豫彷徨。为了坚定宋钦宗留守京城的决心，他向宋钦宗陈词，极言其不可离开京城之理："今四方之兵不日云集，陛下奈何轻举以蹈明皇之覆辙乎？"⑤ 宋钦宗颇有悔悟。然而，宋钦宗又转变态度，

---

① 倪其心：《二十四史全译：宋史》（全十六册）第十二册，汉语大词典出版社 2004 年版，第 7934 页。

② 倪其心：《二十四史全译：宋史》（全十六册）第十二册，汉语大词典出版社 2004 年版，第 7934 页。

③ 王曾瑜：《并存继逝的王朝：王曾瑜说辽宋夏金》，生活 · 读书 · 新知三联书店 2018 年版，第 215—216 页。

④ 倪其心：《二十四史全译：宋史》（全十六册）第十二册，汉语大词典出版社 2004 年版，第 7935 页。

⑤ 倪其心：《二十四史全译：宋史》（全十六册）第十二册，汉语大词典出版社 2004 年版，第 7935 页。

坚持要离开京城。李纲声泪俱下地跪在宋钦宗面前，以死请求宋钦宗留下来。宋钦宗被李纲的执着所打动，对着李纲说：“朕今为卿留。治兵御敌之事，专责之卿，勿令有疏虞。”① 李纲接受了宋钦宗的任命。然而，宋钦宗又转变态度，决定出离京城。李纲听到这个动静后，来到朝廷，看到禁卫军已经整装待发，高声对着禁卫军说：“尔等愿守宗社乎，愿从幸乎？”② 禁卫军均说愿意坚守宗庙社稷。得到禁卫军肯定后，李纲入朝对着宋钦宗说：“陛下已许臣留，复戒行何也？今六军父母妻子皆在都城，愿以死守，万一中道散归，陛下孰与为卫？敌兵已逼，知乘舆未远，以健马疾追，何以御之？”③ 宋钦宗听了李纲之言，明白过来，下令坚守京城，这就极大地鼓舞了在京城守卫的宋军。李纲负责拱卫京城之责，身先士卒，率众迎敌，打退了金兵。

李纲在一首诗中写道：“谋身性虽拙，许国心独苦。”④ 他兢兢业业，做出了官员的味道；他为国而磨砺，做出了官员的情操。他与当时的统治者宋钦宗、宋高宗，从根本上讲，是两种不同类型的社会角色。宋钦宗、宋高宗虽有反抗金兵入侵之心，却容易产生懈怠、苟安、偏安的心理。宋钦宗、宋高宗或许基于民意，或许是出于一时感动，会将李纲之言予以重视，加以实践，实际上内心更加屈从于善揣测圣意的奸佞之人的想法。因而宋钦宗、宋高宗表面上尊重李纲，但不会长期对其委以重任，持之以恒地重用他，也不会认真考虑和践行李纲的言论。李纲立志要彻底反击金兵，坚决反对投降政策，致力于恢复被金兵强占的地域。李纲的主张与宋钦宗、宋高宗的统治方针是相违背的，故其经常受到排挤，也就顺理成章了。或许李纲也明白，他想恢复大宋王朝昔日的荣光，是一件明知不可为而为之

---

① 倪其心：《二十四史全译：宋史》（全十六册）第十二册，汉语大词典出版社 2004 年版，第 7935 页。

② 倪其心：《二十四史全译：宋史》（全十六册）第十二册，汉语大词典出版社 2004 年版，第 7935 页。

③ 倪其心：《二十四史全译：宋史》（全十六册）第十二册，汉语大词典出版社 2004 年版，第 7935 页。

④ 王曾瑜：《并存继逝的王朝：王曾瑜说辽宋夏金》，生活 · 读书 · 新知三联书店 2018 年版，第 218 页。

的事情，尽管如此，他仍然选择去尝试去探索。李纲对宋高宗讲："愿陛下勿以敌退为可喜，而以仇敌未报为可愤；勿以东南为可安，而以中原未复、赤县神州陷于敌国为可耻；勿以诸将屡捷为可贺，而以军政未修、士气未振而强敌犹得以潜逃为可虞。则中兴之期，可指日而俟。"① 李纲精准有力的判断和言论，没有打动宋高宗的心灵，也不会打动宋高宗的心灵。"宋高宗实际上信用黄潜善与汪伯彦，处处对他（李纲）刁难和掣肘。"② 李纲在受排挤中因大志难申郁郁而终。"纲（李纲）负天下之望，以一身用捨为社稷生民安危。虽身或不用，用有不久，而其忠诚义气，凛然动乎远迩。"③ 李纲的担当精神永远激励后来之人不断奋斗，开创新的事业。

践忠诚之官

在古代社会，对忠诚之官的要求，是十分高的。这种要求既体现在尽职尽责上，又体现在不为名利上。武则天在《臣轨·至忠章》中指出："盖闻古之忠臣事其君也，尽心焉，尽力焉，称材居位，称能受禄。不面誉以求亲，不愉悦以苟合。"④ 作为官员，既要尽心尽力，实心任事，为百姓做政绩；又要品性正直，在国家面临灾难之时，挺身而出，迎难而上，攻坚克难。

宋朝的宗泽就是这样一位践行忠诚理念的好官。他自幼志向远大，性格豪放。1091 年，他考中进士，在殿试时因"极陈时弊"⑤，而被认为是恶言，将其列为末甲最低一等。为官后，宗泽尽心尽力履职，政绩斐然；诚心诚意谏言，彰显爱国之心。他在担任馆陶尉期间，上级传檄文于他，让

---

① 倪其心：《二十四史全译：宋史》（全十六册）第十二册，汉语大词典出版社 2004 年版，第 7956 页。

② 王曾瑜：《并存继逝的王朝：王曾瑜说辽宋夏金》，生活·读书·新知三联书店 2018 年版，第 217 页。

③ 倪其心：《二十四史全译：宋史》（全十六册）第十二册，汉语大词典出版社 2004 年版，第 7969 页。

④ 王双怀、梁克敏、黄海鹏译注：《帝范　臣轨　庭训格言》，中华书局 2021 年版，第 92 页。

⑤ 倪其心：《二十四史全译：宋史》（全十六册）第十二册，汉语大词典出版社 2004 年版，第 7971 页。

他即刻视察黄河堤防。当时，恰逢宗泽的大儿子去世，但是宗泽接下察看黄河堤防的檄文后，没有来得及行悲儿之事，为了紧急公务，就匆忙赶路了。吕惠卿听闻此事后说：“可谓国尔忘家者。”① 宗泽看到部分服徭役的挖河民工在隆冬之节被冻死，于是就上疏上司：“时方凝寒，徒苦民而功未易集，少需之，至初春可不扰而办。”② 宗泽的建议被朝廷知道后，认可了他的建议。他被调到衢州担任龙游县令，当地文化建设十分落后，老百姓居然都没听说过学校。为了改变当地文教落后之习，宗泽“为建庠序，设师儒，讲论经术，风俗一变，自此擢科者相继”③。宗泽致力于在当地建学校、请名师，营造良好学习氛围，改变了当地落后的文化面貌。随后，他担任莱州掖县知县，为了百姓的利益，对朝廷使者直言相告。当时，朝廷派使者赴各地买牛黄以用药，造成了各地竞相屠牛的现象。“督责急如星火，州县百姓竞屠牛以取黄。”④ 如果完不成朝廷交办的取牛黄的任务，就会受到责罚。有的地方官员对下来督办收取牛黄的官吏行贿，希望他们回到朝廷帮助遮掩。宗泽怎么应对这件事呢？“汝霖（宗泽）独以状申提举司，言牛遇岁疫则多病有黄，今太平已久，和气充塞，县境牛皆充腯（肥），无黄可取。使者不能诘，一县获免。”⑤ 宗泽有理有据地回应，免除了所在县应上交牛黄的任务。

金兵南下，宋朝政权不稳，为宗泽展其宏图、显其爱国之心提供了一个大的背景。朝廷任命宗泽为磁州长官，他毅然赴任：“食禄而避难，不可也。”⑥ 当时，许多官员不愿意到金兵攻陷或者即将攻打的地方任职。然而，宗泽不是这样想的。他毅然赴任磁州，修缮城池，疏浚城河，置办作战器

---

① 倪其心：《二十四史全译：宋史》（全十六册）第十二册，汉语大词典出版社 2004 年版，第 7971 页。

② 倪其心：《二十四史全译：宋史》（全十六册）第十二册，汉语大词典出版社 2004 年版，第 7971 页。

③ 倪其心：《二十四史全译：宋史》（全十六册）第十二册，汉语大词典出版社 2004 年版，第 7971 页。

④ 周勋初：《宋人轶事汇编》（全五册）第四册，上海古籍出版社 2014 年版，第 1999 页。

⑤ 周勋初：《宋人轶事汇编》（全五册）第四册，上海古籍出版社 2014 年版，第 1999 页。

⑥ 倪其心：《二十四史全译：宋史》（全十六册）第十二册，汉语大词典出版社 2004 年版，第 7972 页。

械，招募义勇兵士，为防御金兵进攻而积极备战。金兵攻占真定后，派骑兵攻打磁州。在磁州的宗泽“擐甲登城，令壮士以神臂弓射走之，开门纵击，斩首数百级。所获羊马金帛，悉以赏军士”①。一个文臣，在战乱时代，能够担起保卫国家的责任，成为一名卓越的武将，何其难也。宗泽则做到了。宗泽在磁州见到康王赵构，劝其不要出使金国，劝说成功。后来，康王建大元帅府，宗泽踏冰渡过黄河，见到康王，希望派遣援兵，收复失地，被汪伯彦等人劝阻，将宗泽派遣到其他地方，从此不能参与大元帅府之议事。宗泽率自己的部队与金兵交战十三次，皆获得了胜利。因他谏言收复失地，与康王等守旧势力主张不同，故被排挤出权力中枢。康王在南京登基，即历史上的宋高宗。宗泽来到南京见宋高宗，声泪俱下地向宋高宗面陈复兴大宋的计划。宗泽的这种爱国情怀得到了当时另外一位爱国将领、民族英雄李纲的认同。李纲认为宗泽是一个杰出人物，积极地推荐宗泽。在李纲推荐下，宗泽出任开封府知府。“北宋末年，宋王朝已腐朽透顶，阶级矛盾激化，统治集团内部争权夺利斗争加剧。在东北地区新崛起的金国，乘机出兵大举南下，激烈的民族斗争把宗泽推到抗金第一线。当金兵攻破宋都开封，掳走徽、钦二帝，新建立的以赵构为首的小朝廷仓皇南避之际，年近古稀的宗泽，被任命为东京留守兼开封府尹，负责收拾北方残局。”②宋高宗在《迁开封府敕》中认为宗泽堪当此任：“惟京师杂五方之俗，事物大繁，号称难治。用劳侍从之良，典司尹正之重，以尔宗泽，气浑而质厚，中伟而外庄，笃望可以镇浮，长才足以周变，优游两禁，誉处益隆，是用膺青社赐履之邦，莅三辅浩穰之寄。”③ 宗泽虽然年事已高，却仍然奋勇前进，成为当时抗金的一面旗帜。“经李纲力争，宗泽才出任开封知府，后又升开封尹、东京留守，他所管辖的地区仅限于开封府界。然而在事实上，宗泽虽无权掌管前沿的各军区，却成为最重要的前沿统兵大臣，东京留守司军在他的领导下，成为建炎初宋军的中坚、抗金的重心、最有战斗力的

① 倪其心：《二十四史全译：宋史》（全十六册）第十二册，汉语大词典出版社 2004 年版，第 7972 页。

② （宋）宗泽：《宗泽集》，浙江古籍出版社 2012 年版，第 1 页。

③ （宋）宗泽：《宗泽集》，浙江古籍出版社 2012 年版，第 36—37 页。

一支队伍。”[①] 在开封坚守的宗泽，一方面整顿部队，积极备战，且多次打退金兵的进犯；另一方面，谏言在南方的宋高宗不要逸于安乐，要回归开封，主持大局，重整战鼓，一举消灭金军，恢复宋朝往日荣光，结果没有引起宋高宗的重视，被奸佞之人将其来信扣押、隐瞒。实际上，宋高宗亦没有回归开封、恢复失地的意愿。宗泽在一次上疏中谏言宋高宗：“陛下尚留南都，道路籍籍，咸以为陛下舍宗庙朝廷，使社稷无依，生灵失所仰戴。陛下宜亟回汴京（开封），以慰元元之心。”[②] 在封建社会，对皇帝提出如此迫切的期待，用语之深情、峻急甚至咄咄逼人，实属罕见，亦能从中看到作为老臣的宗泽的忠诚爱国之心。宗泽的上疏如泥牛入海，没有回音。于是，宗泽再次上疏宋高宗进行谏言：“京师二百年积累之基业，陛下奈何轻弃以遗敌国乎。”[③] 结果，又遭遇没有回音的结局。像这样的谏言上疏有很多，均没有对宋高宗起到作用。宗泽的名声越来越大，金人听到他的名字都十分敬畏，宋人说到他时，“必曰宗爷爷”[④]。宗泽留下许多诗篇。他在一首《述怀》诗中写道：“忧国心如奔马，勤王笔有奇兵。一旦立诛祸乱，千载坐视太平。”[⑤] 爱国之心、忧民之情在宗泽头脑中留下了深刻的印记。他多么希望能够收复失地，解决战乱，还百姓一个没有战争创伤的和平安居环境。宗泽想劝言宋高宗收复失地，没有效果，积愤成疾，背上长了一个疽。宗泽的下属入府问病，宗泽对他们说：“吾以二帝蒙尘，积愤至此。汝等能歼敌，则我死无恨。”[⑥] 他的下属皆曰：“敢不尽力！”[⑦] 等到下属出

---

① 王曾瑜：《并存继逝的王朝：王曾瑜说辽宋夏金》，生活·读书·新知三联书店 2018 年版，第 212 页。

② 倪其心：《二十四史全译：宋史》（全十六册）第十二册，汉语大词典出版社 2004 年版，第 7977 页。

③ 倪其心：《二十四史全译：宋史》（全十六册）第十二册，汉语大词典出版社 2004 年版，第 7977 页。

④ 倪其心：《二十四史全译：宋史》（全十六册）第十二册，汉语大词典出版社 2004 年版，第 7980 页。

⑤ （宋）宗泽：《宗泽集》，浙江古籍出版社 2012 年版，第 120 页。

⑥ 倪其心：《二十四史全译：宋史》（全十六册）第十二册，汉语大词典出版社 2004 年版，第 7981 页。

⑦ 倪其心：《二十四史全译：宋史》（全十六册）第十二册，汉语大词典出版社 2004 年版，第 7981 页。

府，宗泽引杜甫之诗“出师未捷身先死，长使英雄泪满襟”[①]而叹。第二天，宗泽没有说家事，而是连呼几声“过河”而死。他在自己留下的《遗表》中表达了忠诚之心：“心期许国，每输扶厦之忠；死不忘君，犹积恋轩之意。”[②]表达了希望宋高宗能回归开封、完成收复失地目标的意思：“属臣之子，记臣之言，力请回銮，亟还京阙，上念社稷之重，下慰黎民之心，命将出师，大震雷霆之怒，救焚拯溺，出民水火之中。”[③]宗泽去世后，朝廷谥号“忠简”[④]，他的好朋友李纲得知他去世的消息，写下了《哭宗留守汝霖》一文，其中写道：“今闻其疽发背而死，殆忧愤使然，殊可为天下惜也。”[⑤]从李纲一“惜”字中可看到英雄之忠而不用之愤。

讲诚信之官

诚信是官员的立身之本。有了诚信，才能更好地做到以身作则，维护与同僚关系，推动工作顺利开展。清人郑端在《为官须知》中对官员讲诚信，认识是深刻的、周全的。他说：“信者，居官立事之本，与民信则不疑而事可集矣。”[⑥]郑端认为，讲诚信是为官之本。在处理与百姓关系上，首先要有诚信意识，方能得到百姓信赖，最终才能做事有所成。

郑端说：“期会必如其约，无因冗暂违；告谕必如其言，无因事暂改。”[⑦]明代有一个官员叫李信圭。他的名字中有一个“信”字，正好是对其为官持信的最好诠释。他刚被任命为清河知县时，看到当地民穷而交通

---

① 倪其心：《二十四史全译：宋史》（全十六册）第十二册，汉语大词典出版社 2004 年版，第 7981 页。

② （宋）宗泽：《宗泽集》，浙江古籍出版社 2012 年版，第 85 页。

③ （宋）宗泽：《宗泽集》，浙江古籍出版社 2012 年版，第 86 页。

④ 倪其心：《二十四史全译：宋史》（全十六册）第十二册，汉语大词典出版社 2004 年版，第 7981 页。

⑤ （宋）宗泽：《宗泽集》，浙江古籍出版社 2012 年版，第 88 页。

⑥ （清）郑端等：《为官须知：外四种》（全二册）上册，广陵书社 2014 年版，第 19 页。

⑦ （清）郑端等：《为官须知：外四种》（全二册）上册，广陵书社 2014 年版，第 19 页。

便利，“县瘠而冲，官艘日相衔”[①]。清河县虽然很穷，但是官船很多，需要很多船夫来拉动。以前的清河知县，请求沭阳县五百人来帮忙拉船，因离家较远，这些人吃饭穿衣均不方便。李信圭来到清河县后，“请免其助役，代输清河浮征三之二，两邑便之”[②]。李信圭立志要做好官，就是要践行其为好官的理念。他为当地百姓立下服务之旨，付诸实践，且收获成功，这就是对民守信。有了这个理念，他才会根据清河县实际情况，作出符合当地发展的合理决策，让当地百姓受惠。请当地百姓当船工，既距离近，又能帮助当地百姓挣钱，还能让沭阳县百姓远离饮食穿衣之苦。但是，为官船当船工，所遭遇之磨难，所临风险之大，是常人难以想象的。李信圭于是向朝廷上疏，严明此事：“本邑地广人稀，地当冲要，使节络绎，日发民挽舟。丁壮既尽，役及老稚，妨废农桑。前年兵部有令，公事亟者舟予五人，缓者则否。今此令不行，役夫无限，有一舟至四五十人者。凶威所加，谁敢诘问。或遇快风，步追不及，则官舫人役没其所赍衣粮，俾受寒馁。乞申明前令，哀此惮人。”[③] 朝廷批准了他的建议。这样做，既减少了做船工的人数，又能保证农桑用工人数。

如果把诚信放在更广泛的空间中去理解和把握，其内涵就十分丰富了。郑端说：“行之始必要之终，责诸人必先责己，待士夫尤宜以信处之。”[④] 郑端所理解的“信”，是要为官者始终如一地去做事情，且要有以身作则的精神；同时，在处理与同僚关系中，要讲信用。宋朝官员赵抃就是这样的人。赵抃考中进士后，被推荐为殿中侍御史，“弹劾不避权倖，声称凛然，京师目为‘铁面御史’”[⑤]。此后，他终生不改铁面本色，敢于直言，为政持正论。他被召为右司谏后，向朝廷谏言，批评枢密副使陈升之“奸邪，交结

① 章培恒、喻遂生：《二十四史全译：明史》（全十册）第九册，汉语大词典出版社 2004 年版，第 5719 页。

② 章培恒、喻遂生：《二十四史全译：明史》（全十册）第九册，汉语大词典出版社 2004 年版，第 5719 页。

③ 章培恒、喻遂生：《二十四史全译：明史》（全十册）第九册，汉语大词典出版社 2004 年版，第 5720 页。

④ （清）郑端等：《为官须知：外四种》（全二册）上册，广陵书社 2014 年版，第 19 页。

⑤ 倪其心：《二十四史全译：宋史》（全十六册）第十一册，汉语大词典出版社 2004 年版，第 7109 页。

宦官，进不以道”[①]，最终导致陈升之离开枢密副使这个重要岗位。随后，他被召为侍御史知杂事，对守在魏地的前宰相贾昌朝所不屑于受察一事，进行了积极的回应，如期赴魏地进行督察。宋神宗即位后，“召知谏院”[②]。赵抃因感念宋神宗的赏识，“朝政有未协者，必密启闻”[③]。他对于朝政得失，始终如一地保持清醒的态度，予以提出富有建设性的建议。在蜀地，因道远路险，部分在蜀官吏肆意违法，公开行馈赠之礼。他在蜀地为官时，“以身帅之”[④]，以廉自持，在他的示范作用之下，“蜀风为变”[⑤]。他对同僚，以诚相待，以信思之。当时，朝中名臣纷纷出任地方。他及时站出来上疏朝廷：“近日正人端士纷纷引去，侍从之贤如修（欧阳修）辈无几，今皆欲去者，以正色立朝，不能谄事权要，伤之者众耳。”[⑥] 欧阳修等人由此留在朝中，“一时名臣，赖以安焉”[⑦]。苏东坡为赵抃撰写的《赵清献公像赞》，对赵抃的品性和功绩大加赞赏：“志在伯夷，其清维圣。顽懦闻风，百世增敬。若清献公，实嗣其正。处乎乡闾，力学笃行。立乎朝端，面折廷诤。玉拟其洁，冰拟其莹。饫乎圣经，本乎天性。自初登第，至于还政。毅然一节，始终惟令。我辱公饫，日相亲近。世有公像，如月在水。表而出之，后学仰止。”[⑧]

郑端说：“虽以事相托，势不可行，必巽言开譬，明示其所以不可行之

---

① 倪其心：《二十四史全译：宋史》（全十六册）第十一册，汉语大词典出版社 2004 年版，第 7110 页。

② 倪其心：《二十四史全译：宋史》（全十六册）第十一册，汉语大词典出版社 2004 年版，第 7111 页。

③ 倪其心：《二十四史全译：宋史》（全十六册）第十一册，汉语大词典出版社 2004 年版，第 7111 页。

④ 倪其心：《二十四史全译：宋史》（全十六册）第十一册，汉语大词典出版社 2004 年版，第 7110 页。

⑤ 倪其心：《二十四史全译：宋史》（全十六册）第十一册，汉语大词典出版社 2004 年版，第 7110 页。

⑥ 倪其心：《二十四史全译：宋史》（全十六册）第十一册，汉语大词典出版社 2004 年版，第 7109 页。

⑦ 倪其心：《二十四史全译：宋史》（全十六册）第十一册，汉语大词典出版社 2004 年版，第 7109 页。

⑧ 曾枣庄、舒大刚：《苏东坡全集》（全八册）第六册，中华书局 2021 年版，第 3147 页。

由。毋面诺而背违，毋阴非而阳是。”[1] 唐朝有一个官员叫李素立，在武德初年，担任监察御史职务。唐高祖看到一个犯法不至死者，特命杀之。李素立就敢站出来，劝言唐高祖：“三尺之法，与天下共之，法一动摇，则人无所措手足。陛下甫创鸿业，遐荒尚阻，奈何辇毂之下，便弃刑书？臣忝法司，不敢奉旨。”[2] 唐高祖听从了他的建议。李素立没有选择阳奉阴违，而是真心实意地说明情况，积极地转变唐高祖的想法，最终得到了唐高祖的谅解。封建社会，皇权无限扩张，一言重于九鼎，一般官员不会选择与皇帝对着干。李素立能够在唐高祖已经表态的情况下，提出自己的见解。无疑，李素立的见解是正确的。但是，李素立提出与唐高祖不同的见解，虽然是正确的，但是需要巨大的勇气和胆识以及智慧。李素立选择了将事情说透，与唐高祖开诚布公，尽到了自己监察御史的责任，实际上也尽到了对唐高祖和朝廷的责任。李素立的言语中，传递出一个十分重要的信号，那就是皇权虽重，亦要服从法律的规范和制约，这才能有助于统治秩序的稳固。故唐高祖十分高兴地听从了他的建议。

苏东坡眼中的三个良吏

苏东坡的才学是后人能够铭记的。他涉猎广泛，在多个方面都有造诣和成就。他一生经历丰富，既有显达时的志得意满，又有被贬时的失落哀悼。这些独特的仕宦经历与他的才思结合起来，为后人奉献出大量的作品，成为文化史上的一座丰碑。这样一个人，他眼中的古人尤其是良吏是什么样的呢？以苏东坡眼中的张良、韩愈、富弼为例来作一个分析。

古代英杰有许多类型，苏东坡欣赏的类型是张良这样的人。苏东坡在《留侯论》中说：“古之所谓豪杰之士者，必有过人之节。人情有所不能忍者，匹夫见辱，拔剑而起，挺身而斗，此不足为勇也。天下有大勇者，卒

① （清）郑端等：《为官须知：外四种》（全二册）上册，广陵书社 2014 年版，第 19 页。

② 黄永年：《二十四史全译：旧唐书》（全六册）第六册，汉语大词典出版社 2004 年版，第 4113 页。

然临之而不惊，无故加之而不怒，此其所挟持者甚大，而其志甚远也。”①张良就是有“过人之节”的人，面对对手和困难，常能忍一般人所忍不了的事情，沉着冷静地面对，最终实现了心中长远的目标和志向。每个人都需要在事上磨炼，才能有成熟的气度，才能进步，才能做出成绩。

张良出身于韩国贵族家庭，负有家仇国恨，希望举倾家之力，来报仇雪恨，消灭秦始皇。张良雇佣了一个大力士，用一百二十斤重的大铁锤在博浪沙袭击秦始皇，“误中副车”②，诱发秦始皇大肆搜索捉拿刺客。张良由此隐姓埋名，逃到下邳躲藏起来了。此时的张良，想必痛定思痛，复仇之目标只能从长计议。他磨炼性格、修养心性、开拓眼界，一切只为更好地实现复仇计划。此时，在下邳，张良遇到了改变他命运的黄石公。黄石公故意试探张良，将鞋子掉到桥下，让张良去取鞋子。张良非常吃惊，“愕然，欲殴之。为其老，强忍，下取履”③；作为一个曾经刺杀过秦始皇的年轻人，遇到这样不礼貌的事情，如果按照其本来之性，是要殴打黄石公的，结果其压住怒火，为其取鞋，说明其磨炼性格以臻至成熟。

张良取上鞋子后，黄石公得寸进尺地要求张良为其穿鞋。张良跪地，为其穿鞋。黄石公很满意张良的表现，笑着对他说：“孺子可教矣。”④此后，黄石公以约定时间见面来考验张良。张良最终通过考验，被黄石公授予《太公兵法》。黄石公对张良说：“读此则为王者师矣。后十年兴。”⑤张良由是认真诵读钻研《太公兵法》，进一步学习谋略和征伐之道，为其以后辅助刘邦成就伟业奠定了基础。黄石公是识人知人的，看到张良光有雄心，缺乏智谋，通过进一步考验磨炼其性、授予其智慧之书来弥补其短板、成就其伟业。《留侯论》中遂有此言：“子房以盖世之才，不为伊尹、太公之

---

① 曾枣庄、舒大刚：《苏东坡全集》（全八册）第五册，中华书局2021年版，第2582页。

② 安平秋：《二十四史全译：史记》（全二册）第二册，汉语大词典出版社2004年版，第821页。

③ 安平秋：《二十四史全译：史记》（全二册）第二册，汉语大词典出版社2004年版，第821页。

④ 安平秋：《二十四史全译：史记》（全二册）第二册，汉语大词典出版社2004年版，第821页。

⑤ 安平秋：《二十四史全译：史记》（全二册）第二册，汉语大词典出版社2004年版，第822页。

谋，而特出于荆轲、聂政之计，以侥幸于不死，此固圯上之老人所谓深惜者也。是故倨傲鲜腆而深折之。彼其能有所忍也，然后可以就大事。故曰：孺子可教也。”①

张良不仅深谙《太公兵法》的精髓，自身也已成为能够看清时代形势和趋势的智者。作为智者，从最初的单纯反秦、恢复韩国，转变为支持刘邦完成统一大业。在见完黄石公十年后，陈涉发动农民起义。聚集了一百余人的张良打算投奔驻扎在留县的楚假王景驹。投奔途中，张良遇到刘邦，一见如故，相谈甚欢，“数以《太公兵法》说沛公，沛公善之，常用其策”②，因此选择追随刘邦，“不去见景驹”③。“张良不是领袖，但他需要领袖，因为只有在真正的领袖这里，他的智谋才能发挥出来，于是他放弃原来投奔景驹的计划，决定追随刘邦发展，因为‘沛公殆天授’，他发现刘邦本身就是上天赐予的人物。”④ 张良虽然得到了刘邦的信任，但他心中仍然存在一个梦想，希望恢复韩国。于是，张良借机离开了刘邦，在项梁的支持下，拥立韩成为韩王，自己为韩国司徒，结果事业推进不太顺利。此时的张良又陷入了深沉的思考，看来恢复韩国的计划没有得到故韩国人的支持，是不符合当时形势发展的，需要调整策略。等到再次遇到刘邦，他又追随刘邦征战四方。在张良出谋划策之下，刘邦的军队进了咸阳。张良成为刘邦的重要谋士。刘邦成功后，对众臣讲述自己成功的原因之一在于有头号谋士张良的协助：“夫运筹策帷帐之中，决胜于千里之外，吾不如子房（张良）。”⑤ 刘邦对张良的才华和为人是十分欣赏的。故宋神宗对大臣讲：“汉高祖、汉武帝都是雄才大略之君。高祖并称二杰，说‘吾不如萧何’、‘吾不如韩信’，都呼其名，至于张良，乃称其字，说‘吾不如子房’，盖以

---

① 曾枣庄、舒大刚：《苏东坡全集》（全八册）第五册，中华书局2021年版，第2583页。

② 安平秋：《二十四史全译：史记》（全二册）第二册，汉语大词典出版社2004年版，第822页。

③ 安平秋：《二十四史全译：史记》（全二册）第二册，汉语大词典出版社2004年版，第822页。

④ 孟宪实：《孟宪实读史漫记》，凤凰出版社2021年版，第138页。

⑤ 安平秋：《二十四史全译：史记》（全二册）第一册，汉语大词典出版社2004年版，第136—137页。

张良有道，高于萧何、韩信，故尊重之，不名耳。夫为君肯自认不如臣贤，中间言语又有分别，岂不是雄才大略?”① 张良在辅助刘邦成就事业中，突出地体现出教人以韬略和能忍常人不能忍之事。刘邦率军队入驻咸阳，看到秦朝宫殿中贵重宝器、娇美妇女数以千计，想长居宫中，尽享其乐，被樊哙劝言，却未接受其言。此时，张良以大局为重，晓之以理、动之以情，告诫刘邦要以清廉俭朴为事，方能成就大业，被刘邦采纳。张良识见之高，让刘邦虚心纳之。此后，张良在刘邦事业关键的时候，总是能想出妙招，推进事业发展。张良以自己的经历为参照，经常劝言刘邦做事要忍，要有耐心。韩信攻破齐国想自立为王，刘邦十分生气，被张良劝言要忍，要做顺水人情，促成了韩信当齐王的结果，避免了刘邦势力提前分裂的结局。司马迁所写的张良，突出一个“奇”字。刘邦在危难的时候，张良之策总能帮助刘邦化险为夷。吕后想保住太子之位，亦要征求张良之策，然后才能定乾坤。

张良的人生是成功的。他从年轻时意气风发，到被刘邦用后的奇策常出，再到身荣位尊，还能以善而终，可谓难矣。张良总结自己的人生：“家世相韩，及韩灭，不爱万金之资，为韩报仇强秦，天下振动。今以三寸舌为帝者师，封万户，位列侯，此布衣之极，于良（张良）足矣。”② 抱着一颗感恩之心，他转而学习道家之术，远离朝中是非。司马光对张良评价很高：“夫生之有死，譬犹夜旦之必然；自古及今，固未有超然而独存者也。以子房之明辨达理，足以知神仙之为虚诡矣；然其欲从赤松子游者，其智可知也。夫功名之际，人臣之所难处。如高帝所称者，三杰而已。淮阴诛夷，萧何系狱，非以履盛满而不止耶！故子房托于神仙，遗弃人间，等功名于外物，置荣利而不顾，所谓明哲保身者，子房有焉。”③ 自从刺杀秦始皇失败后，张良潜心思考，加上黄石公赠书，对战事人事已是洞悉。故其

---

① 山右历史文化研究院：《山右丛书二编》（全十二册）第六册，上海古籍出版社 2017 年版，第 355 页。

② 安平秋：《二十四史全译：史记》（全二册）第二册，汉语大词典出版社 2004 年版，第 830 页。

③（宋）司马光：《资治通鉴》（精装典藏本）（全三十册）第二册，中华书局 2013 年版，第 370 页。

放弃恢复韩国之念而追随刘邦，追随刘邦且助其成就帝业而不骄，在功高之时又能参透世情，将荣辱置之度外，随心去过简易淡朴的生活，这就是张良的厉害之处。他总能跳出个人的局限，既帮助别人成就功业，亦助推自己保全声名，难道不应该去学习他的处世之方吗？后人对张良的缅怀，是永远的。唐代大诗人李白写了一首诗《经下邳圯桥怀张子房》，诗中写道："子房未虎啸，破产不为家。沧海得壮士，椎秦博浪沙。报韩虽不成，天地皆振动。潜匿游下邳，岂曰非智勇？我来圯桥上，怀古钦英风。唯见碧流水，曾无黄石公。叹息此人去，萧条徐、泗空。"① 明代名宦张海虹有一首《张子房》诗，诗中写道："秦皇骋枭磔，灭韩仇留侯。霸力灰咸阳，汉幕收前筹。始志终以功，辟穀还山丘。"②

苏东坡对韩愈是十分敬重的、崇拜的。为什么敬重和崇拜？主要原因在于韩愈的文风改变了文坛走向，韩愈的文事润泽百姓心田，韩愈的文人气骨颇得士大夫的神韵。首先，韩愈的文风改变了文坛走向。苏东坡说："自东汉以来，道丧文弊，异端并起，历唐贞观、开元之盛，辅以房、杜、姚、宋而不能救，独韩文公起布衣，谈笑而麾之，天下靡然从公，复归于正，盖三百年于此矣。"③ "南北朝以来流行的骈体文形式僵化，虽然文字华美，却不便流行通用。安史之乱以后，文化精英反思盛衰根由，痛感本来民族文化之低落，遂欲振兴儒学，恢复道统。然则旧的骈文形式不能适应新的宣传任务，文体改革势在必行。古文运动提倡恢复先秦、两汉的古代散文，实则是复古其名，通今其实，力图开创一个文化发展的新局面。"④ 韩愈反对当时沿袭的奢靡文风，致力于文风变革，以倡导以文明道、抒真情实感、求雄辩尚奇之文风为己任，掀起了规模宏大的古文运动。

韩愈认识到了文与道的关系，指出了二者的辩证关系，尤其是明确了文辅助道的表达，道是为文的目标。他在《送陈秀才彤序》中说："盖学所

---

① （唐）李白：《李太白全集》（全二册）下册，中华书局 2011 年版，第 882—883 页。

② 山右历史文化研究院：《山右丛书二编》（全十二册）第九册，上海古籍出版社 2017 年版，第 60 页。

③ 曾枣庄、舒大刚：《苏东坡全集》（全八册）第六册，中华书局 2021 年版，第 3193 页。

④ 王小甫：《隋唐五代史：世界帝国　开明开放》，中信出版社 2017 年版，第 313—314 页。

以为道，文所以为理耳。”[①] 学习是为了明白道理，为文也是为了明白道理。韩愈的文章写得很实，有现实的针对性。当时，他看到士大夫群体中有一种不良的风气，即嫉贤妒能，对别人要求严格，对自己则放松要求。为了扭转人们对这个问题的认识，韩愈在《原毁》中对“今之君子”严人松己之行为进行了陈述：“今之君子则不然。其责人也详，其待己也廉。”[②] 紧接着，韩愈深入剖析了产生这种不良行为的原因：“虽然，为是者有本有源，怠与忌之谓也。怠者不能修，而忌者畏人修。”[③] 如果能戒掉“怠”与“忌”，不断提高自身道德修养，不断开阔自己的心胸，做一个真正的“君子”，又是多么令人向往的事情呢？

在韩愈的诗文中，还有一个非常重要的特征，那就是有充沛的情感。他在《祭柳子厚文》中对挚友柳宗元作了充分的评价。韩愈与柳宗元同是当时古文运动的代表人物，二人政治见解不同，甚至有重大分歧，但交情深厚，见过面、对过诗、寄过信，引为人生知己。基于对韩愈的信任，柳宗元在临终前，嘱托儿子希望好友韩愈来为其撰写自己的墓志铭。韩愈没有辜负柳宗元的期待，为其撰写了《祭柳子厚文》和《柳子厚墓志铭》。在《祭柳子厚文》中写道：“嗟嗟子厚，而至然耶？”[④] 韩愈用饱含深情的笔触，写出了对柳宗元离世的惋惜。韩愈对柳宗元的认知是深刻的，对其才华是充分肯定的：“富贵无能，磨灭谁记？子之自著，表表（卓异）愈伟。”[⑤] 什么才能让后人铭记，不是一时的富贵，而是永恒的文章。柳宗元虽然不显于一时，但其竭尽才华书写人生篇章，留下许多宝贵的精神财富。在文章的最后一段，韩愈深情地阐释：“嗟嗟子厚，今也则亡。”[⑥] 友人离世，十分悲痛。柳宗元再有才华，却离开了人世。人世上少了一个与韩愈切磋学问、探讨人生、增进友谊的友朋，这种痛失的感觉，何等悲伤，均寄托于文。随后，韩愈又写下了《柳子厚墓志铭》，全面地介绍了柳宗元的

---

① （唐）韩愈：《唐宋名家文集·韩愈集》，中州古籍出版社 2010 年版，第 138 页。
② （唐）韩愈：《唐宋名家文集·韩愈集》，中州古籍出版社 2010 年版，第 199 页。
③ （唐）韩愈：《唐宋名家文集·韩愈集》，中州古籍出版社 2010 年版，第 200 页。
④ （唐）韩愈：《唐宋名家文集·韩愈集》，中州古籍出版社 2010 年版，第 271 页。
⑤ （唐）韩愈：《唐宋名家文集·韩愈集》，中州古籍出版社 2010 年版，第 272 页。
⑥ （唐）韩愈：《唐宋名家文集·韩愈集》，中州古籍出版社 2010 年版，第 272 页。

家世、才华、政绩、品德、影响等内容。韩愈在文中写到柳宗元“俊杰廉悍，议论证据今古，出入经史百子，踔厉风发，率常屈其座人，名声大振，一时皆慕与之交，诸公要人争欲令出我门下，交口荐誉之”①。韩愈作为当时文坛领袖，自恃才高，能入其法眼的人不是很多，对柳宗元评价如此之高，确是对其欣赏之至。韩愈对柳宗元的人品，亦是十分推崇的。韩愈在写到柳宗元为了好朋友刘禹锡能够离开偏远的播州，愿意以身替之的时候，情感之水，喷薄而出，达到一个小高潮。紧接着，韩愈表达自己的见解：“呜呼，士穷乃见节义，今夫平居里巷相慕悦，酒食游戏相征逐，诩诩强笑语以相取下，握手出肺肝相示，指天日涕泣，誓生死不相背负，真若可信；一旦临小利害，仅如毛发比，反眼若不相识；落陷阱，不一引手救，反挤之又下石焉者，皆是也。此宜禽兽夷狄所不忍为，而其人自视以为得计。闻子厚之风，亦可以少愧矣。”② 当然，文中对柳宗元的政绩和才华亦作了中肯评价。这篇墓志铭饱含感情，是韩愈不可多得的代表作。“一般墓铭多以纪事为主，容易板滞，韩愈此篇却神采飞动，原因在抓住朋友之义为主线，结合文章成就，极写柳子厚的高风亮节，而又痛斥世俗酒肉之交，处处表现深厚的朋友之情。”③

韩愈的文风是雄辩尚奇的。韩愈写了一篇题为《张中丞传后叙》的文章，体现了其文雄辩的风格。当时名将张巡，死守睢阳，城破后被杀，成为忠烈代表，因李翰撰写其传，记载详细，助张巡名传。然与张巡同守睢阳的另外一个人许远，城破后被俘，不久遇害，却湮没无闻。韩愈遂写下了《张中丞传后叙》这篇雄文。韩愈在文中介绍了许远之忠义，与张巡一起死守睢阳。针对舆论对许远被俘不能就义的质疑，韩愈写道：“远（许远）诚畏死，何苦守尺寸之地，食其所爱之肉，以与贼抗而不降乎？”④ 当

① 陈振鹏、章培恒：《古文鉴赏辞典：新一版》（全二册）上册，上海辞书出版社 2014 年版，第 948 页。

② 陈振鹏、章培恒：《古文鉴赏辞典：新一版》（全二册）上册，上海辞书出版社 2014 年版，第 948 页。

③ 陈振鹏、章培恒：《古文鉴赏辞典：新一版》（全二册）上册，上海辞书出版社 2014 年版，第 952—953 页。

④ （唐）韩愈：《唐宋名家文集·韩愈集》，中州古籍出版社 2010 年版，第 293 页。

时，许远守睢阳，面对叛军重重包围，如果走投降之路，为什么要等到城破后而不是选择在城破前呢？紧接着，韩愈说：“远（许远）之不畏死亦明矣！乌有城坏其徒俱死，独蒙愧耻求活？虽至愚者不忍为。呜呼！而谓远（许远）之贤而为之邪？”① 韩愈对许远的品性是了解的，分析了许远在城破后不会苟活的逻辑基础。韩愈文风之雄辩，行文之畅快，逻辑之无可辩驳，让人心悦诚服地接受其观点。韩愈之文还有尚奇之特征。“他（韩愈）追求奇辞奥旨的境界，追求文章雄奇的气势、新奇的语言、奇妙变幻的艺术构思，甚至被当时人看作荒诞不经的艺术表现。”② 韩愈在《进学解》中阐释正直有才华的人应该得到重视这个话题。在阐释过程中，韩愈落笔尚奇，文中写道：“夫大木为杗（屋梁），细木为桷（方形的椽子），欂栌（斗拱）、侏儒（梁上短柱），椳（门户的枢轴）闑（门阃）扂（门闩）楔（门两旁的长木柱），各得其宜，施以成室者，匠氏之工也。”③ 韩愈通过生僻词汇的运用，想表达一个什么意思呢？他意在强调，只要合理用好不同类型的木料，就能盖好一所房屋。如果我们的理解仅仅局限于认为韩愈只是在谈论木料，那还不够深入。韩愈的真正意图在于通过谈论木料运用，告诫为官者要善于使用不同类型的人才，共同服务于整个社会。当然，如果韩愈文风的尚奇被限于可以理解的范围内，还是值得借鉴的，但是如果超出了人的理解范围，一味地追求佶屈聱牙的表达，或许就显得有点曲高和寡了。

韩愈为文有特色，做官亦是独树一帜。韩愈的才名是很大的，在公卿间有很高的声望。为文的思路有的时候与为官的思路会出现差异。所以，韩愈文名渐盛，而宦途坎坷，备尝艰辛。韩愈看到唐德宗晚年时期，宰相失权、宦官得志的现象出现，“发言真率，无所畏避，操行坚正”④，上疏劝谏皇帝，惹恼了唐德宗，被贬为连州阳山令。后来，他经宦海沉浮，被升迁为中书舍人，遭人陷害，借他过去之事做文章，试图将其拉下马来。他

① （唐）韩愈：《唐宋名家文集·韩愈集》，中州古籍出版社2010年版，第293页。

② 漆绪邦：《中国散文通史（增订本）》（全三册）中册，首都师范大学出版社2014年版，第96页。

③ （唐）韩愈：《唐宋名家文集·韩愈集》，中州古籍出版社2010年版，第209页。

④ 黄永年：《二十四史全译：旧唐书》（全六册）第五册，汉语大词典出版社2004年版，第3559页。

的职位也由此出现变化和调整。唐宪宗派人手持香花去临皋驿迎接佛骨，在皇宫中停放三天，再送回原寺庙。韩愈为此向皇帝上疏，劝谏不要这样做，因话说得严重，触怒了唐宪宗。唐宪宗原打算判他死刑，在大臣请求之下才得以免死。他仕途经历比较坎坷，这激发了他创作的才情，写出了大量有血有肉的文章。他在基层为官的时候，能够关心民生，体察民意，做出实绩。他在担任阳山令的时候，阳山虽然地处偏僻、环境凄凉、农业落后，但他决心要改变这里落后的面貌。韩愈在《送区册序》中这样介绍阳山："阳山，天下之穷处也。陆有丘陵之险，虎豹之虞；江流悍急，横波之石。"① 阳山没有完善的职官管理体系，老百姓生活比较穷困，文化生活比较匮乏。韩愈来了之后，健全了县衙体制，有了执行力较强的班子；在山上开展植树造林活动，山下进行大规模造田活动，劝课农桑，发展农业，让百姓生活有了一个质的提升；集中开设学校，认真学习、切磋学问，改变闭塞落后的状态。他在潮州为官的时候，为民祈福，发展农业，兴修水利工程，做出大量政绩。其中一个令人称道的事情就是韩愈看到潮州有鳄鱼之害，于是积极驱赶，终于为民除害。他在袁州为官的时候，致力于除掉当地陋习。袁州有一种习俗，父母将子女抵押给出钱人那里服役，如果按时还不起钱，就将所抵押子女收为出钱人家中永为奴隶。韩愈来了之后，想办法救出这些受害的被收为奴隶的子女，然后废除这种不合理的习俗规定，为当地民众做了一件善事。韩愈的一生是丰富多彩的一生。"韩愈之后，百代推崇，如星斗辉耀神州。"② 晚唐的皮日休提出让韩愈配飨太学。宋神宗诏封韩愈为昌黎伯配享庙祀。明代学者茅坤将韩愈列为唐宋八大家之首。乾隆亲自撰写《盘古考证》来赞扬韩愈之文。

北宋名臣富弼，"少笃学，有大度"③，人皆怜其才。范仲淹认为他有王佐之才，向当时名臣王曾、晏殊作积极推荐。晏殊对其才华人品十分欣赏，遂将自己女儿许配给富弼。苏东坡对富弼可谓推崇备至，列为贤臣典范。

---

① （唐）韩愈：《唐宋名家文集·韩愈集》，中州古籍出版社 2010 年版，第 139—140 页。

② 邢军纪：《一代文宗：韩愈传》，作家出版社 2016 年版，第 371 页。

③ 倪其心：《二十四史全译：宋史》（全十六册）第十一册，汉语大词典出版社 2004 年版，第 7043 页。

富弼在尽孝、为人、做官、外交、撰文等多方面皆有其闻。

富弼是一个非常讲孝道的人。苏东坡说："公（富弼）性至孝，恭俭好礼，与人言，虽幼贱必尽敬，气色穆然，终身不见喜愠。"① 他言行一致，能够做到言必信、行必果。富弼说："君子与小人并处，其势必不胜。君子不胜，则奉身而退，乐道无闷。小人不胜，则交结构扇，千歧万辄，必胜而后已。迨其得志，遂肆毒于善良，求天下不乱，不可得也。"② 他以君子的标准要求自己，终生如此。他为人正直，敢于直言。当时，范仲淹因谏言皇帝慎重废后被贬退。面对皇权威逼，富有正义感的富弼上疏曰："是一举而二失也，纵未能复后，宜还仲淹。"③ 皇帝虽然没有听取他的建议，但他敢于直言的名声传了出去。

富弼是治世能臣。他在青州为官，面对河朔发大水、百姓受大灾的局面，进行赈济。富弼要求官府出粮，鼓励百姓献粮，征集公私场所十多万处，积极地安置受灾之民，派待缺、寄居的官员去做安置工作，并对这些官员进行奖励。等到第二年，当地获得粮食丰收，灾民领取粮食回各自之处，克服了灾荒。在朝中，他积极响应范仲淹的新政改革，致力于整顿吏治、去除积弊，被朝野所推崇。苏东坡言："公（富弼）既以社稷自任，而仁宗责成于公（富弼）与仲淹，望太平于期月之间，数以手诏督公等条具其事。"④ 范仲淹、富弼这批人立志改革，展现出他们鲜明的进取意识。"范仲淹和他的同辈、后学，都有强烈的天下国家意识，'以天下为己任'是一代优秀士人的情操。"⑤ 他们的改革触动了既得利益集团的利益，被诬以朋党，最终以失败告终。新政虽然失败，但富弼等人的变革意识仍然值得学习。等到后来，富弼任相，"守典故，行故事，而传以公议，无容心于其

---

① 曾枣庄、舒大刚：《苏东坡全集》（全八册）第六册，中华书局2021年版，第3216页。

② 倪其心：《二十四史全译：宋史》（全十六册）第十一册，汉语大词典出版社2004年版，第7051页。

③ 倪其心：《二十四史全译：宋史》（全十六册）第十一册，汉语大词典出版社2004年版，第7043页。

④ 曾枣庄、舒大刚：《苏东坡全集》（全八册）第六册，中华书局2021年版，第3211页。

⑤ 甘阳、侯旭东：《新雅中国史八讲》，生活·读书·新知三联书店2021年版，第167页。

间。当是时，百官任职，天下无事。”①

对外关系方面，富弼有胆有识，勇于善于处理涉外事务。当时，契丹在宋朝边境驻扎军队，派使者来宋朝索取土地。宋朝的底线何在？“仁宗经与大臣商议，确立了一条谈判的底线：地不可割，割地不可议；其他可议，或增加岁币，或和亲。但新的协议如何达成，细则如何敲定，还需要继续谈。”② 选派谁来负责谈判，摆在了宋仁宗面前。此时，吕夷简向朝廷和宋仁宗推荐了富弼。富弼不畏风险，勇敢地承担了这个任务。欧阳修担心他去了契丹被扣留。富弼入朝回应说：“主忧臣辱，臣不敢爱其死。”③ 宋仁宗为之动容，让他先接待来朝的契丹使者，随后与契丹使者赴契丹。因其真诚待人，故能征服契丹使者，为朝廷立下一功。朝廷要提拔他为枢密直学士，被他拒绝了：“国家有急，义不惮劳，奈何逆以官爵赂之。”④ 随后，他赴契丹，去做契丹君主工作。富弼富有辩才，设身处地地为契丹君主考虑问题，认为对于契丹来说，和平是比战争更好的选择，最终说服契丹君主罢战。富弼为宋朝力所能及地争取到了主权和声誉，在对契丹外交方面，两赴契丹，最大程度地做到了不卑不亢。回朝后，朝廷要奖励他升迁他，被他拒绝：“增岁币，非臣本志也。特以朝廷方讨元昊，未暇与虏角，故不敢以死争，其敢受赏乎！”⑤

苏东坡对富弼的认识是全面的，还对其文才进行了评价：“其为文章，辩而不华，质而不俚。有《文集》八十卷，《天圣应诏集》十一卷，《谏垣集》二卷，《制草》五卷，《奏议》十三卷，《表章》三十卷，《河北安边策》一卷，《奉使录》四卷，《青州振济策》三卷。”⑥ 每观富弼之言，对问题有自己的分析和判断，其言总能贴近实际情况，为朝廷找到解决问题的

---

① 倪其心：《二十四史全译：宋史》（全十六册）第十一册，汉语大词典出版社 2004 年版，第 7048 页。

② 吴钩：《宋仁宗：共治时代》，广西师范大学出版社 2020 年版，第 223 页。

③ 倪其心：《二十四史全译：宋史》（全十六册）第十一册，汉语大词典出版社 2004 年版，第 7044 页。

④ 倪其心：《二十四史全译：宋史》（全十六册）第十一册，汉语大词典出版社 2004 年版，第 7044 页。

⑤ 曾枣庄、舒大刚：《苏东坡全集》（全八册）第六册，中华书局 2021 年版，第 3211 页。

⑥ 曾枣庄、舒大刚：《苏东坡全集》（全八册）第六册，中华书局 2021 年版，第 3216 页。

办法。

富弼历经宋仁宗、宋英宗、宋神宗三朝，其受礼遇如初，不正是其讲忠孝报国恩，赢得君主的欣赏的结果吗？故苏东坡言：“古之人臣，功高则身危，名重则谤生，故命世之士，罕能以功名终始者。臣观三宗所以待公，全其功名而保其终始，盖可谓至矣。”① 古代社会中，不缺做事之能臣。像富弼这样既能做事、又能保全、还能赢得时人后人尊重的能臣，是不多的。

王阳明眼中的三个良吏

王阳明是一个传奇人物，他建立事功，创立心学，留下奇文，其遗产让后人享之不尽。他在临终之前，给家僮留下遗言：“他无所念，平生学问方才得见数分，犹未能与吾党共成之，为可恨耳。”② 他对他的道德文章学问是最为看重和推崇的。他的影响不光在中国，在日本、东南亚等国家和地区都是一个巨大的存在。“日本大将东乡平八郎在击败俄国海军后亮出一个腰牌：‘一生俯首拜阳明’，‘阳明’就是王阳明。”③ 翻看王阳明的诗文，会发现他学识渊博，对前代历史非常熟稔，现举出他欣赏的前代官员中的三个代表，分别是周公、文天祥、于谦，来作一个分析。

周公的名号是很大的，其事功和思想对后世影响颇大。1504 年，王阳明作了一首题为《谒周公庙》的诗，诗中写道：“我来谒周公，嗒焉默不语。归去展陈篇，诗书说向汝。”④ 周公在历史上的地位很高，深通古代典籍的王阳明自然明白，对周公的崇拜之意，在这首诗歌中亦清晰地表达出来。周公是古代的一个伟大人物，成为后人景仰的圣人。他是周文王的儿子，周武王的弟弟，周成王的叔叔。作为儿子，他“为子孝”⑤，孝顺父母；

---

① 曾枣庄、舒大刚：《苏东坡全集》（全八册）第六册，中华书局 2021 年版，第 3216 页。

② 樊树志：《晚明大变局》，中华书局 2015 年版，第 270 页。

③ 宿春礼：《王阳明心学的智慧》，吉林文史出版社 2018 年版，第 2 页。

④ 束景南、查明昊：《王阳明全集补编：增补本》，上海古籍出版社 2021 年版，第 22 页。

⑤ 安平秋：《二十四史全译：史记》（全二册）第一册，汉语大词典出版社 2004 年版，第 541 页。

作为弟弟，他积极辅佐周武王，攻破殷军，成就周业，且能在周武王主政期间，为周武王之重病进行祷告；作为叔叔，他能扛起责任，替周成王消除各种主政隐患，等到周成王能够亲政后又将大权还归周成王。他的事功是巨大的，尤其是他在周武王去世后，当时流言四起，烽烟时现，他摄政当国，“诛武庚、管叔，放蔡叔”①，维护了国家统一和安定。安定之后，他敏锐地发现朝政之弊，“乃作《多士》，作《毋逸》”②，告诫周成王要明白创业之艰难、修德之重要、思危之必要。他的个人事迹和为人之品，成为历代政治家所推崇和学习的对象。

政权稳定之后，周公制定了礼乐制度，让政权有了坚实的礼乐文化基础。“成王年少，周公摄政，制礼作乐，郊祀后稷以配天”。③ 当时，在洛邑举行庆典仪式，四方之民集而聚之。周公对前来之民进行慰劳劝勉，并且制定了一整套礼仪制度规范，向全国推行。“整个礼乐之教，彰大德，理万情，通神明，施教化，形上精神性成了人不可须臾去身的存在。”④ 以保民尊德敬天为精髓的礼乐制度，是周公为了更好地稳定周朝统治，从思想层面提出的施政理论。“儒家学者称赞是周公奠定了周文化根基，周公稳固周王朝的统治基础之后又制定了礼乐制度，大力提倡德治教化，开创了成为万世楷模的圣德政治的黄金时代。”⑤ 周公的地位是很高的。“孔子之前，黄帝之后，于中国有大关系者，周公一人而已。”⑥

1519 年，王阳明在拜谒南宋末年民族英雄文天祥的祠庙时作《谒文山祠》诗一首：“汗青思仰晋春秋，及拜遗像此灵游。浩气乾坤还有隘，孤忠今古与谁侔？南朝未必当危运，北虏乌能卧小楼？万世纲常须要立，千山高峙赣江流。”⑦ 诗中表达了作者对文天祥忠勇精神的钦佩，且认为是宝贵

① 夏曾佑：《中国古代史》，东方出版社 2012 年版，第 31 页。

② 安平秋：《二十四史全译：史记》（全二册）第一册，汉语大词典出版社 2004 年版，第 543 页。

③ 袁行霈：《陶渊明集笺注》，中华书局 2011 年版，第 388 页。

④ 司马云杰：《中国精神通史：第一卷：渊渊其渊　浩浩其天　中国文化精神的源头及演变》，华夏出版社 2016 年版，第 313 页。

⑤ ［日］水野清一：《中国文化的开端》，四川人民出版社 2019 年版，第 234 页。

⑥ 夏曾佑：《中国古代史》，东方出版社 2012 年版，第 31 页。

⑦ 束景南、查明昊：《王阳明全集补编：增补本》，上海古籍出版社 2021 年版，第 49 页。

的精神资产，永远留在后人心中。

文天祥“体貌丰伟，美皙如玉，秀眉而长目，顾盼烨然”①，长相出众的文天祥志向亦十分远大，年轻的时候就希望做欧阳修那样的忠义之人。宋理宗对他的文才十分赏识，亲自选拔文天祥为考试的第一名。他的应试文章具有很强的针对性和感染力，受到朝野一致好评。“此文是进谏之作，文辞婉转，但不晦涩；陈述治国、抗寇对策，语简意明，态度恳切；论理思路严谨，条理清晰。”② 敢言、执着是文天祥为官做事的基本准则。说其敢言，是因为每当遇到朝政黑暗、事起蹊跷时，他总能挺身而出，直言之弊。文天祥看到宦官董宋臣游说皇帝回避元朝军队进攻而迁都，于是上书朝廷，希望斩杀董宋臣，结果遭遇如泥牛入海的结果。奸佞之臣贾似道伪装有病，以退休的方式要挟皇帝和朝廷，文天祥直言其非，由此身遭弹劾。说其执着，是因为他处于大的时代变革和王朝更替时期，虽遭遇朝廷不公对待、目睹朝廷黑暗腐朽，当外敌攻打侵蚀这个王朝时，他还会用生命捍卫这个王朝。当时，元朝大军攻打甚急甚猛，文天祥手捧诏书，召集兵马，打算率军入卫京师。他的好朋友劝言他，元朝部队攻破京郊，逼近内地，你仓促召集起来的一万多人前去抵抗，这跟驱赶羊群与猛虎搏斗有什么区别呢？文天祥执着的精神就此显露出来：“吾亦知其然也。”③ 明知道敌我力量过于悬殊，自己率部队前往京师，亦是杯水车薪，解决不了实际问题，但是感于国家养育多年，希望以身殉国，树起忠义之旗，“义胜者谋立，人众者功济，如此则社稷犹可保也”④。文天祥率兵抵抗元朝大军，以失败告终。几经磨难，几幸逃脱，文天祥仍然在支撑着，顽强地进行抵抗，最终被抓。此时，他见到了元军统率张弘范。张弘范对文天祥十分尊重，与文

① 倪其心：《二十四史全译：宋史》（全十六册）第十四册，汉语大词典出版社 2004 年版，第 9115 页。

② 漆绪邦：《中国散文通史（增订本）》（全三册）中册，首都师范大学出版社 2014 年版，第 512 页。

③ 倪其心：《二十四史全译：宋史》（全十六册）第十四册，汉语大词典出版社 2004 年版，第 9116 页。

④ 倪其心：《二十四史全译：宋史》（全十六册）第十四册，汉语大词典出版社 2004 年版，第 9116 页。

天祥一起进入厓山，希望文天祥能劝降张世杰。文天祥慷慨陈词道：“吾不能捍父母，乃教人叛父母，可乎？”① 张弘范仍然坚持让他写招降信。文天祥没有写招降信，而是写下了闻名后世的《过零丁洋》，该诗的末句成为千古名句：“人生自古谁无死，留取丹心照汗青。”② 言为心声，通过阅读文天祥的诗文，能够了解到他的性格、操守、品德，尤其是他的爱国情怀：“大篇短章、宏衍钜丽，严峻剀切，皆惓惓焉爱君忧国之诚，匡济恢复之计。至其自誓尽忠节之言，未尝辍诸口，读之使人流涕感奋，可以想见其为人。”③ 之后，张弘范没有再进行强迫。等到元军攻陷厓山宋营，张弘范试图劝降文天祥：“国亡（宋朝灭亡），丞相（文天祥）忠孝尽矣，能改心以事宋者事皇上，将不失为宰相也。”④ 听闻宋营被攻破的消息，文天祥悲痛欲绝，对张弘范的劝降予以回答：“国亡不能救，为人臣者死有余罪，况敢逃其死而二其心乎。”⑤ 文天祥这种不投降变节的精神令张弘范非常钦佩。张弘范派使者将文天祥送到京师。文天祥被送至京师，元朝丞相孛罗召见他，要求文天祥跪下，被文天祥拒绝了。“左右或牵头，或拏手，或按足，或以膝倚其背，卒不跪。”⑥ 后经人推荐，受到元世祖的器重，打算重用他，却遭到他的拒绝。元世祖召他入殿，问他还有什么请求？文天祥回答说：“天祥（文天祥）受宋恩，为宰相，安事二姓？愿赐之一死足矣。”⑦ 文天祥抱死之心决矣，可见其执着精神。元世祖在犹豫摇摆之中，杀害了文天

① 倪其心：《二十四史全译：宋史》（全十六册）第十四册，汉语大词典出版社 2004 年版，第 9120 页。

② 倪其心：《二十四史全译：宋史》（全十六册）第十四册，汉语大词典出版社 2004 年版，第 9120 页。

③ 漆绪邦：《中国散文通史（增订本）》（全三册）中册，首都师范大学出版社 2014 年版，第 509 页。

④ 倪其心：《二十四史全译：宋史》（全十六册）第十四册，汉语大词典出版社 2004 年版，第 9120 页。

⑤ 倪其心：《二十四史全译：宋史》（全十六册）第十四册，汉语大词典出版社 2004 年版，第 9120 页。

⑥ 兰喜并：《中国古代传记精选读本》，中国国际广播出版社 2010 年版，第 282 页。

⑦ 倪其心：《二十四史全译：宋史》（全十六册）第十四册，汉语大词典出版社 2004 年版，第 9121 页。

祥。临刑前的文天祥对着狱卒从容地说："吾事毕矣。"[①] 文天祥随后向着南方拜别后就义。文天祥的衣带中有赞文，赞文上写道："孔曰成仁，孟曰取义，惟其义尽，所以仁至。读圣贤书，所学何事，而今而后，庶几无愧。"[②] 文天祥的守义忠诚让其敢言、执着精神的彰显更有了依托。

王阳明对于谦是十分崇拜的。1507 年，王阳明写下了《于忠肃像赞》，对于谦的人生和为官经历作了简单梳理和充分肯定，紧接着对其命运发出感慨："公（于谦）有姬旦、诸葛武侯之经济勋劳，而踵伍子胥、岳武穆杀身亡家之祸，神人之所共愤也，卒至两地专祠，四忠并列，子孙廕（荫）袭，天悯人钦，冥冥中所以报公者，岂其微哉！"[③] 于谦是一个非常有才华的人，文能安邦，武能定国。他一生以名节为重，以忠义为要，立身朝野，服务基层，是一个有政声的官员。他在《小像自赞》中写道："所宝者名节，所重者君亲。"[④]他考中进士后，走上仕途。在担任御史期间，他上奏的时候，"音吐鸿畅，帝为倾听"[⑤]。

于谦后来巡按江西，面对百姓冤屈，积极予以昭雪；面对吏治败坏，上奏朝廷进行处置。皇帝对其才华十分认可，手书其名，越级升迁他兵部右侍郎兼都御史，巡抚河南、山西。他积极延访当地民情，切实解决当地水旱灾害，大力兴修水利工程，让当地百姓十分受益。在地方历练多年，他以兵部左侍郎的身份被召回朝廷。当时，也先率部大举入侵，明英宗在大太监王振的裹挟之下，亲自征讨，结果王振在混乱中被杀，明英宗由此被俘。在此严峻形势下，于谦等主战派得到刚即位的明景帝和朝臣的大力支持，一场大战即将来临。于谦的文才在之前的治政中得以展现，其武功之能亦有施展的机会了。他"慕诸葛亮、文天祥之忠义，以风节自励，慨

---

① 倪其心：《二十四史全译：宋史》（全十六册）第十四册，汉语大词典出版社 2004 年版，第 9121 页。

② 倪其心：《二十四史全译：宋史》（全十六册）第十四册，汉语大词典出版社 2004 年版，第 9121 页。

③ 束景南、查明昊：《王阳明全集补编：增补本》，上海古籍出版社 2021 年版，第 92—93 页。

④ （明）于谦：《于谦集》（全二册）下册，浙江古籍出版社 2018 年版，第 634 页。

⑤ 章培恒、喻遂生：《二十四史全译：明史》（全十册）第五册，汉语大词典出版社 2004 年版，第 3311 页。

然有以天下为己任之志”[1]。

他对文天祥的事迹十分熟悉，而且将其品格引为自己的榜样。他在《文信国像赞》中说：“呜呼文山，遭宋之季，徇国忘身，舍生取义。气吞寰宇，诚感天地，陵谷变迁，世殊事异。坐卧小阁，困于羁系，正色直辞，久而愈厉。难欺者心，可畏者天，宁正而毙，弗苟而全。南向再拜，含笑九泉，孤忠大节，万古攸传。我瞻遗像，清风懔然。”[2]于谦的文笔十分考究，传神地将文天祥的气节和忠诚魂魄展现出来。国家处于多事之秋，正是于谦报国之时。当时，吏部尚书王直拉着于谦的手说：“国家正赖公耳。”[3]当时，皇帝和群臣均倚仗于谦，于谦“亦毅然以社稷安危为己任”[4]。于谦进行了合理化分工和部署，严阵以待进犯而来的也先所部。“也先军下，直窥北京，挟英宗以威嚇（吓）。于谦以生民社稷为重，危城擎剑，躬擐甲胄，统军于德胜门外，严阵誓师，胆气撼天，故退敌解围。”[5]保卫京师的战役取得胜利，于谦使得明政权转危为安。“于谦和主战派官员领导和组织的京师保卫战终于取得了胜利，粉碎了瓦剌军想夺取北京的野心，明王朝转危为安。”[6]

正当于谦可以大展宏图之际，明景帝病重，明英宗又在石亨、曹吉祥、徐有贞等拥护之下复位，紧接着捉拿于谦下狱，且杀于集市，没收他的家产，其家人充军戍边。为国尽忠，结果被奸佞所构陷，天下人皆以为冤。“于谦于土木之变后临危受命，赤心报国，立下丰功伟绩。但英宗复辟后，听信谗言，将于谦处死，天下无不冤之。”[7] 于谦为人刚毅，处事公正，实现了他在《石灰吟》中所倡导的目标：“粉骨碎身全不惜，要留清白在人

---

① （明）于谦：《于谦集》（全二册）上册，浙江古籍出版社 2016 年版，第 1 页。

② （明）于谦：《于谦集》（全二册）下册，浙江古籍出版社 2016 年版，第 646 页。

③ 章培恒、喻遂生：《二十四史全译：明史》（全十册）第五册，汉语大词典出版社 2004 年版，第 3313 页。

④ 章培恒、喻遂生：《二十四史全译：明史》（全十册）第五册，汉语大词典出版社 2004 年版，第 3313 页。

⑤ （明）于谦：《于谦集》（全二册）上册，浙江古籍出版社 2016 年版，第 1 页。

⑥ 南炳文、汤纲：《明史》（全二册）上册，上海人民出版社 2014 年版，第 228 页。

⑦ 王天有、高寿仙：《明史：多重性格的时代》，中信出版社 2017 年版，第 176 页。

间。”[①]他因刚直，或许得罪权臣；他因功高，或许为皇权嫉恨，然其守道持义，做出了无愧于心的政绩，为后人所同情和敬重。于谦之诗，通俗易懂却又有很深的韵味。他在《桑犬二咏》其一中写道：“一年两度伐枝柯，万木丛中苦最多。为国为民皆是汝，却教桃李听笙歌。”[②]他对自身性格品质了解得最为深刻，这首诗歌又仿佛印证了他的命运。他劳苦功高，对于挽救危难之中的明王朝有不世之功，然却身遭灭顶，陷害他的权臣再享拥立之福，肆意挥霍。然而，正义终究不会缺席，于谦死后，陷害他的权臣被处理了，他的名誉得以恢复，其功绩被人铭记。明宪宗为其恢复名誉：“卿以俊伟之器，经济之才，历事先朝，茂著劳绩。当国家之多难，保社稷以无虞，惟公道而自持，为权奸之所害。在先帝已知其枉，而朕心实怜其忠，故复卿子官，遣行人谕祭。”[③]

于谦眼中的三个良吏

明代的于谦，是一时之名臣，其刚正之性，其廉洁之品，其干练之能，其军事之才，其爱国之心，其救世之英，永传后世。看于谦的诗文，既有敏锐的对事物的感悟，又有豪迈的对时政的宣言，亦能看出他对古代贤良之官的钦服。他眼中的苏武、陶渊明和司马光是一个什么样子呢？

于谦在《苏李泣别图》中写道：“啮雪吞毡瀚海头，节旄落尽恨悠悠。孤臣不为一身惜，降将应怀万古羞。虏塞旅魂惊永夜，秦关归兴动高秋。表忠麟阁图形象，未数当年博陆侯。”[④] 苏武牧羊的历史典故家喻户晓。他持汉节、表忠义，有忠心、不屈服，忍冷饿、心属汉，终于在其出使匈奴十九年后归汉，享国家恩宠和赏赐，成为麒麟阁名臣。“上（汉宣帝）思股

① （明）于谦：《于谦集》（全二册）下册，浙江古籍出版社 2016 年版，第 649 页。
② （明）于谦：《于谦集》（全二册）下册，浙江古籍出版社 2016 年版，第 649 页。
③ （明）于谦：《于谦集》（全二册）下册，浙江古籍出版社 2016 年版，第 667 页。
④ （明）于谦：《于谦集》（全二册）下册，浙江古籍出版社 2016 年版，第 549 页。

肱之美，乃图画其人于麒麟阁，法其形貌，署其官爵姓名。”① 因汉宣帝任苏武为右曹典属国，故麒麟阁中最后一个名臣即“典属国苏武”②。为什么苏武受尽国家恩宠，只因其在匈奴十九年间所展示出的气节。

苏武以中郎将的身份持汉节护送被汉朝扣留的匈奴使者回匈奴，以展示汉朝改善与匈奴关系的诚意。从此，他经历了别离苦、劝降苦、牧羊苦等各种苦楚。与家中亲人别离时，苏武作了一首离别诗：“结发为夫妻，恩爱两不疑。欢娱在今夕，燕婉及良时。征夫怀远路，起视夜何其。参辰皆已没，去去从此辞。行役在战场，相见未有期。握手一长叹，泪为生别滋。努力爱春华，莫忘欢乐时。生当复来归，死当长相思。”③ 诗中尽言对妻子的挂念和未来发展形势的不确定，表达了他深深的离别之情。

在匈奴，虽然遭受单于的傲慢对待，但苏武仍避免与其有正面冲突。一件意外事件的发生，将苏武一行卷入其中。在匈奴的虞常策划谋反，与苏武的同行张胜在汉有过交谊，遂前来找张胜商量谋反事宜，得到张胜的支持。可惜，虞常的叛乱因走漏消息，以失败告终，他自己也被活捉。张胜非常惶恐，遂将与虞常交谊之事告诉了苏武。苏武回答说：“事如此，此必及我。见犯乃死，重负国。”④ 苏武没有责备张胜，想到此事必然会牵连到自己，遂有舍身取义之想，然其自杀未成，被下属救下，从长计议。在审理虞常过程中，虞常供出了张胜，惹得匈奴单于大怒，想要杀掉汉朝使者，被下属制止，希望劝降苏武一行。匈奴单于派卫律来苏武处进行审问。苏武说：“屈节辱命，虽生，何面目以归汉！”⑤ 苏武再次试图自杀以取义，被前来审问的卫律抱住，阻止其自杀，并派人去找医生前来救治。经过抢救后，苏武才苏醒过来。他的气节令匈奴单于都产生敬佩之意。虞常被杀

---

① 安平秋、张传玺：《二十四史全译：汉书》（全三册）第二册，汉语大词典出版社 2004 年版，第 1175 页。

② 安平秋、张传玺：《二十四史全译：汉书》（全三册）第二册，汉语大词典出版社 2004 年版，第 1176 页。

③ 李维：《李维中国诗史》，吉林人民出版社 2014 年版，第 25—26 页。

④ 安平秋、张传玺：《二十四史全译：汉书》（全三册）第二册，汉语大词典出版社 2004 年版，第 1171 页。

⑤ 安平秋、张传玺：《二十四史全译：汉书》（全三册）第二册，汉语大词典出版社 2004 年版，第 1171 页。

后，卫律看到张胜请求投降，借此威逼苏武亦降。苏武义正词严地予以回应，其不惧死亡之气概征服了卫律。卫律见苏武不吃威逼这一套，又用高官厚禄劝降他，告诉苏武，如果他屈从匈奴，会有享不尽的荣华富贵。苏武亦有理有据地驳斥他，终于没有屈从。卫律将此事汇报给匈奴单于。匈奴单于不甘心，将苏武囚禁在大窖中，断绝其饮食供应，以期使之投降于匈奴。当时，天降大雪，苏武以啮雪与吞咽旃毛为生，数日不死，匈奴以为神人。卧雪吞毡一词由此而来，形容一个人的民族气节。

匈奴又将苏武派到荒无人烟的北海去牧羊。苏武又经历了牧羊之苦。在北海的苏武，“廪食不至，掘野鼠去草实而食之。仗汉节牧羊，卧起操持，节旄尽落。”[①] 没有粮食供给，只能自力更生地去抓野鼠、啃野菜。虽然穷困潦倒，他仍然手持汉节，心中负有崇高使命，做到始终不屈。文天祥在《正气歌》中提到过“苏武节”：“在秦张良椎，在汉苏武节。”[②] 文天祥对苏武坚持民族气节的崇高品质推崇不已。变化多端的气候，险恶的生存环境，包括如李陵掏心窝般的劝降，始终没有让苏武屈服。

汉昭帝即位后，汉匈关系得以缓和。汉朝派使者去匈奴寻找苏武等人，最终，苏武等人得以归还汉朝。他在匈奴待了十九年，历尽艰难困苦，终于归汉。“武（苏武）留匈奴凡十九岁，始以强壮出，及还，须发尽白。”[③] 苏武从匈奴返回汉朝前，他的好朋友李陵亲自为他设宴，欢送他归汉。李陵对苏武的品格十分钦羡：“今足下还归，扬名于匈奴，功显于汉室，虽古竹帛所载，丹青所画，何以过子卿！”[④] 苏武的贡献和功劳被李陵中肯地说了出来。李白写过一首题为《苏武》的诗：“苏武在匈奴，十年持汉节。白雁上林飞，空传一书札。牧羊边地苦，落日归心绝。渴饮月窟冰，饥餐天

① 安平秋、张传玺：《二十四史全译：汉书》（全三册）第二册，汉语大词典出版社 2004 年版，第 1172 页。

② 李毓芙选注：《成语典故文选》（上、下）上册，山东教育出版社 1997 年版，第 676 页。

③ 安平秋、张传玺：《二十四史全译：汉书》（全三册）第二册，汉语大词典出版社 2004 年版，第 1174 页。

④ 安平秋、张传玺：《二十四史全译：汉书》（全三册）第二册，汉语大词典出版社 2004 年版，第 1174 页。

上雪。东还沙塞远，北怆河梁别。泣把李陵衣，相看泪成血。”[①] 苏武的艰辛和李陵为其送别之悲被李白的诗展示出来。“在诗歌的最后，李白所表现的正是两个身处异乡的游子在泪眼相望中的深厚情谊，所书写的是不可磨灭的故国情怀。”[②]

于谦对苏武的气节和经历十分崇拜。他还专门写下了《题苏武忠节图六首》，其中第二首写得颇有味道：“朔风吹雪满阴山，十载腥膻一梦间。目断龙楼思汉阙，心随雁阵度秦关。吞毡留得孤忠在，仗节归来两鬓斑。都笑李陵空掩泪，失身无计可生还。”[③] 每个人在生活中都扮演着不同的角色，不管结局如何，如果有职业精神，其人生价值定会彰显。苏武的伟大之处在于他清晰地明白自己作为使者的责任。他出使匈奴，背后是自己的祖国，其言行关乎国家形象。他对恶劣自然环境的适应，对匈奴单于及其下属的回应，对在匈奴生活的老朋友劝说的回绝，都展示出作为一个使者高昂的气质和不屈的灵魂。苏武是民族脊梁式的人物，他身上的职业精神应被传承和铭记。

于谦在《无题》四首第一首中写道：“人生不满百，常为千岁计。图利与求名，昂昂争意气。书营夜复思，顾恐力弗至。一旦寿命终，万事皆委弃。卓哉陶靖节，不为世故累。解印归柴桑，清风满天地。尊中幸有酒，自酌还自醉。借问寰中人，谁能会此意。”[④] 于谦对陶渊明是推崇备至的。东晋大诗人陶渊明不为世俗所拘，不为官场所拘，不为人情所拘，辞官归田园，过着自由潇洒、惬意畅快的生活，令人称羡。“不慕名利、看轻浮名的诗人一生顺任自然，乐天委分，参透生命哲理，生前没有看重千秋万岁后的荣辱，也没有看重同时代人对他的褒贬。”[⑤] 因其执着，所以能有所成；因其随性，所以能有所乐；因其睿智，所以能有所味。他的文名在其去世后，经受住时代的检验，逐渐被人所欣赏，并视为宝贵的精神财富。

---

① （唐）李白：《李太白全集》（全二册）下册，中华书局 2011 年版，第 882 页。
② 徐兆寿、金西源：《丝绸之路上的使者》，清华大学出版社 2016 年版，第 39 页。
③ （明）于谦：《于谦集》（全二册）下册，浙江古籍出版社 2016 年版，第 557 页。
④ （明）于谦：《于谦集》（全二册）下册，浙江古籍出版社 2016 年版，第 477 页。
⑤ 李剑锋：《陶渊明接受通史》（全二册）上册，齐鲁书社 2020 年版，第 27 页。

陶渊明是一个奇才，是尽得魏晋神韵的人。他的祖上是名门，到了他这一代，有名门子弟之遗风。他爱好诗文、志向高远、学问广博、超凡脱俗，颇受乡人敬重。他几次入仕，均因为家贫，无以为计，以入仕得官酬来维持生活。最终，他看清世道，认为自己不应为五斗米折腰，毅然选择全心归隐。在他担任州祭酒后，因“不堪吏职”[①]，辞官归田园。因躬耕辛劳，得羸疾。当时，江州刺史檀道济去看望他，对他说：“贤者处世，天下无道则隐，有道则至，今子生文明之世，奈何自苦如此？”[②]陶渊明非常自谦地回答：“潜（陶渊明）也何敢忘贤，志不及也。”[③]檀道济的诚意没有打动陶渊明，遂给他留下美味佳肴而去。

陶渊明在担任彭泽县令期间，督邮前来视察工作，需要他出面接待。陶渊明叹曰：“吾不能为五斗米折腰，拳拳事乡里小人邪！”[④]于是，他辞官还家。“道不偶物，弃官从好。”[⑤]他身上这种不为权贵折腰、保持自身独立性的精神和品格，为后人所推崇和继承。唐代诗人杜甫在《官定后戏赠》中写道：“不作河西尉，凄凉为折腰。”[⑥]宋代诗人黄庭坚在《次韵寅庵四首》第二首中写道：“五斗折腰惭仆妾，几年合眼梦乡间。”[⑦]知识分子心中可贵的气节和希望保持独立的品格，成为他们追求的目标和奋斗的方向，也是多少人梦寐以求的生活。成为隐士的陶渊明过上了自己喜欢的生活，从此，对仕途不感兴趣。

陶渊明躬耕于田，醉心于自然风光，激发了他朴实无华却真挚感人的诗文创作，亦成就了他作为一代名诗人的地位。王弘这个官员对陶渊明是非常友善的，竭力去接近陶渊明。王弘派他的老朋友庞通之带着酒在庐山半腰等候陶渊明，自己随后以偶遇的形式，加入这个饭局中，以能够与陶

① 兰喜并：《中国古代传记精选读本》，中国国际广播出版社 2010 年版，第 211 页。
② 兰喜并：《中国古代传记精选读本》，中国国际广播出版社 2010 年版，第 211 页。
③ 兰喜并：《中国古代传记精选读本》，中国国际广播出版社 2010 年版，第 211 页。
④ 许嘉璐：《二十四史全译：晋书》（全四册）第四册，汉语大词典出版社 2004 年版，第 2111 页。
⑤ 袁行霈：《陶渊明集笺注》，中华书局 2011 年版，第 415 页。
⑥ 李毓芙选注：《成语典故文选》（上、下）下册，山东教育出版社 1997 年版，第 352 页。
⑦ 李毓芙选注：《成语典故文选》（上、下）下册，山东教育出版社 1997 年版，第 352 页。

渊明见面且能与陶渊明聊天为自己的荣幸。“从《宋书·王弘传》所描写的王弘的个性及他同陶渊明以酒相交的方式看，他们之所以交往近九年，在于他们的个性有相投之处。”① 王弘与陶渊明为什么相投，想必是陶渊明的才华和隐士的魅力吸引着王弘，王弘谦卑的尊贤言行打动了陶渊明，促使这份友谊能够相持很久。陶渊明与周续之、刘遗民被称为“浔阳三隐”②，以隐知名。陶渊明妻子翟氏“亦能安勤苦，与其同志”③。陶渊明的亲戚亦以好酒好菜招待他。陶渊明的田园生活是十分惬意的，有朋友的唱和，有妻子的理解，有亲戚的支持，有自然风光的陶冶，在这样的环境下所创作的诗文，是十分伟大的作品。陶渊明在其六十三岁的时候离开人世。他去世之时，人们悲悼不已。“近识悲悼，远士伤情，冥默福应，呜呼淑贞。”④

陶渊明的诗文有净、朴、简的特征。首先来看净。钟嵘在《诗品》中评价陶渊明的诗歌：“文体省净，殆无长语。”⑤ 陶渊明在《神释一首》中写道：“纵浪大化中，不喜亦不惧。”⑥ 他对生命的参透，使其不畏惧生死，不会产生喜惧。道理很深，却通过省净的语言，纤尘不染、不带拖沓地表达出来。陶渊明在《九日闲居一首》中写道：“世短意恒多，斯人乐久生。”⑦ 人生短促，想法却太多，唯有快乐的心态才能长久地生活。他能用最净之语，写出最具普遍性的现象。语言干净，是精心构思后的体现，故宋人惠洪有如下评价：“大率才高意远，则所寓得其妙，造语精到之至，遂能如此，似大匠运斤，不见斧凿之痕。”⑧ 其次来看朴。陶渊明“尝著《五柳先生传》以自况，时人谓之实录。”⑨ 他在《五柳先生传》中定位自己：

① 李剑锋：《陶渊明接受通史》（全二册）上册，齐鲁书社2020年版，第30—31页。

② 兰喜并：《中国古代传记精选读本》，中国国际广播出版社2010年版，第213页。

③ 兰喜并：《中国古代传记精选读本》，中国国际广播出版社2010年版，第213页。

④ 袁行霈：《陶渊明集笺注》，中华书局2011年版，第416页。

⑤ 李剑锋：《陶渊明接受通史》（全二册）上册，齐鲁书社2020年版，第68页。

⑥ 袁行霈：《陶渊明集笺注》，中华书局2011年版，第47页。

⑦ 袁行霈：《陶渊明集笺注》，中华书局2011年版，第50页。

⑧ 漆绪邦：《中国散文通史（增订本）》（全三册）上册，首都师范大学出版社2014年版，第486页。

⑨ 兰喜并：《中国古代传记精选读本》，中国国际广播出版社2010年版，第211页。

“闲靖（静）少言，不慕荣利。好读书，不求甚解，每有会意，便欣然忘食。”[①] 用素描的方式将自己的个性爱好勾勒出来。“本文仿效史书笔法，有史有赞，但不斤斤计较于生平出处之记载，而孜孜以求其精神风貌的整体把握。”[②] 没有华丽的语言，只有朴实如常的语言，却更加真实，令人信服，读来不仅朗朗上口，还有一种从心底生发出来的力量。五柳先生已经成为陶渊明的代名词，成为一种追求恬淡生活的象征。李白在一首诗中写道：“梦见五柳枝，已堪挂马鞭。何日到彭泽，长歌陶令前。”[③] 从中可见李白对陶渊明品格的崇拜和向往。最后来看简。颜延年在《靖节徵士诔》中以“博而不繁”[④] 来形容陶渊明的诗文。“‘简’的生活作风和精神追求固然与陶渊明贫困的物质生活分不开，但也是诗人的个性使然。陶渊明一生求‘真’，‘任真无所先’，又‘性刚才拙，与物多忤’，不愿说委婉之辞、行违心之事，于是追求一种简单朴素而又直率任性的生活。”[⑤] 陶渊明在《拟古九首》其中一首中写道：“荣荣窗下兰，密密堂前柳。初与君别时，不谓行当久。出门万里客，中道逢嘉友。未言心相醉，不在接杯酒。兰枯柳亦衰，遂令此言负。多谢诸少年，相知不中厚。意气倾人命，离隔复何有？”[⑥] 对于好朋友的理解，陶渊明是很有自己的独特情怀的，关键在于能够互相引为知己，思想交通，胜过世俗一切。简单的想法和表达，将最深层的友谊之爱表达出来，这就是陶渊明的魅力。

富有诗文之才的陶渊明在后世有了更多的知音，有了更多的评价，有了更多的回响。唐代诗人李白在《九日登山》中写道：“渊明《归去来》，不与世相逐。为无杯中物，遂偶本州牧。”[⑦] 李白对陶渊明的诗是情有独钟、理解颇深的，对其诗所体现出的遗世独立、投怀自然、寄情山林的精神和

① 袁行霈：《陶渊明集笺注》，中华书局 2011 年版，第 344 页。

② 漆绪邦：《中国散文通史（增订本）》（全三册）上册，首都师范大学出版社 2014 年版，第 480 页。

③ （唐）李白：《李太白全集》（全二册）上册，中华书局 2011 年版，第 573 页。

④ 袁行霈：《陶渊明集笺注》，中华书局 2011 年版，第 416 页。

⑤ 李剑锋：《陶渊明接受通史》（全二册）上册，齐鲁书社 2020 年版，第 50 页。

⑥ 袁行霈：《陶渊明集笺注》，中华书局 2011 年版，第 219 页。

⑦ （唐）李白：《李太白全集》（全二册）下册，中华书局 2011 年版，第 819 页。

理想是服膺的。宋代政治家王安石在《送吴显道五首（之五）》中写道："百年多病独登台，知有归日眉放开。功名富贵何足道，且赋渊明《归去来》。"[①] 作为一代政治家的王安石，虽有匡济天下之志，心中却葆有一颗远离功名、归隐田园的心迹。"诗人（王安石）感于仕途的凶险、坎坷，引用陶渊明'归去来'之典，表达了对陶渊明静退高风的崇仰，也表达了自己视富贵如浮云、崇尚松菊高节、终当退居的脱俗志趣。"[②] 金元时期的元好问，对陶渊明理解更深，推崇更甚。他在《论诗三十首（之四）》中写道："一语天然万古新，豪华落尽见真醇。南窗白日羲皇上，未害渊明是晋人。"[③] 明代理学家程敏政对陶渊明之节义理解颇深："夫渊明自以晋朝世辅，耻复屈身刘宋，故始终托诗酒以自晦，而人莫之知也。"[④] 清代思想家龚自珍对陶渊明亦十分钟爱，在一首诗中写道："陶潜诗喜说荆轲，想见《停云》发浩歌。吟到恩仇心事涌，江湖侠骨恐无多。"[⑤] 龚自珍对陶渊明诗中的英雄情怀理解甚深。陶渊明的诗文堪称经典，历久弥香、弥醇、弥阔。

于谦在《过夏县挽司马文正公》中说："破瓮机锋岂偶然，活人手段自髫年。闾阎稚子知司马，海宇群黎仰涑川。出处遂关时治乱，死生难免世推迁。苍松劲柏环祠墓，凛凛清风在目前。"[⑥] 于谦的历史底蕴非常深厚，他在这首诗中，将司马光的人生经历和贡献从智、名、政、清四个方面进行揭示。司马光"破瓮"之事显示其"机锋"，即展示其少年时就形成的智。"司马温公童稚时，与群儿戏于庭。庭有大瓮，一儿登之，偶堕瓮水中，群儿皆弃去，公则以石击瓮，水因穴而迸，儿得不死。盖其活人手段已见于龆龀（孩童）中，至今京洛间多为《小儿击瓮图》。"[⑦] 助人为乐的精神在他少年时期就铸造在其性格之中。当其长大后，在仕途中，司马光

---

① （宋）王安石：《王安石全集》（全六册）第四册，崇文书局 2020 年版，第 341 页。
② 李剑锋：《陶渊明接受通史》（全二册）上册，齐鲁书社 2020 年版，第 224 页。
③ 李剑锋：《陶渊明接受通史》（全二册）上册，齐鲁书社 2020 年版，第 406 页。
④ 李剑锋：《陶渊明接受通史》（全二册）上册，齐鲁书社 2020 年版，第 536 页。
⑤ 李剑锋：《陶渊明接受通史》（全二册）下册，齐鲁书社 2020 年版，第 749 页。
⑥ （明）于谦：《于谦集》（全二册）下册，浙江古籍出版社 2016 年版，第 514 页。
⑦ 周勋初：《宋人轶事汇编》（全五册）第三册，上海古籍出版社 2014 年版，第 1445 页。

更是乐于助人，善于奖掖新人、提携后辈，对于同僚亦是多推恩于彼。

苏辙在策问考卷中言辞切直，考官胡宿打算将其“黜之”[①]。苏辙在考卷中直言宋仁宗有怠政之征兆：“今陛下无事则不忧，有事则大惧，臣以为忧乐之节易矣。”[②] 封建社会，直言皇帝的不是，怪不得胡宿要黜落他。司马光此时为苏辙讲了一句公道话：“辙（苏辙）有爱君忧国之心，不宜黜。”[③] 但是反对通过考试录用苏辙的力量很强大。司马光于是上疏宋仁宗，希望得到宋仁宗的支持：“但见其指陈朝廷得失，无所顾虑，于四人之中，最为切直，今若以此不蒙甄收，则臣恐天下之人皆以为朝廷虚设直言极谏之科。”[④] 看了司马光的奏疏后，宋仁宗认为司马光说得有道理，亦为苏辙说话：“以直言召人，而以直言弃之，天下其谓我何？”[⑤] 故苏辙未被黜落。从此北宋政坛多了一位直臣，文坛多了一名健将。司马光的“活人手段”运用得法。宋英宗即位不久，司马光上疏评举贤良：“今摄政之际，大臣忠厚如王曾，清纯如张知白，刚正如鲁宗道，质直如薛奎者，当信用之。”[⑥] 司马光“活人手段”又见于此。司马光与王安石是政治上的对立者。司马光坚决反对王安石变法及其政治主张。当王安石被宋神宗力推到前台，主抓变法之事，司马光只能回洛阳去修史去了。宋神宗去世后，司马光被提拔到朝中任职，最终登上宰相的高位。此时，退居金陵的王安石因病去世。司马光得知王安石去世后，在给吕公著书信中提到要妥善安排王安石的后事：“介甫（王安石）文章、节义过人处甚多，但性不晓事，而喜遂非。致忠直疏远，谗佞辐凑，败坏百度，以至于此。今方矫其失，革其弊，不幸介甫谢世，

① 倪其心：《二十四史全译：宋史》（全十六册）第十二册，汉语大词典出版社 2004 年版，第 7504 页。

② 倪其心：《二十四史全译：宋史》（全十六册）第十二册，汉语大词典出版社 2004 年版，第 7563 页。

③ 倪其心：《二十四史全译：宋史》（全十六册）第十二册，汉语大词典出版社 2004 年版，第 7504 页。

④ （宋）司马光：《司马光集》（全三册）第二册，四川大学出版社 2010 年版，第 557—558 页。

⑤ 倪其心：《二十四史全译：宋史》（全十六册）第十二册，汉语大词典出版社 2004 年版，第 7564 页。

⑥ 倪其心：《二十四史全译：宋史》（全十六册）第十二册，汉语大词典出版社 2004 年版，第 7506 页。

反覆之徒必诋毁百端。光意以谓朝廷特宜优加厚礼，以振起浮薄之风。”① 司马光和王安石虽在政治方面有分歧，但司马光仍然能善处王安石后事。“大哉！温公（司马光）之盛德不可及矣。”② 从中可见司马光的“活人手段”。

司马光的大名，在他活着的时候已经显露。他在洛阳待了十五年，“天下以为真宰相，田夫野老皆号为司马相公，妇人孺子亦知其为君实也”③。司马光在洛阳专心于撰写史书，其甘于坐冷板凳的精神，着实让人钦佩，声名愈广。听闻宋神宗去世，司马光赶回京城，被宫中卫士认出来。老百姓欢呼道：“公无归洛，留相天子、活百姓。”④ 当时，民众对他寄予了何等的期望啊！当司马光去世后，“京师民画其像，刻印鬻之，家置一本，饮食必祝焉。四方皆遣人购之京师，时画工有致富者”⑤，可见百姓心中对司马光的印象。苏东坡在《故赠太师追封温国公司马光安葬祭文》中点评司马光之名，是很高的：“名高当世，行满天下。”⑥

司马光熟读古代史书，自己又善于撰写史书，对政治有着天然的敏感和熟悉。苏东坡在《祭司马君实文》中评价他：“百世一人，千载一时。”⑦ 他能够敏锐地发现官场中存在的弊政，必定会直言以告，往往能够切中时弊，一语道破问题实质。王安石变法初衷虽好，亦取得一定成就，然在用人助推变法方面值得反思和总结。司马光看出其中的用人不当之苗头，正告王安石：“忠信之士于公当路时虽龃龉可憎，后必徐得其力；谄谀之人于今诚有顺适之快，一旦失势，必有卖公以自售者。”⑧ 王安石所用吕惠卿之人，就是司马光所言之人，被事实所验证。司马光与王安石如若能有合作，司马光负责干部选任和监督，王安石负责变法事宜推进，二人协同致力于国富民强目标，实为幸事。然未能合作，殊为憾事。

---

① 孙友虎：《北宋吕氏家族“一门三相”编年录》，黄山书社 2020 年版，第 435 页。

② 孙友虎：《北宋吕氏家族“一门三相”编年录》，黄山书社 2020 年版，第 436 页。

③ 倪其心：《二十四史全译：宋史》（全十六册）第十二册，汉语大词典出版社 2004 年版，第 7513 页。

④ 曾枣庄、舒大刚：《苏东坡全集》（全八册）第六册，中华书局 2021 年版，第 3178 页。

⑤ 曾枣庄、舒大刚：《苏东坡全集》（全八册）第六册，中华书局 2021 年版，第 3181 页。

⑥ 曾枣庄、舒大刚：《苏东坡全集》（全八册）第六册，中华书局 2021 年版，第 3259 页。

⑦ 曾枣庄、舒大刚：《苏东坡全集》（全八册）第六册，中华书局 2021 年版，第 3271 页。

⑧ 周勋初：《宋人轶事汇编》（全五册）第三册，上海古籍出版社 2014 年版，第 1450 页。

宋神宗问吕公著："司马光方直，其如迂阔何？"[①] 与司马光关系十分要好且了解司马光为人的吕公著回答道："孔子上圣，子路犹谓之迂。孟轲大贤，时人亦谓之迂。况光（司马光）岂免此名？大抵虑事深远，则近于迂矣。愿陛下更察之。"[②] 司马光之"迂"，恰是成就其政治业绩的密码。

司马光的清廉俭朴之名亦显。"光（司马光）孝友忠信，恭俭正直，居处有法，动作有礼。"[③] 他生活俭朴，严格律己，"恶衣菲食，以终其身"[④]。他卖田葬妻之事，被传为美谈。"不事生产，买第洛中，仅庇风雨。有田三顷，丧其夫人，质田以葬。"[⑤] 他对儿子司马康期待甚高，专门写下《训俭示康》，告诫儿子要节俭律己，以俭为美德。在他去世前，他叮嘱儿子司马康在自己死后薄葬自己，反映了他俭朴的思想。"（司马光）下葬时，减去了难得的石门，华靡的仪椁，为国家节省了费用十之五、六。"[⑥] 司马光去世后，家无余财，其廉洁之色如此。"临终，床箦萧然，唯枕间有役书一卷。故申公（吕公著）为挽词云：'漏残余一榻，曾不为黄金。'"[⑦]

于成龙眼中的三个良吏

于成龙是康熙时期的名臣。他没有任何先天背景和人脉，以一己之力，转任不同地方，磨炼其性格，锻造其品性，成就其功业。他为官期间，做到了清、廉、慎，被康熙所褒奖。陈奕禧概括他的为官经历和贡献："以明经起家，历官粤、蜀、楚、闽，节钺畿辅，总督两江。秉清明纯懿之怀，本淹通经史之学，行贞固敏练之才，受知于圣天子，优誉有加，简畀大任。

① 周勋初：《宋人轶事汇编》（全五册）第三册，上海古籍出版社 2014 年版，第 1451 页。

② 周勋初：《宋人轶事汇编》（全五册）第三册，上海古籍出版社 2014 年版，第 1451 页。

③ 倪其心：《二十四史全译：宋史》（全十六册）第十二册，汉语大词典出版社 2004 年版，第 7514—7515 页。

④ 曾枣庄、舒大刚：《苏东坡全集》（全八册）第六册，中华书局 2021 年版，第 3181 页。

⑤ 曾枣庄、舒大刚：《苏东坡全集》（全八册）第六册，中华书局 2021 年版，第 3181 页。

⑥ 程应镠：《程应镠史学文存》，上海人民出版社 2010 年版，第 374 页。

⑦ 孙友虎：《北宋吕氏家族"一门三相"编年录》，黄山书社 2020 年版，第 441 页。

故得尽发其所蕴，施诸民瘼政事，而奏膚（肤）功，酬主眷，为本朝人物第一，千载不朽也。”[①] 作为一代名臣的于成龙，他眼中的韩信、诸葛亮、柳宗元是什么样子呢？

于成龙在《成都》其一中写道：“两任边荒囊乏钱，低头羞语尉巡前。淮阴受却少年辱，也了前生一恶缘。”[②] 于成龙在这首诗中提到的韩信，是一个富有传奇色彩的将军。他少年所受屈辱和成年所得富贵，形成鲜明反差。这种反差告诫世人，莫欺少年贫，莫欺少年窘，莫欺少年之落魄。韩信的感恩之心、善将之才和悲剧结局，成为千百年来人们热议的话题，至今仍在讨论当中。

韩信出生的时候，家庭情况不太好，经常吃不饱饭，只能跟着别人混口饭吃。太史公称其为“贫无行”[③]。韩信贫则有之，“无行”应该谈不上，或者亦非其主观想为之。想想一个贫穷家的子弟，没有人脉和资源，而其才华又不能彰显，走仕途去当官这条道路非常艰难。他之所以能够忍受世俗对他的鄙视，想必是心中拥有对自己才华的执着，因而能够保全性命、希冀自己未来有所为。太史公对韩信少年时期的命运是同情的。因为贫穷，韩信经常要去亭长家蹭饭，遭到亭长妻子的反感和冷脸。于是，亭长妻子在韩信来之前就把饭吃完了，等到韩信来了后，“不为具食”[④]。韩信了解其用意后，非常生气，就断绝了与他们的关系。这是韩信遭受冷脸之事之一。得不到理解和尊重，此时若有人对他施以援手帮助他渡过难关，他定会感激对方。韩信来到城下钓鱼，看到漂洗绵絮的若干老大娘。其中一个漂母看到饥饿的韩信，就主动给他饭吃，一直供应他多日。非常感恩的韩信对漂母说：“吾必有以重报母。”[⑤] 遇到主动帮助他的人，韩信第一次敞开心扉，陈述自己的报效之意。实际上，韩信讲这句话的深层内涵是在告诉漂母没有看错人、帮错人，自己是一个很有才华的人。漂母回答说：“大丈夫

---

① （清）于成龙：《于清端公政书》（上、下）上册，三晋出版社 2017 年版，第 8 页。
② （清）于成龙：《于清端公政书》（上、下）下册，三晋出版社 2017 年版，第 340—341 页。
③ 安平秋：《二十四史全译：史记》（全二册）第二册，汉语大词典出版社 2004 年版，第 1155 页。
④ 安平秋：《二十四史全译：史记》（全二册）第二册，汉语大词典出版社 2004 年版，第 1155 页。
⑤ 安平秋：《二十四史全译：史记》（全二册）第二册，汉语大词典出版社 2004 年版，第 1155 页。

不能自食，吾哀王孙而进食，岂望报乎！”[①] 漂母的回答可见其不求报答之胸襟，与韩信的感恩之心是同一层次思想的不同方式呈现。韩信遭遇淮阴少年屠户的语言侮辱，没有上当，忍一时屈辱，“俛出袴（胯）下，蒲伏”[②]。围观之人皆笑其怯。太史公在叙述韩信的经历中，讲究有始有终。等到韩信功成名就之时，回到曾经生活过的地方，找到少年时所结交的亭长，对其言：“公，小人也，为德不卒。”[③] 韩信找到曾经救济过自己的漂母，对其进行赏赐，“赐百钱”[④]。韩信感恩漂母成为历史上非常有名的典故，影响了一代又一代国人的思想和性格。陶渊明在《乞食一首》中写道：“感子漂母惠，愧我非韩才。”[⑤] 李白在《送薛九被谗去鲁》中写道：“沙丘无漂母，谁肯饭王孙？”[⑥] 刘龙在《漂母墓》中写道：“英雄未遇亦堪悲，老妪如何独早知？执戟趋时应自恨，筑坛追后尚多疑。吕媭詈侄岂为达？陵母戒儿非是奇。不用千金偿一饱，汉家清史有名垂。”[⑦] 韩信还找到曾经年少之时侮辱过他的屠户，对大家讲出了自己的心里话：“此壮士也。方辱我时，我宁不能杀之邪？杀之无名，故忍而就于此。”[⑧] 清代学人郭梅崖在《韩信论》中写下对韩信忍胯下之辱的分析：“吾读《史记》，至淮阴侯信（韩信）辱于胯下，未尝不叹其能忍耻，以功就名也。夫淮阴者，岂真不能手刃其人以雪此耻耶？彼以为辱我者，少年耳。百炼之剑淬其锋，将有所试焉。如以寻诸小物，虽其锋未至立挫，其为剑固已亵矣，故信之不杀少

---

① 安平秋：《二十四史全译：史记》（全二册）第二册，汉语大词典出版社 2004 年版，第 1155 页。

② 安平秋：《二十四史全译：史记》（全二册）第二册，汉语大词典出版社 2004 年版，第 1155 页。

③ 安平秋：《二十四史全译：史记》（全二册）第二册，汉语大词典出版社 2004 年版，第 1167 页。

④ 安平秋：《二十四史全译：史记》（全二册）第二册，汉语大词典出版社 2004 年版，第 1167 页。

⑤ 袁行霈：《陶渊明集笺注》，中华书局 2011 年版，第 72 页。

⑥ （唐）李白：《李太白全集》（全二册）上册，中华书局 2011 年版，第 670 页。

⑦ 山右历史文化研究院：《山右丛书三编》（全十二册）第三册，上海古籍出版社 2021 年版，第 136 页。

⑧ 安平秋：《二十四史全译：史记》（全二册）第二册，汉语大词典出版社 2004 年版，第 1167 页。

年，信之卒灭项羽也。”[①] 韩信是一个有血有肉的大丈夫，有恩必报，有仇亦能释然。

良将遇明主才能发挥作用，才能更具有感恩之心。韩信遇项羽，不受重用，遂离去；遇刘邦，初亦不受待见，遂离去。如果离去而没有返回追随刘邦，当时的历史格局有可能被改写。纵有刘邦之能，张良之策，萧何之才，亦缺少一位气度非凡的将军。然而，韩信之才已露，包括滕公这样的人都能认识到他的非凡才华，更不用说萧何了。萧何在与韩信交流过几次后，发现了他的大才，多次向刘邦作推荐，没有引起重视。等到韩信逃走后，出现了萧何月下追韩信之事。萧何之离去，让刘邦非常着急，觉得自己失去了左右手。等到萧何领着韩信回来见到刘邦，才冰释前嫌、消除误会。萧何积极地向刘邦谏言：“至如信（韩信）者，国士无双。王必欲长王汉中，无所事信；必欲争天下，非信无所与计事者。”[②] 刘邦终被萧何说服，对韩信另眼看待，委以重任，任其为大将，以隆重之礼为韩信成将进行宣告。此时的刘邦对韩信之才仍然心存怀疑。等到刘邦询问韩信定天下之大计，韩信条分缕析地分析当时局势，对左右时局人物的分析，对左右时局要素的分析，对左右时局关键的分析，让刘邦大喜，“自以为得信晚。遂听信计，部署诸将所击”[③]。刘邦对韩信的赏识和委以重任，促使韩信有施展其军事才能的舞台和机会。由此，韩信对刘邦心存感恩之心，助刘邦建立不世功勋。因其有感恩之心，在手握军权、实力处于优势地位的时候，他能够摆脱蒯通自立为王之言。因其有感恩之心，他又能在平定天下之后，情愿被解除兵权。

韩信的为将之才是突出的。刘邦在夺了韩信军权后问韩信能带多少兵。韩信回答说：“臣多多而益善耳。”[④] 从中彰显出韩信带兵的才华和自信。韩

① 山右历史文化研究院：《山右丛书初编》（全十二册）第四册，上海古籍出版社2014年版，第637页。

② 安平秋：《二十四史全译：史记》（全二册）第二册，汉语大词典出版社2004年版，第1156页。

③ 安平秋：《二十四史全译：史记》（全二册）第二册，汉语大词典出版社2004年版，第1157页。

④ 安平秋：《二十四史全译：史记》（全二册）第二册，汉语大词典出版社2004年版，第1168页。

信在战场上是从容、自信、成熟、通透的优秀军事人才。有一个成语叫拔帜易帜，形容韩信的军事才华。韩信率军与赵军相遇于井陉口。韩信谓汉军将士曰："赵见我走，必空壁逐我，若（你）疾入赵壁，拔赵帜，立汉赤帜。"① 拔掉赵军的旗帜，立上汉军的旗帜，这就是拔帜易帜。韩信先以部分兵马吸引赵军交战，引其出动，再派两千奇兵冲入赵军军营，"皆拔赵旗，立汉赤帜二千"②。出营作战的赵军不能与汉军交战取胜，回头发现自己军营已是汉军旗帜遍布，军心被打乱，导致后来的大败。韩信指挥的这场战役，堪称史诗级别。韩信对敌我部队心理的了解和掌控，对战役形势发展的熟稔和把控，对士兵士气的激励和鼓动，堪称一绝。面对强劲对手而不慌，面对战役处于相持之态而不急，面对士兵狐疑而不点破，其胆识、勇气、韬略、智慧集于一身，如果不取得胜利，岂不是很奇怪吗？韩信的军功是巨大的。谋士蒯通说："臣请言大王功略：足下涉西河，虏魏王，禽夏说，引兵下井陉，诛成安君，徇赵，胁燕，定齐，南摧楚人之兵二十万，东杀龙且，西向以报，此所谓功无二于天下，而略不世出者也。"③ 刘邦对韩信为将的贡献和作用认识得也非常深刻："连百万之军，战必胜，攻必取，吾不如韩信。"④

司马迁对韩信的悲剧结局是充满同情的。司马迁通过韩信成长的事迹和结局，告诉世人如果韩信能够懂得谦让、不炫耀自己的功劳，那将会有一个好的结局："假令韩信学道谦让，不伐己功，不矜其能，则庶几哉，于汉家勋可以比周、召、太公之徒，后世血食矣。"⑤ 郭梅崖亦对韩信不修道德、不矜其行而惹祸进行了微批："信（韩信）能忍小忿于穷蹙之顷，而不能弭觖望于功高之日；能甘耻辱于市井之徒，而不能受约束于君臣之际：

① 安平秋：《二十四史全译：史记》（全二册）第二册，汉语大词典出版社 2004 年版，第 1159 页。

② 安平秋：《二十四史全译：史记》（全二册）第二册，汉语大词典出版社 2004 年版，第 1159 页。

③ 安平秋：《二十四史全译：史记》（全二册）第二册，汉语大词典出版社 2004 年版，第 1166 页。

④ 安平秋：《二十四史全译：史记》（全二册）第一册，汉语大词典出版社 2004 年版，第 137 页。

⑤ 安平秋：《二十四史全译：史记》（全二册）第二册，汉语大词典出版社 2004 年版，第 1170 页。

为信者，其有矜心乎！”① 人们对韩信的希望是很高的，颇具有理想化色彩。这种理想化色彩既要求韩信有任侠仗义之气质，又要求其有怀德谦让之胸怀；既要求韩信有赫赫战功，又要求他能有功高不震主的处世之道；既要求韩信有努力拼搏的豪迈人生，又要求他能够有善终的结局。然而，历史和现实却没有按照人们理想化的设计去完成任务。韩信出身贫苦，备尝人间艰辛，忍辱负重，只是为了实现自己的人生价值。他有着杰出的军事才华，在群雄逐鹿的过程中，显示出其雄阔壮大的指挥力。他可以在军事领域自由驰骋、任意挥洒，有时甚至创新战争思维和行动，取得了显著成就，但他不是一个成熟的政治家。他的政治能力与其军事才华是不相匹配的。他之所以表现出来令刘邦头疼的各种状态，皆因其没有深思熟虑，没有从政治的高度去思考问题。故出现了在齐地想为齐王的念头，且将这个念头传递给刘邦，惹出刘邦的猜忌。刘邦在政治上是老练成熟的，能克制住自己的脾气，顺势承认了韩信的齐王身份和地位。等到消灭项羽后，刘邦趁势夺了韩信的兵权，找了一个借口抓捕了韩信。没有兵权的韩信在落魄中被冠以与陈豨谋乱之罪而被杀。韩信被杀是一种悲剧结局，这个结局固然有韩信自身的原因，亦有刘邦的猜忌和逼迫。刘邦在韩信于齐地称王时，已生猜忌之心。韩信立下赫赫战功后，被夺取兵权，改封楚王，说明刘邦猜忌之心更甚，一直在寻找合适的机会对韩信进行整治。此时，有两项要素聚合在一起，抓捕韩信的条件已经成熟。一个要素是刘邦仇恨在楚国的钟离昧，让楚国捉拿钟离昧。韩信当时可能还在犹豫之中，不忍捉拿钟离昧。另一个要素是有人状告韩信谋反，这有可能是下面的人会意刘邦之想而为。如果韩信想反，为什么不是其实力最强的时候（正如谋士蒯通所言，完全可以与楚汉鼎足而三）？为什么不是在垓下打败项羽之后自立为王？抑或为什么不是当了楚王后，如果遭猜忌而被逼上梁山，去选择背水一战？这些都没有。深通韬略的众谋臣都在为刘邦筹划计策，既要除掉韩信，又不能落下骂名。刘邦编了一个理由，要求各地诸侯到陈地朝会。不忍捉拿

① 山右历史文化研究院：《山右丛书初编》（全十二册）第四册，上海古籍出版社 2014 年版，第 637 页。

钟离眛，说明韩信有情有义；捉拿钟离眛，难道不正是表明对刘邦的效忠与听命吗？其实钟离眛对形势判断出现了失误，不管韩信捉拿不捉拿，钟离眛都将被抓捕。等到韩信拿着钟离眛的头颅去陈地朝见刘邦，刘邦命令武士将韩信捆绑起来，放在后面的车子上，戴上刑具，拉到洛阳。《史记》记载，到了洛阳后，刘邦赦免了韩信谋反的罪过，改封其为淮阴侯。韩信没有谋反的罪证，如果贸然将其杀害，刘邦会背上诛杀功臣的恶名，遂释放了韩信。不是刘邦不想除掉韩信，只是时机还不够成熟。待到韩信被抓、被放，心生怨意已是必然。这种心态的产生固然与韩信自身的性格有关，亦与刘邦的一步一逼有关。至于韩信与陈豨内外勾连，最终以谋反罪被吕后所杀，有两种可能。一种可能是谋臣为韩信设下一个圈套，杜撰了谋反事实；另一种可能是韩信确实参与了谋反。后一种可能性不大，因为韩信在自身没有兵权、在宫廷之内亦没有自己亲信的情况下，就作出决策，成为陈豨叛乱的内应，岂不荒唐？司马迁写的韩信，用了春秋笔法，除了对其功劳予以赞赏，对其性格短板进行批评之外，在叙述中夹杂了汉朝官方口径，即韩信因谋反被杀与韩信去陈地、韩信去洛阳、韩信去长乐宫之实，看似矛盾，实则暗含韩信被杀之冤屈。尤其是韩信两次“死前”发言，更是有力地回应了官方的定调。第一次是韩信被刘邦在陈地抓捕，韩信以为大难临头，故发言：“果如人言，‘狡兔死，良狗亨；高鸟尽，良弓藏；敌国破，谋臣亡。’天下已定，我固当亨！”[①] 刘邦后来将韩信释放。等到吕后派武士将韩信捆绑到长乐宫，在临斩前说：“吾悔不用蒯通之计，乃为儿女子所诈，岂非天哉！”[②] 等到刘邦征讨陈豨回来后，发现韩信已被诛杀，“且喜且怜之”[③]。司马迁的用笔之意非常传神和深广。一个“喜”字，见出刘邦自认为的大患已经除掉；一个“怜”字，可能确实没有证据证明韩信有谋反之罪，故生出同情心来。以司马迁的笔法来看，韩信几次回应不够好、

① 安平秋：《二十四史全译：史记》（全二册）第二册，汉语大词典出版社2004年版，第1167—1168页。

② 安平秋：《二十四史全译：史记》（全二册）第二册，汉语大词典出版社2004年版，第1169页。

③ 安平秋：《二十四史全译：史记》（全二册）第二册，汉语大词典出版社2004年版，第1169页。

表现不够好的地方，正是他口说直言、直抒胸臆的表现，恰恰证明了他没有那么大的野心。刘邦在君臣关系处理方面，需要去做反省工作。刘邦步步紧逼，韩信应对不当，促成了韩信的悲剧。如果韩信没有谋反，刘邦可以继续除其兵权，但要显君主之胸怀，让韩信尽享富贵之果实；如果韩信确实被逼有谋反一说，可否听其言语、释其善终。刘龙在《韩淮阴侯庙》中慨叹："独有越王思范蠡，黄金空铸水淙淙。"① 该诗到底是在说韩信没有学范蠡，还是在说刘邦没有给韩信做范蠡的机会，只有自己去体味了。郭梅崖对刘邦亦有微词："汉之并项氏，信（韩信）之力居多，天下已定，不能免信以死，而激之变，信之目亦将不瞑也夫。"②

于成龙在《赤壁怀古》中写道："赤壁临江渚，黄泥锁暮云。至今传二赋，不复说三分。名士惟诸葛，英雄独使君。今朝怀古地，把酒对斜曛。"③ 于成龙对诸葛亮的赞美和崇拜之情在这首诗歌中得到了淋漓尽致的体现。诸葛亮是一位伟大的历史人物。在他身上，人们寄予了太多的理想和品质。历史长河滚滚向前，历代有识之士对他的认识和评价没有因时间的流逝而发生变化，这就是他的独特魅力。他在教子、修身、治政、军事、为文等方面皆有所成。

诸葛亮在教子方面颇有心得和成就。"诸葛亮勤于家训，在政事、军事之余，写下了《诫子书》等家训经典名篇。"④ 诸葛亮对儿子的教育既严格，又充满爱意和期待。诸葛亮在给其兄诸葛瑾书信中谈到已经八岁的儿子诸葛瞻时说："瞻（诸葛瞻）今已八岁，聪慧可爱，嫌其早成，恐不为重器耳。"⑤ 诸葛亮希望诸葛瞻能够成为国家重器，成为对社会有用的人，但亦有担心，这种担心可见作为父亲的良苦用心。诸葛亮希望诸葛瞻能够修身尊德，养成良好的学习习惯，为事功建立打下扎实基础。故诸葛亮在《诫

---

① 山右历史文化研究院：《山右丛书三编》（全十二册）第三册，上海古籍出版社 2021 年版，第 137 页。

② 山右历史文化研究院：《山右丛书初编》（全十二册）第四册，上海古籍出版社 2014 年版，第 638 页。

③ 常佩雨、金小娟、邵宗波：《于成龙诗文选注》，三晋出版社 2017 年版，第 367 页。

④ 徐少锦、陈延斌：《中国家训史》，人民出版社 2011 年版，第 206 页。

⑤ （三国）诸葛亮：《诸葛亮集》，中华书局 2020 年版，第 27 页。

子书》中讲道："夫君子之行，静以修身，俭以养德，非淡泊无以明志，非宁静无以致远。夫学须静也，才须学也，非学无以广才，非志无以成学。"① 诸葛亮的成长经历是十分丰富又传奇的。他自幼各地奔波，饱受颠沛流离之苦，却也尽早地熟悉了各地风土人情，扩大了他的眼界和见识，他又能在隆中过耕读隐居生活，养成俭朴的生活习惯，饱读各类诗书，这才有了后来他指点江山的豪情之举和所建事功。诸葛亮有这样的阅历，必然在教子方面，能够系统总结出较为合理的育子经验，强调需从德、才、学、志四个方面来培养。首先要养成高尚的品德，有浩然之气，为人方能坦诚，做事方能坦荡。还要有才，才之来源在于勤奋读书，即学习。贯穿于德、才、学全过程的是立志，有着崇高的志向，为了这个志向的实现，要隆德，要展才，要勤学。他对树立志向是十分看重的，在《诫外生（甥）书》中讲道："若志不强毅，意不慷慨，徒碌碌滞于俗，默默束于情，永窜伏于凡庸，不免于下流矣！"② 诸葛瞻虽然未能如其父那样有精彩的人生，但亦活出了自己的味道，无愧于其父的栽培和教导。诸葛瞻擅长书画，有很强的记忆力："工书画，强识念"③，颇受蜀人青睐。当魏国派大将邓艾征伐蜀国，诸葛瞻统率部队驻扎在涪县迎敌。诸葛瞻失利后，邓艾派人劝降诸葛瞻。诸葛瞻大怒，杀掉邓艾信使。魏蜀两军交战，蜀军大败，诸葛瞻英勇地牺牲在战场上，年仅三十七岁。诸葛瞻的儿子诸葛尚与其父一起战死。"尚（诸葛尚）叹曰：'父子荷国重恩，不早斩黄皓，以致倾败，用生何为！'乃驰赴魏军而死。"④ 诸葛家族家风传承以致如此。"瞻（诸葛瞻）虽智力不足以扶危，勇不足以拒敌，而能外不负国，内不改父之志，忠孝存焉。"⑤ 晋武帝对诸葛亮父子亦称赞有加："诸葛亮在蜀，尽其心力，其子瞻（诸葛瞻）临难死义。天下之善一也。"⑥

---

① （三国）诸葛亮：《诸葛亮集》，中华书局2020年版，第27—28页。

② （三国）诸葛亮：《诸葛亮集》，中华书局2017年版，第28页。

③ 许嘉璐：《二十四史全译：三国志》（全二册）第二册，汉语大词典出版社2004年版，第595页。

④ 汲广运：《琅邪诸葛氏家族文化研究》，中华书局2013年版，第124页。

⑤ 徐少锦、陈延斌：《中国家训史》，人民出版社2011年版，第208—209页。

⑥ 徐少锦、陈延斌：《中国家训史》，人民出版社2011年版，第209页。

诸葛亮对自我修身的要求是十分高的。诸葛亮教子要淡泊明志，并以此来要求自己。正如他在《前出师表》中所言："臣本布衣，躬耕于南阳，苟全性命于乱世，不求闻达于诸侯。"[①] 古代读书人，秉持达则兼济天下、穷则独善其身的原则行世。诸葛亮如果没有遭逢明主，或许可能如他所言，宁愿在深山之中过耕读生活。但是，一旦遭逢明主，赶上了时代际遇，承担了自己应担的职责，就会矢志不渝地做下去，这也反映了他的担当和任劳之品质。正如他在《后出师表》中所言："臣鞠躬尽力，死而后已，至于成败利钝，非臣之明所能逆睹也。"[②] 他生活俭朴，廉洁自持，官声颇好。所以，他在《自表后主》中底气十足地讲："至于臣在外任，无别调度，随身衣食，悉仰于官，不别治生，以长尺寸。若臣死之日，不使内有馀帛，外有赢财，以负陛下。"[③] 权力很大的诸葛亮，心中只有事业，没有公权私用，亦没有以权置业，其廉洁之风，深刻影响了后世之人。他理想中的君臣关系是互相尊重对方，虽然亦难脱封建关系笼罩下的思想窠臼，却见其忠诚之心。故其在《君臣》文中讲道："君以施下为仁，臣以事上为义。二心不可以事君，疑政不可以授臣。上下好礼，则民易使，上下和顺，则君臣之道具矣。"[④] 诸葛亮的儒臣形象已经深入人心，使得人们将更多的美好品质都寄予在他身上。傅玄说："诸葛亮达治知变，正而有谋，而为之相。"[⑤] 他成为贤相的代言人。

诸葛亮治理蜀国是很有成效的。巴蜀之地，土壤肥沃，沃野千里，有利于农业生产。"为促进农业的发展，诸葛亮大力兴修水利灌溉农田，继续维护李冰开凿的都江堰，征调壮丁一千二百余人守护都江堰的水利设施，还设置了堰官进行专门管理。"[⑥] 诸葛亮十分重视农业发展，兴修水利、劝课农桑，农业出现繁盛的景象。在诸葛亮的支持下，蜀国的织锦业、煮盐业、商业等都出现了欣欣向荣的局面，促进了蜀国经济的持续发展。同时，诸葛亮在制

① （三国）诸葛亮：《诸葛亮集》，中华书局2020年版，第6页。
② （三国）诸葛亮：《诸葛亮集》，中华书局2020年版，第8页。
③ （三国）诸葛亮：《诸葛亮集》，中华书局2020年版，第14页。
④ （三国）诸葛亮：《诸葛亮集》，中华书局2020年版，第60页。
⑤ （三国）诸葛亮：《诸葛亮集》，中华书局2020年版，第131页。
⑥ 张鹤泉：《魏晋南北朝史：分裂与融合的时代》，中信出版社2017年版，第49页。

定法令、选用人才等方面，皆做出了成绩。他制定的法令，强调自上而下都要遵守。“教令之政，谓上为下教也。非法不言，非道不行，上之所为，人之所瞻也。”① 诸葛亮带头执行法令，以身作则，起到了良好的示范作用。诸葛亮在用人方面，亦有经验和心得，善于吸纳不同领域、不同地域的人才，为蜀国出力服务。在诸葛亮的努力下，蜀国呈现出较好的发展态势：“至于吏不容奸，人怀自厉，道不拾遗，强不侵弱，风化肃然也。”② 他在蜀国的治绩永远被人铭记。“诸葛亮凭借蜀国这个历史舞台，演出了我国历史上值得重视的有意义的一幕。蜀国虽然地域很小，经过诸葛亮的治理，收效显著。蜀国吏治清明，官吏廉洁，人民的赋役减轻，手工业生产繁荣，社会经济得到恢复和发展，人口增加，人民生活比较安定，政治形势稳定。”③

诸葛亮在指挥诸多战役中所形成的军事思想，十分深厚宝贵。“诸葛亮是一个崇尚儒家忠义道德而又不墨守成规的正统的军事思想家，他既重视战略战术，又重视军事后勤保障供应，崇尚正义，重视人谋且较实用。”④ 他非常重视军队建设，有居安思危的思维。他讲：“夫国之大务，莫先于戒备。若夫失之毫厘，则差若千里，覆军杀将，势不逾息，可不惧哉！”⑤ 有积极的备战意识和思想，一旦开战，就能打一场有准备之战。他在治军过程中，要求士兵经常演练。“夫军无习练，百不当一；习而用之，一可当百。”⑥ 练习备战过程中，要有赏罚意识，着力于提高部队战斗力。“耳威以声，不可不清；目威以容，不可不明；心威以刑，不可不严。”⑦ 让士兵有敬畏，戒怠惰，有必胜之心。诸葛亮对决定战争胜负的重要要素颇有研究：“夫行兵之势有三焉，一曰天，二曰地，三曰人。”⑧ 天地人三者条件具备，战役方能打响，方能取得最后胜利。所谓天，是指天文，要出现有利于战

① （三国）诸葛亮：《诸葛亮集》，中华书局2020年版，第71页。

② 许嘉璐：《二十四史全译：三国志》（全二册）第二册，汉语大词典出版社2004年版，第593页。

③ 朱大渭：《群雄纷争　频繁更迭：朱大渭说魏晋南北朝》，生活·读书·新知三联书店2018年版，第142—143页。

④ 汲广运：《琅邪诸葛氏家族文化研究》，中华书局2013年版，第201—202页。

⑤ （三国）诸葛亮：《诸葛亮集》，中华书局2020年版，第87页。

⑥ （三国）诸葛亮：《诸葛亮集》，中华书局2020年版，第88页。

⑦ （三国）诸葛亮：《诸葛亮集》，中华书局2020年版，第91页。

⑧ （三国）诸葛亮：《诸葛亮集》，中华书局2020年版，第92页。

役进行的气象条件；所谓地，是指地理，要出现有利于战役进行的地形条件；所谓人，是指统率部队之人要出现“主圣将贤”① 的情况。指挥战役的战将的作用非常重要，对其选择使用，显得尤为关键。诸葛亮非常重视将帅的培养和使用。他对将帅考察之细，世所罕见。诸葛亮将适合当将帅的将才分为九将，分别是仁将、义将、礼将、智将、信将、步将、奇将、猛将、大将，各有千秋，分别使用。为将的最高境界，诸葛亮的理解是这样的：“故善将者，不恃强，不怙势，宠之而不喜，辱之而不惧，见利不贪，见美不淫，以身殉国，壹意而已。”② “古代作战，很重视阵法。阵法相当于现代的战斗队形和战法。”③ 诸葛亮对阵法很有研究，“推演兵法，作八阵图，咸得其要云”④。诸葛亮的八阵图就是其推演兵法、研究阵法的结晶。“诸葛亮大概根据东汉窦宪的‘八阵法’，推演改善为‘八阵图’，成为古代作战阵法的一种新创造。在以后历代的实战中，兵家对八阵图很重视。八阵图法，就是在进攻退守、驻营行军中，一方面注意队形战法奇正变化的无穷；另一方面所有的营垒井灶厕所屏障，都按一定的阵法战法法度兴建，随时进可攻，退可守。”⑤ 诸葛亮指挥战役变幻莫测。故苏东坡在《诸葛武侯画像赞》中写道：“密如神鬼，疾若风雷。进不可当，退不可追。昼不可攻，夜不可袭。多不可敌，少不可欺。前后应会，左右指挥。移五行之性，变四时之令。人也？神也？仙也？吾不知之，真卧龙也。”⑥

诸葛亮不只富有韬略，而且还善于撰文。“亮（诸葛亮）言教书奏多可观，别为一集。”⑦ 诸葛亮留下的文章有很多，类型不同，均能给人以启迪。

① （三国）诸葛亮：《诸葛亮集》，中华书局 2020 年版，第 92 页。

② （三国）诸葛亮：《诸葛亮集》，中华书局 2020 年版，第 80 页。

③ 朱大渭：《群雄纷争　频繁更迭：朱大渭说魏晋南北朝》，生活·读书·新知三联书店 2018 年版，第 126 页。

④ 许嘉璐：《二十四史全译：三国志》（全二册）第二册，汉语大词典出版社 2004 年版，第 591 页。

⑤ 朱大渭：《群雄纷争　频繁更迭：朱大渭说魏晋南北朝》，生活·读书·新知三联书店 2018 年版，第 127 页。

⑥ 曾枣庄、舒大刚：《苏东坡全集》（全八册）第六册，中华书局 2021 年版，第 3146—3147 页。

⑦ 许嘉璐：《二十四史全译：三国志》（全二册）第二册，汉语大词典出版社 2004 年版，第 591 页。

他的《前出师表》，感情充沛，对刘备知遇之恩的感同身受，对刘禅的尽心辅佐，对国事的操劳，写得很真实感人。诸葛亮的忠诚形象亦能从中窥见。明代李东阳在《重修武侯祠堂记》中评价诸葛亮的忠诚："此诸葛武侯之忠，所以通天地，贯金石，历今古而犹存也。"① 诸葛亮文的一大特征是晓畅明理，有很强的说服性。他在《与群下教》中指出："夫参署者，集众思广忠益也。"② 身为丞相，需要广纳群言，完善政府决策，故出此言。为了让大家明白讲真话的重要性，他在《又与群下教》中以自己的交友经历来说明："昔初交州平，屡闻得失，后交元直，勤见启诲，前参事于幼宰，每言则尽，后从事于伟度，数有谏止；虽姿性鄙暗，不能悉纳，然与此四子终始好合，亦足以明其不疑于直言也。"③ 为了打消大家提建议影响关系和友谊的顾虑，诸葛亮以自己的经历来说明，十分精辟透彻。他的文章还具有雄辩超凡的魅力。他在《草庐对》（《隆中对》）中，精辟地分析了当时的天下大势和刘备应该采取的对策："将军既帝室之胄，信义著于四海，总揽英雄，思贤如渴，若跨有荆、益，保其岩阻，西和诸戎，南抚夷越，外结好孙权，内修政理，天下有变，则命一上将将荆州之军以向宛、洛，将军身率益州之众出于秦川，百姓孰敢不箪食壶浆以迎将军者乎？诚如是，则霸业可成，汉室可兴矣。"④ 该文气势雄浑，见解精辟，对未来形势有着较为科学的预判和分析。当然，他的文章体裁还有许多，均能展示出他杰出的为文才华。

诸葛亮的魅力是巨大的。他去世后，许多人从不同角度写关于他的文章，以示哀悼和崇敬之意。唐代名臣裴度在《蜀丞相诸葛武侯祠堂碑铭》中指出："度（裴度）尝读旧史，详求往哲，或秉事君之节，无开国之才，得立身之道，无治人之术。四者备矣，兼而行之，则蜀丞相诸葛公其人也。"⑤ 裴度对诸葛亮的评价很高，认其为贤臣之典范。明代的于谦在《过

① ［日］内藤湖南：《外国人眼中的中国人：诸葛亮》，崔金英、李哲译，东方出版社2014年版，第45页。

② （三国）诸葛亮：《诸葛亮集》，中华书局2020年版，第31页。

③ （三国）诸葛亮：《诸葛亮集》，中华书局2020年版，第32页。

④ （三国）诸葛亮：《诸葛亮集》，中华书局2020年版，第2—3页。

⑤ （三国）诸葛亮：《诸葛亮集》，中华书局2020年版，第137页。

南阳挽孔明》中写道："三面英雄正角持，孤臣生死系安危。大星不向营前坠，混一寰区未可知。"① 于谦提出了一个历史假设，希望诸葛亮能活更长时间，那么统一天下亦未可知，对诸葛亮才能的佩服，由此可见。

于成龙在《罗城署中閒咏》其一中写道："牕（窗）前驯鸽行书案，鷩醒主人午梦时。起坐閒看十七史，古今成败有谁知。"② 他在《罗城署中閒咏》其二中写道："子厚当年被谪时，柳州城上写新诗。那知千载存亡后，我与先生共客羁。"③ 于成龙为何对柳宗元情有独钟呢？在这两首诗中，我们能够感受到二人均在广西为过官，容易产生共鸣。柳宗元有大才，"下笔构思，与古为侔。精裁密织，璨若珠贝。当时流辈咸推之"④。柳宗元经过努力考中进士后走上了仕途，得到了当时改革派王叔文的器重和礼遇。结果，王叔文改革被搁浅，柳宗元跟着被贬出朝廷，辗转各地，最终来到广西柳州为官。虽然担任柳州刺史，职位比以前要高，却颇有些明升暗降之味。"皇帝的明升暗降，真是'官虽进而地益远'，旨在把柳宗元他们打发到更为边远贫穷之地去受苦，就此远离政治中心，名为改任实同发配。"⑤ 当时的柳州非常偏远荒凉。柳宗元来到这个地方，"不仅自然环境极为恶劣，而且作为少数民族聚居区，其政治、经济、文化都非常落后，蓄奴、劫掠贩卖人口之风盛行，社会极其不安定，是一片典型的蛮夷之地"⑥。自身的遭遇没有得到皇帝的理解和同情，还被发配到这么偏远的地方，柳宗元的心情可想而知。于成龙与柳宗元的遭遇有相似之处。于成龙仕途第一站被分到了当时非常偏僻的广西罗城。当时，罗城十分荒凉、经济凋敝、匪患丛生、文化落后等难题摆在于成龙面前。于成龙故有与柳宗元相似之感。

柳宗元虽有谪戍之感，却在当官为民和撰文展才方面做出了巨大贡献。他能够为民着想，有一颗淳朴的为民办事的心。他在《送宁国范明府诗序》

---

① （明）于谦：《于谦集》（全二册）下册，浙江古籍出版社 2016 年版，第 614 页。

② （清）于成龙：《于清端公政书》（上、下）下册，三晋出版社 2017 年版，第 336 页。

③ （清）于成龙：《于清端公政书》（上、下）下册，三晋出版社 2017 年版，第 336 页。

④ 黄永年：《二十四史全译：旧唐书》（全六册）第五册，汉语大词典出版社 2004 年版，第 3578 页。

⑤ 韩子姣：《柳宗元》，辽海出版社 2016 年版，第 138 页。

⑥ 韩子姣：《柳宗元》，辽海出版社 2016 年版，第 145 页。

中写道："夫为吏者，人役也，役于人而食其力，可无报耶？"[①] 他在柳州，看到当地经济发展落后。为了改变落后面貌，大力发展农业、林业、牧业。他亲自带领百姓在柳州开垦荒地，种植柑橘，稍微有成的时候，即作诗一首加以纪念："手种黄甘二百株，春来新叶遍城隅。"[②] 为了促进农业发展，他大力兴修水利工程，解决了当地百姓吃水难问题。柳宗元看到柳州有蓄奴的不良风气，积极地进行改革："柳州土俗，以男女质钱，过期则没入钱主，宗元（柳宗元）革其乡法。"[③] 旧俗被改，"不仅有效地保证了下层人民的人身自由，并且激发了劳动者的生产积极性，极大地促进了柳州地区社会生产力的提升"[④]。柳州处于偏远之地，文化建设比较滞后。重视教化工作的柳宗元一到柳州，就修复了毁坏的孔子庙，拨款支持兴建学堂，恢复多年废弃的"学府"，提高了岭南的整体文化水平。他在为官过程中，十分注意廉洁问题。他在柳州主政期间，能够做到廉洁从政，用自己微薄的俸禄支持当地慈善和公益事业。当他去世的时候，家中没有一笔储蓄。他对贪腐有很深的认识，在《蝜蝂传》中批判贪婪之人不懂得自戒："今世之嗜取者，遇货不避，以厚其室，不知为己累也，唯恐其不积。"[⑤] 从中可见他以贪腐为反面案例，对世人的警醒。"贪婪的下场是自我毁灭，从为官之道看，贪婪之人必将走向灭亡，因为贪婪的人其贪欲是永远无法满足的，最后只会像蝜蝂一样，把自己压死。做官自然就应该廉政，这样才能保证自己的前途，否则就会像蝜蝂一样把自己的前途毁掉。"[⑥]

柳宗元为文的名声很大，"著述之盛，名动于时，时号柳州云"[⑦]。他从朝廷被贬到地方为官，人生遭遇重大挫折，但没有动摇他读书学习的心，没有动摇他撰文抒怀的心。他在《与李翰林建书》中说："仆近求得经史诸

① 卫绍生注译：《唐宋名家文集·柳宗元集》，中州古籍出版社 2010 年版，第 166 页。

② 韩子姣：《柳宗元》，辽海出版社 2016 年版，第 148 页。

③ 黄永年：《二十四史全译：旧唐书》（全六册）第五册，汉语大词典出版社 2004 年版，第 3579 页。

④ 韩子姣：《柳宗元》，辽海出版社 2016 年版，第 151 页。

⑤ 卫绍生注译：《唐宋名家文集·柳宗元集》，中州古籍出版社 2010 年版，第 110 页。

⑥ 蓝天强：《柳宗元文化研究·第 2 辑》，广西人民出版社 2015 年版，第 307 页。

⑦ 黄永年：《二十四史全译：旧唐书》（全六册）第五册，汉语大词典出版社 2004 年版，第 3579 页。

子数百卷，常候战悸稍定，时即伏读，颇见圣人用心、贤士君子立志之分。著书亦数十篇，心病言少次第，不足远寄，但用自释。”① 把每次遭贬当成是磨炼意志、立志读书撰文的好机会。他的诗歌非常有韵味。他在《登柳州城楼寄漳汀封连四州刺史》中写道：“城上高楼接大荒，海天愁思正茫茫。惊风乱飐芙蓉水，密雨斜侵薜荔墙。岭树重遮千里目，江流曲似九回肠。共来百越文身地，犹自音书滞一乡。”② 苏东坡在《题柳子厚（柳宗元）诗》中写道：“诗须要有为而作，用事当以故为新，以俗为雅。好奇务新，乃诗之病。柳子厚晚年诗，极似陶渊明，知诗病者也。”③ 他的文章深得屈原之味。故南宋严羽说：“唐人惟柳子厚（柳宗元）深得骚学，韩愈、李观皆所不及。”④ 他在这方面的创作，皆为直抒胸臆，表达自己无故被贬的悲愤之情及对国家忠贞不渝之情。如他在《吊屈原文》中所言：“穷与达固不渝兮，夫唯服道以守义。”⑤ 他的山水游记之文，将其深邃的思想隐喻其中，显得富有内蕴。他在《小石城山记》中描述石城山上的洞口：“窥之正黑，投以小石，洞然有水声，其响之激越，良久乃已。”⑥ 在爬石城山过程中，视野逐渐扩大：“环之可上，望甚远，无土壤而生嘉树美箭，益奇而坚，其疏数偃仰，类智者所施设也。”⑦ 用词十分精准讲究。故苏东坡在《书子厚（柳宗元）梦得造语》中评价道：“柳子厚（柳宗元）、刘梦得皆善造语。”⑧ 柳宗元精心构文，巧思叠出。“通观柳宗元的山水游记，风格矫拔苍劲，写景全用白描，简洁传神，与郦道元《水经注》中的许多段落颇相近似。”⑨ 他创作的人物传记，以传神入髓而名世。他为名臣段秀实所著

---

① 卫绍生注译：《唐宋名家文集·柳宗元集》，中州古籍出版社 2010 年版，第 225 页。

② （清）蘅塘退士：《唐诗三百首》，三秦出版社 2018 年版，第 139 页。

③ 曾枣庄、舒大刚：《苏东坡全集》（全八册）第五册，中华书局 2021 年版，第 2411 页。

④ 漆绪邦：《中国散文通史（增订本）》（全三册）中册，首都师范大学出版社 2014 年版，第 104 页。

⑤ 漆绪邦：《中国散文通史（增订本）》（全三册）中册，首都师范大学出版社 2014 年版，第 104 页。

⑥ 卫绍生注译：《唐宋名家文集·柳宗元集》，中州古籍出版社 2010 年版，第 212 页。

⑦ 卫绍生注译：《唐宋名家文集·柳宗元集》，中州古籍出版社 2010 年版，第 212 页。

⑧ 曾枣庄、舒大刚：《苏东坡全集》（全八册）第五册，中华书局 2021 年版，第 2411 页。

⑨ 漆绪邦：《中国散文通史（增订本）》（全三册）中册，首都师范大学出版社 2014 年版，第 108 页。

文《段太尉逸事状》，通过精心组织行文，以勇敢服郭晞、仁愧焦令谌、节显治事堂三件事为主，塑造了一个有胆识、有仁心、有廉洁之风的士大夫形象。“此文取材于真人真事，作者通过三件逸事，塑造了一个不畏强暴、关心人民、临财而不苟取的封建时代正直官吏的形象”①。他创作的政论文，亦成就突出，代表作为《封建论》。“《封建论》则进而否定了圣人、帝王之意决定历史的谬论”②，具有很大的进步意义。此外，他的哲理散文、寓言散文等，都取得了很高的艺术成就。

---

① 陈振鹏、章培恒：《古文鉴赏辞典：新一版》（全二册）上册，上海辞书出版社 2014 年版，第 995 页。

② 漆绪邦：《中国散文通史（增订本）》（全三册）中册，首都师范大学出版社 2014 年版，第 112 页。

交友篇

王安石的交友观

王安石的名字，大家想必耳熟能详。他诗词文章，冠绝一时；思想魅力，流传至今；倡导变法，轰动一时。随着时间的流逝，人们越来越理解王安石的操守和行为，对他的评价越来越客观，越来越高。梁启超以“完人”来称誉他。像王安石这样的人，在他的人生旅程中，选择什么样的朋友、有哪些交友的经验和教训，我们一起走入他的交友观。

赏识有加

古人说，千里马常有，而伯乐不常有。伯乐对人才的赏识推荐提拔重用具有十分重要的作用。王安石志向很大、才华很高、能力很强。这样的人如果没有伯乐赏识，有可能被埋没于市井山村。幸运的是，他的斑斓瑰丽的一生，恰是多个伯乐对他赏识推荐提拔的一生。这些伯乐亦师亦友，助推王安石走上更大的平台，发挥更大的作用，得到更多的赞誉。王安石年幼的时候，十分喜欢读书，有过目不忘的本领，且能写出精妙绝伦的好文章。学成之后，在他赴京师考取功名中，结识了当时游学于太学的江西同乡曾巩。曾巩自幼热爱学习，能够写出颇有气势的文章，“甫冠，名闻四方”①。当时，文坛泰斗欧阳修非常欣赏曾巩。曾巩在京师认识了王安石，二人互相引为知己，诗词酬唱，游览名胜，成为一时之盛事。曾巩在《寄王介甫（王安石）》中说：“始得读君文，大匠谢刀尺。”② 从诗中，可以看到曾巩钦服于王安石的文章。曾巩认为王安石有唐朝韩愈、孟郊一类的文才——“寥寥韩孟后，斯文大难得”③，且对王安石的未来发展十分看好：

---

① 倪其心：《二十四史全译：宋史》（全十六册）第十一册，汉语大词典出版社 2004 年版，第 7170 页。

② 逯铭昕：《奇才・王安石》，山西教育出版社 2016 年版，第 19 页。

③ 毕宝魁：《政坛大风：王安石传》，作家出版社 2015 年版，第 27 页。

"如跻极高望，万物著春色。"[1] 曾巩佩服王安石的才华和文章，极力向文坛领袖欧阳修作了推荐，可以说，曾巩是王安石开始崭露头角的早期伯乐。在书信中，曾巩向欧阳修这样介绍王安石："巩之有友王安石者，文甚古，行称其文。虽已得科名，然居今知安石者尚少也。"[2] 欧阳修通过曾巩的推荐，进一步阅读了王安石的文章，认为他是一个大才，必将独步北宋文坛。

曾巩与王安石年纪相仿，互相推崇对方，引为人生知己，遭遇变故，亦不变色。曾巩大力引荐王安石，王安石在感动之余，亦写诗文，高度评价曾巩的文章才华。王安石认识曾巩后，发出了"予慕而友之"的赞叹。王安石称赞曾巩文章写得好："曾子文章众无有，水之江汉星之斗。"[3] 王安石在多首诗歌中，表达出对曾巩的欣赏之情和二人历久弥新的友谊。无论是"相随问耕者"[4]，还是"念子百忧集"[5]，或是"壮怀难值故人倾"[6]，重视深情厚谊的王安石在这些诗句中寄托了对曾巩的敬意、诉说及希望得到对方理解的情感。1083 年春，曾巩扶着母亲灵柩经过金陵时，王安石前来祭奠，可见曾巩在王安石心中的地位。曾巩除了欣赏王安石的才华之外，亦被王安石的人品和操守所钦服。当王安石的母亲去世后，曾巩亲自为王安石的母亲撰写了墓志铭。当王安石第二次罢相后，宋神宗召见曾巩，问他王安石这个人怎么样？曾巩高度评价了王安石的文章和操守。由于立场的不同、政见的不同，使得二人曾经疏远一些，但不曾影响二人真挚的友谊。曾巩在一首送给王安石的诗中说"结交谓无嫌"[7]，可谓二人关系之深的写照。

欧阳修一生中引荐过许多人，其中就包括王安石。欧阳修通过门生曾巩的关系，阅读了王安石的文章，读的过程中，"爱叹诵写，不胜其勤"[8]，

---

① 毕宝魁：《政坛大风：王安石传》，作家出版社 2015 年版，第 27 页。
② 童一秋：《王安石》，吉林文史出版社 2012 年版，第 68 页。
③ （宋）王安石：《王安石全集》（全六册）第四册，崇文书局 2020 年版，第 154 页。
④ （宋）王安石：《王安石全集》（全六册）第四册，崇文书局 2020 年版，第 95 页。
⑤ （宋）王安石：《王安石全集》（全六册）第四册，崇文书局 2020 年版，第 156 页。
⑥ （宋）王安石：《王安石全集》（全六册）第四册，崇文书局 2020 年版，第 241 页。
⑦ 柯昌颐：《生前事与身后名：王安石评传》，华文出版社 2018 年版，第 250 页。
⑧ （宋）曾巩：《唐宋名家文集·曾巩集》，中州古籍出版社 2010 年版，第 91 页。

非常欣赏王安石的才华。在见到王安石后，欧阳修甚至发出了“后来谁与子争先”① 的赞美。富有文才的王安石写诗回赠欧阳修，诗中说：“他日若能窥孟子，终身何敢望韩公。”② 这段话，既勉励自己要不断学习提升自己，更是对欧阳修的文化修养的推崇。欧阳修向朝廷推荐王安石：“（王安石）德行文学为众所推，守道安贫，刚而不屈。”③ 当时，朝廷谏官职位出现空缺，欧阳修大力推荐王安石担任此职，然而朝廷却未批准。当时，王安石被朝廷授予了别职，即群牧判官，这对于王安石来说是破格提拔。王安石仍然力辞，请求外放，在欧阳修的劝说之下，才作罢，担任了群牧判官。经历宦海沉浮的欧阳修，知道王安石是个不可多得的干将，于是多次向朝廷举荐。1056 年，欧阳修上疏奏曰：“太常博士、群牧判官王安石学问文章知名当世，守道不苟，自重其身，议论通明，兼有时才之用，所谓无施不可者。”④ 王安石的声誉渐渐扩大。王安石亦十分感念欧阳修的赏识重荐，在文章中流露出对他的感激之情。王安石说：“某以不肖，愿驱走于先生长者之门久矣。初以疵贱，不能自通，阁下亲屈势位之尊，忘名德之可以加人，而乐与之为善。”⑤ 对职高位显的欧阳修能够赏识他表达了感激之意。

观文知人，是说古人通过看文章来了解一个人的性格和品性。北宋时期，许多文才盛名者，经常聚会，切磋文艺，不仅可以知人，还可以交流感情、强化友谊。回到京师担任三司度支判官的王安石经常参与欧阳修组织的雅集。在一次雅集中，王安石拿出自己的新作《明妃曲二首》，让众人传阅。该诗立意高远，把王昭君从传统的悲怨氛围中解放出来，一个深明大义、不讲个人恩怨的王昭君形象呼之欲出。王安石的这首诗作，反映出作者高远的政治视野和宏大的政治眼光。欧阳修为之倾倒，并献上自己的和作。欧阳修写的是王昭君远赴草原，和亲匈奴，其内心之悲凉哀怨，又

① 王水照、崔铭：《欧阳修传》，人民文学出版社 2019 年版，第 273 页。
② （宋）王安石：《王安石全集》（全六册）第四册，崇文书局 2020 年版，第 220 页。
③ 王水照、崔铭：《欧阳修传》，人民文学出版社 2019 年版，第 274 页。
④ 毕宝魁：《政坛大风：王安石传》，作家出版社 2015 年版，第 100 页。
⑤ （宋）王安石：《王安石全集》（全六册）第五册，崇文书局 2020 年版，第 710 页。

有几人知晓，最终揭示汉朝统治者的无能。这首诗中，亦能感受到欧阳修的诗文本色和寄托的深沉感喟。

当欧阳修年纪增大，王安石掌握中枢之权，二人对变法的看法是不同的。经历过变革运动的欧阳修，其睿智的善意的提醒，与大刀阔斧进行改革的王安石的主张是存在差异的。在变革大潮中，善意的提醒亦会被当成反对的声音，但是二人站在一定的高度，给了对方极大的尊重。欧阳修的善意提醒何尝不是助力王安石变法的动力？王安石由衷地赞赏欧阳修的才华，何尝不是欧阳修人品高尚的见证？当烟云退去，理智归来，充满感情却又符合事实的评价终于出现了。那就是当欧阳修离开人世后，诸多友人为其撰写墓志铭，其中王安石撰写的墓志铭是最好的。王安石在为欧阳修撰写的祭文中，对其功业、学术、器识、修养和文章等作了全面分析和评价，高度肯定了其为文为人的成就："世之学者，无问乎识与不识，而读其文，则其人可知。"① 且发出了动人心魄的情感之音："念公之不可复见，而其谁与归！"②

君子之交

《庄子・山木》中指出："君子之交淡如水。"③ 在社会生活中，人与人交往，初衷、动机是不同的。人在交往的时候，有可能出现利来人来、利去人留，也有可能出现利来人来、利去人去的尴尬境地。我们赞赏利去人留的可贵，更赞赏没有利益交集的前提下仍然选择交往，那就是庄子所说的"君子之交"了。

年轻的时候，王安石在扬州为官，结识了很有才华的孙侔。二人一见如故，相谈甚欢。有一天，孙侔来看望王安石，注意到他桌子上有一本书的草稿，书名叫《淮南杂说》（又名《王氏杂说》）。经过交流和阅看后，孙侔了解到这本书主要是针对当时社会上空泛之论和功利思想，围绕孔子、

① （宋）王安石：《王安石全集》（全六册）第五册，崇文书局2020年版，第811页。

② （宋）王安石：《王安石全集》（全六册）第五册，崇文书局2020年版，第812页。

③ 方勇译注：《庄子》，中华书局2015年版，第327页。

孟子思想而阐释的一本著作。二人谈得非常深入，增进了友谊，加深了对彼此的了解。当时孙侔要去异地，临行前向王安石告别。告别时间不长，但二人又进行了深入的交流，交流了对时局的看法。知己即将远走，不知道什么时候再能相见，由此，王安石写下了《送孙正之（孙侔）序》这篇文章送给孙侔。该文高度评价了孙侔的操守和学问："正之（孙侔）行古之道，又善为古文，予知其能以孟、韩之心为心而不已者也。"① 把孙侔提高到孟子、韩愈那样的高度去评价，可谓高矣。另外，王安石还为孙侔作了一首诗，诗中强调二人的相识相知："溪穷壤断至者谁，予独与子相谐嬉。"② 诗中表达了王安石暂时失去了思想上可以交流的知己之痛："子今去此来无时，予有不可谁予规。"③ 二人分开后，从此走上了不同的人生道路。王安石官越做越大，后来主政朝局。孙侔亦受到有识之士的推荐，但被他多次拒绝，仍然保持着独立的人格，拥有广博的知识和才华。《宋史》有孙侔之传，记载王安石当了宰相后，路过真州，与孙侔相见。此时的二人身份悬殊，但是孙侔仍以布衣之交对待王安石。王安石之所以想见孙侔，必定是因有曾经积累起的君子之交为基础，孙侔以布衣之交对待位居要职的王安石，亦是以君子之礼视之。陆游在《老学庵笔记》中记载，当时社会传闻王安石与孙侔差距过大，让人产生了绝交的印象，然二人始终不以为意。待王安石二度罢相后，经过高沙这个地方的时候，见到了孙侔。孙侔留王安石"置酒共饭，剧谈经学，抵暮乃散"④。离别之际，二人都有惜别之意。君子之交淡若水的深意，只有王安石和孙侔才能领会。

比王安石小十一岁的王令，少有大志，为人正直，注重气节，以天下为己任，关心民间疾苦。王安石是通过阅读王令的一首诗作《暑旱苦热》，感受到了王令心怀天下的人格魅力："不能手提天下往，何忍身去游其间。"⑤ 认识王令后，经过深入的交流，王安石引王令为知己。基于对王令才华的赏识，

① （宋）王安石：《王安石全集》（全六册）第五册，崇文书局 2020 年版，第 803 页。

② （宋）王安石：《王安石全集》（全六册）第四册，崇文书局 2020 年版，第 126 页。

③ （宋）王安石：《王安石全集》（全六册）第四册，崇文书局 2020 年版，第 126 页。

④ 上海古籍出版社编：《宋元笔记小说大观》（全六册）第四册，上海古籍出版社 2007 年版，第 3517 页。

⑤ （宋）王令：《王令集》，上海古籍出版社 2011 年版，第 108 页。

王安石将自己妻子吴氏的堂妹介绍给王令，二人成了关系非常近的连襟。在引荐之前，王安石妻子的堂妹之父担心王令维持生计的能力，王安石写信加以劝说："王令秀才，近见文学、才智、行义皆高过人，见留他来此修学。虽贫不应举，为人亦通，不至大段苦节过当。他恐二舅不欲与作亲，久不得委曲。不审尊意如何？传闻皆不可信也。某目见其所为如此，甚可爱也。"[①] 在王安石的撮合之下，促成了王令的婚姻。王令虽然有才，但不是进士出身，也没有强大的靠山，故未能走上仕途。为了维持生计，在常州为官的王安石帮助王令在常州武进县谋了一个教书的差事。王令是王安石心中非常欣赏的人。二人能做到互相理解、彼此欣赏。在王安石看来，王令是一个少见的当世君子。在《与王逢原（王令）书》中谈到君子之学，"固有志于天下矣"[②]，对王令的文才品德评价很高："始得足下之文，特爱足下之才耳。既而见足下，衣刓履缺，坐而语，未尝及己之穷，退而询足下，终岁食不荤，不以丝忽妄售于人；世之自立如足下者有几？"[③] 远大的志向在王令贫苦的生活中逐渐转为希望过一种闲适的诗文隐逸生活。王令还劝说王安石不妨选择归隐之路："终日乘桴去沧海，好留余地许相依。"[④] 王安石听后，不为所动。在给王令的回信中，王安石谈到自己的志向，不在于做官，而在于为天下苍生做点事情，所以选择迎激流而上。在理解的基础上，王令对王安石走仕途有了更深一层的理解，积极地为王安石从政想办法提建议。当王安石面临仕途上岗位选择时，王令劝他在地方当一把手，可以更好地了解基层民情，可以更好地施展自己的政治纲领。王安石在担任提点江南东路刑狱期间，苦于朝廷政策不适合基层时，王令写信给他，让他申奏朝廷，陈述情况，让朝廷改变政策，以期更好地推进工作。后人誉王令："识度之远，又过荆公（王安石）矣。"[⑤] 随着王安石官阶越来越高，一些人就开始动心思，主动来找与王安石关系很近的王令去牵线

① （宋）王安石：《王安石全集》（全六册）第五册，崇文书局2020年版，第714页。
② （宋）王安石：《王安石全集》（全六册）第五册，崇文书局2020年版，第716页。
③ （宋）王安石：《王安石全集》（全六册）第五册，崇文书局2020年版，第717页。
④ （宋）王令：《王令集》，上海古籍出版社2011年版，第189页。
⑤ （宋）王令：《王令集》，上海古籍出版社2011年版，第412页。

搭桥。非常反感此行为的王令在自家门口贴了一个封条：“来则令我烦，去则我不思。”刚毅之态，由此可见一斑。可惜的是，王令在二十八岁的时候因病离开了人世。这对于王安石来说，是一个巨大的打击。安葬王令后，王安石为他写了墓志铭。在墓志铭中，王安石给予王令很高的评价，将他提高到古代圣贤的地位予以肯定，对他的英年早逝表示深深的悼念。

君子的类型有很多，既包括志向远大，但始终扎根民间的人，也包括才华横溢、官运亨通的人。比如司马光。司马光与王安石私交甚好，各自品德都很高尚，为人都很正直，生活都很俭朴，甚至连执拗这一点都很相似，司马光被称为“司马牛”，王安石被称为“拗相公”。二人本可以成为志同道合的人，结果在变法问题上发生争执，成为变法上的“死对头”。尽管思想不同、主张不同，但并不妨碍二人的君子之行。王安石没有在大权在握的时候，陷害司马光；司马光在执政后却提出要厚葬王安石。如果二人不是君子，能做到这一点吗？比如，苏东坡与王安石都是文坛健将，均被欧阳修寄予过厚望。二人都对对方文才表示过欣赏之意。然而二人对变法所持态度不一样，这种不一样跟司马光与王安石的不一样还略有差别。但是，当苏东坡陷于“乌台诗案”、命悬一线时，退隐的王安石亲自上疏宋神宗，促使宋神宗放下了要杀苏东坡的主张。经宦海沉浮后的苏东坡在金陵拜访年老的王安石，二人切磋诗歌文章、访名山大川、交流对历史看法，互相发出敬佩之音，让人羡慕不已。王安石去世时，苏东坡撰写制词，高度评价了王安石的功劳。二人的君子之风，值得后人学习。

交友之痛

具有扎实的学识基础和刚毅的变法决心，登上宰相大位的王安石致力于推动变法运动全面铺开。在这个过程中，为了消除宋神宗的顾虑、抵制反对变法者的阻扰和攻击、扎实开展好变法各项工作，他启用了一大批支持变法的人。这一时期，他的交友与用人紧密地结合在一起，形成独特的交友痕迹。在这个交友过程中，当然有王安石的铁杆支持者，当然也有一些分道扬镳之友。这些分道扬镳的曾经的下属兼朋友，成为王安石心中永远的痛。

进士出身的吕惠卿在真州任职后进入京城，见到王安石，二人切磋经义，“意多合，遂定交”①。在结交友谊的基础上，王安石开始留意并推荐吕惠卿。当然，那个时候，名臣如曾公亮、欧阳修等亦积极地推荐吕惠卿。在与吕惠卿结交基础上，加之其他名臣的荐赏，王安石执政的时候，向宋神宗推荐吕惠卿，认为吕惠卿之贤，连前代儒者都比不上，主张用他。随后，吕惠卿被提拔了，成为王安石变法的心腹。王安石写的奏章建议、施政措施，很多都出自吕惠卿之手。当时，司马光劝谏宋神宗慎用吕惠卿之辈，宋神宗没有采纳。司马光不甘心，给王安石写信，提出自己对吕惠卿的看法，认为吕惠卿这样善于谄媚奉承的人，在王安石有权势的时候，有顺从应合之举，一旦失去权势，一定会出卖王安石。看此言后，王安石露出不悦的神情，但对吕惠卿仍然委以重任。不可否认的一点是，吕惠卿非常干练、能力很强，在变法初期，为变法顺利进行做出了一定的贡献。但吕惠卿好图小利、欲望十足，加上其个性偏狭、不能容人，在其权力越来越大时，欲望得不到有效管控，逐渐与王安石发生了分歧，走向了王安石的对立面。在王安石第一次罢相后，吕惠卿心态发生了变化。面对反对和质疑变法的人，吕惠卿竭尽打击之能事。王安石的弟弟王安国看不惯吕惠卿欺上瞒下，当面指责他。结果，王安国让手握重权的吕惠卿给整治了。王安石由此和吕惠卿有了隔阂。吕惠卿转变态度，暗中反对起王安石来，极力抵制王安石东山再起。吕惠卿还将王安石与他的私人信件呈报给皇帝，来揭发王安石的不当之处。等到王安石第二次回朝任相，以高姿态对待吕惠卿，仍然如以前一样地与吕惠卿共事。许多朝臣弹劾吕惠卿，吕惠卿从此走上了下坡路。宋神宗为调解王安石与吕惠卿的矛盾，外放了吕惠卿。怀恨在心的吕惠卿为泄私愤，上疏宋神宗，告了王安石一状，诬蔑王安石是“蔽贤党奸”“罔上要君”。宋神宗将吕惠卿的奏疏全部告知了王安石。王安石内心的悲痛之情只有自己知道。难怪苏辙分条奏告吕惠卿的奸邪，

① 倪其心：《二十四史全译：宋史》（全十六册）第十六册，汉语大词典出版社 2004 年版，第 10129 页。

在其中还提到王安石对于吕惠卿有“卵翼之恩，父师之义”①，但吕惠卿陷害攻击王安石，“犬彘之所不为，而惠卿（吕惠卿）为之”②。吕惠卿再也没有被朝廷重用。不受重用的吕惠卿给第二次罢政后的王安石写了一封信，试图想套话，质疑王安石是不是一直在造舆论阻止他的发展。王安石不卑不亢地回信一封，表明自己没有造舆论。王安石竭力去除吕惠卿的疑惑，但内心遭背叛的隐痛，又有谁知呢？

王安石变法触动了许多人的利益，也在改变和调整着当时的权力格局。追随他变法的队伍，内部后来也走上了分化的道路。有的人争名夺利，有的人志于报复之事，有的人试图借变法沾光肥己，有的人借变法来打击政敌。多少故人朋友，在变法运动中，各显其态，在纷繁复杂的人事中，渐渐淡化了人间友情。

范仲淹的交友观

作为北宋名臣，范仲淹可谓大名鼎鼎。他被王安石称为“一世之师”，被朱熹称为“第一流人物”。元好问对范仲淹有如下评价：“在布衣为名士，在州县为能吏，在边境为名将。其材、其量、其忠，一身而备数器。在朝廷，则又孔子所谓大臣者，求之千百年间盖不一二见，非但为一代宗臣而已。”③ 像范仲淹这样知名的大臣，他有着什么样的交友观？对后人交友有着怎样的启示？这是考察其交友观的重点。从其交友观中，我们依稀能够看到他高尚的品德、为国而无私的情操。

交友无私

范仲淹幼时勤奋好学，立志建功立业。丰厚的学识奠定了他为人为政

① 倪其心：《二十四史全译：宋史》（全十六册）第十六册，汉语大词典出版社 2004 年版，第 10132 页。

② 倪其心：《二十四史全译：宋史》（全十六册）第十六册，汉语大词典出版社 2004 年版，第 10132 页。

③（宋）范仲淹：《范仲淹全集》（全四册）第四册，中华书局 2020 年版，第 1109 页。

宽广的视野；艰苦的生活磨炼了他高尚的情操。用他的才华吸引人、引领人、启迪人，常常给人无私之感。他不是从个人私利出发去品评和推荐人才，而是站在国家的角度，把那些真正有才的人，推荐到合适的岗位上。

中了进士，走上仕途，不仅开启了他的从政生涯，也让他得以结识不同类型的朋友。当范仲淹在老师晏殊主导的应天府书院工作的时候，与在书院一起工作的大儒王洙，切磋学问、增进友谊，互相引为知己。然而，在书院工作的王洙却要被朝廷派到一个边远地方担任行政长官。听闻此消息的范仲淹认为朝廷这样安排，不利于王洙杰出才能的发挥。于是，范仲淹在请示了老师晏殊后，向朝廷上疏，希望王洙能够留在应天府书院，继续发挥他讲学的优势。该奏章，言简意赅、诚恳情切，很快获得了朝廷批准，最终使得王洙留在了书院，继续发挥他在这方面的才华。这里面，范仲淹看到王洙的巨大才华，使王洙留在书院，培养更多的人才，应该是王洙的最大职责。为了实现这个目标，范仲淹竭诚上疏，体现出他为国留贤之情。

1033 年 4 月，范仲淹被宋仁宗召回朝廷，担任右司谏，主要任务是监察官员、选拔人才、谏言建言。范仲淹看到了王洙身上巨大的才华，希望他能够在更大的平台上发挥优势。于是，为了体现自己的职责，范仲淹向朝廷举荐才高学丰的王洙，王洙被任为国子监说书、直讲，校阅《史记》《汉书》，颇有业绩。随后，王洙被提拔为史馆检讨、同知太常礼院，担任天章阁侍讲，专读宝训、要言。不久，王洙被提拔为太常博士、尚书工部员外郎，修《崇文总目》《国朝会要》。王洙修书讲学的才能得以进一步发挥。然而，王洙因受人诬陷，被贬出朝廷。在王洙赴襄州的路途中，经过邓州，与故友范仲淹相聚，二人互相鼓励，传为美谈。范仲淹在诗中以“与君誓许国”[①] 与王洙共勉。“不忘平生期，明月满怀抱”[②] 又表达出二人以国为重、不以进退升沉为意的情感。在邓州的范仲淹预感自己来日不多，看到在襄州的王洙多有善政、深得民心，认为朝廷应该派王洙到更高的平

① （宋）范仲淹：《范仲淹全集》（全四册）第一册，中华书局 2020 年版，第 49 页。
② （宋）范仲淹：《范仲淹全集》（全四册）第一册，中华书局 2020 年版，第 49 页。

台去工作。于是，范仲淹第三次上疏，为朝廷荐贤。在奏疏中，范仲淹高度评价了王洙的才华："臣闻国家求治，莫先于擢才；臣之纳忠，无重于举善。臣窃见工部员外郎、直龙图阁、新差知徐州王洙，文词精赡，学术通博，国朝典故，无不练达，搢绅之中，未见其比。"① 范仲淹还为王洙被陷害一事说情，劝言皇帝："不以仁之小累而废其大善。"② 而且，范仲淹还作出承诺，如果重用王洙，王洙一旦有贪赃枉法之事，"臣甘当同罪"③。范仲淹为国荐贤之心可见一斑。范仲淹这一荐举，虽然没有立即取得成效，但是为王洙后来回归朝廷，为朝廷编修史书、为皇帝起草诏书，发光发热，奠定了良好的基础。皇帝和朝廷非常重视王洙。当王洙得病的时候，皇帝派人去询问："病好些了吗？还能起来侍奉经席吗？"这时，王洙已经不能起床了。

慧眼荐友

范仲淹是开北宋风气之先的大人物。他自己有深厚的学习功底，长于经学。扎实的经学功底帮助他倡导儒学复兴、追求理想人格、致力于通经致用的教育改革。这使得他在当时士大夫心中有着很高的声望，身边快速集聚了一批学有专长的学者。

"文正公（范仲淹）门下多延贤士，如胡瑗、孙复、石介、李觏之徒，与公从游，昼夜肄业，置灯帐中，夜分不寝。"④ 胡瑗自幼钻研音律和儒学，曾上泰山苦读十年而不归。胡瑗亦曾尝试走科举之路，多次应考，均名落孙山，遂在苏州以教书来养家糊口。1034 年，范仲淹知苏州，见到胡瑗后，发出"爱而敬之"的感慨。范仲淹在苏州创办府学，请胡瑗担任教授，订立学规，对入学之人严加管教。年仅十岁的范仲淹长子范纯祐入此学后，"尽行其规"，树立了良好榜样。范仲淹赏识胡瑗的才华，胡瑗在范仲淹搭建的平台上亦能积极地做出贡献。恰逢当时朝廷要重新修订雅乐，需要懂

① （宋）范仲淹：《范仲淹全集》（全四册）第一册，中华书局 2020 年版，第 409 页。
② （宋）范仲淹：《范仲淹全集》（全四册）第一册，中华书局 2020 年版，第 409 页。
③ （宋）范仲淹：《范仲淹全集》（全四册）第一册，中华书局 2020 年版，第 409 页。
④ 周勋初：《宋人轶事汇编》（全五册）第三册，上海古籍出版社 2014 年版，第 1481 页。

音律的人才。范仲淹向朝廷推荐了胡瑗，希望能够进一步发挥他的才华。此后，一有机会，范仲淹总会推荐胡瑗担任合适的职位。范仲淹发现胡瑗最大的优势是能在府衙教学，传道解惑。于是，范仲淹向知湖州的好友滕宗谅推荐胡瑗，荐其赴湖州府衙讲学。胡瑗在湖州讲学共九年，其教学声名日显。胡瑗“教人有法”，对问题分析翔实细致、逻辑清晰，每次听他讲学的人多达几百人。1044 年，朝廷正式建立太学，取胡瑗在苏州、湖州两地讲学时制定的学规为太学之法。随后，胡瑗在太学执教八年，声名更加显著。从全国各地来听胡瑗讲学的人越来越多，以致太学里容纳不下，只能把学生安置在旁边的官舍。胡瑗的弟子遍布朝野，其中不乏执政公卿和知名学者。王安石对胡瑗评价很高，曾撰诗寄赠：“文章事业望孔孟”“高冠大带满门下”①。北宋道学知名人物程颐以布衣身份上书朝廷以改革之言，未被采纳。随后，程颐入太学就读。当时，胡瑗以“颜子所好何学”为题考核诸生。程颐的答卷深受胡瑗赏识。此后，程颐追随胡瑗，学习知识，学问大增。

孙复，家贫好学。孙复与范仲淹见面，也是一段佳话。北宋名臣晏殊罢枢密副使，出守应天府，大兴学校、延请名师、培养人才。晏殊想聘请在应天府守丧的范仲淹为书院主管。范仲淹在主管书院方面颇有心得，竭尽力量，制定学规、调养学生、延聘名师，使得书院办得有声有色。有一天，一位面露饥色、衣衫褴褛的秀才来到应天府书院，请求范仲淹能够提供帮助。范仲淹当即赠钱一千与他。一年后，该秀才再次来到书院，找到范仲淹，再次提出希望得到帮助。范仲淹又赠钱一千。然后，范仲淹问这个秀才为什么要来求得帮助。这个秀才回答，家中有老母需要养济，自己又想读书，不得已出来奔波，以为生计，但是仍然十分落魄，慕范仲淹之名，希望得到帮助。范仲淹见他家贫好学，便将他安排在书院，每月收入三千，既可以养家，又可以在书院学习。在书院，该秀才追随范仲淹学习《春秋》，十分认真。后来，范仲淹服丧时限到了，便复职了。该秀才也离开书院回家了。多年后，在泰山出现了一个研究《春秋》的儒学大师，名

① （宋）王安石：《王安石全集》（全六册）第四册，崇文书局 2020 年版，第 156 页。

字叫孙复。孙复就是当年受范仲淹资助的秀才。当时孙复在泰山讲学，学徒众多，其中就有石介。范仲淹在朝中推行庆历新政，与石介等人积极推荐儒学大师孙复。孙复由布衣身份拜任国子监直讲，积极支持范仲淹兴学等活动。

石介，年少有才，爱憎分明。考中进士后，走入仕途。遇有家丧，回家丁忧。家中业余时间，讲授《易》，名闻一世。随后，石介入朝作国子监直讲，“学者从之甚众”①，太学由此越来越兴盛。此时，石介配合范仲淹复古劝学的各项兴学活动，范仲淹亦为之延誉。石介为人敢讲，遇事能直说，其文亦有气势，针砭时事，无所顾忌，被朝中奸佞所嫉恨，被迫自请外任，郁郁而终。石介在太学讲授知识，登高一呼，响者云集，影响颇大，被朱熹称为“第一等人”。

李觏，“俊辩能文”②，但是走科举之路，非常不顺利，屡试不第。后以教学为生，在东南颇有声誉。当范仲淹从朝廷被贬出来，到达饶州的时候，李觏从距饶州五百里的地方赶到饶州，目的是专门拜见一下心中仰慕的范仲淹。未见之前，李觏在给范仲淹的书信中表达了对他敢于针砭时弊、善于奖掖后辈的欣赏之情。等到见面后，二人一见如故、相谈甚欢。范仲淹由此增进了对李觏为人和思想的认识。此后，一有机会，范仲淹就会向朝廷推荐李觏，评价李觏“著书立言，有孟轲、扬雄之风义”③。1049 年 11 月，范仲淹再次向朝廷举荐了李觏，专门写了推荐信，连李觏十一卷著作一并送给朝廷。宋仁宗十分重视，将李觏著作送给官员审读，获得众口称赞。李觏由布衣变为太学助教。李觏讲理透彻，求经世致用，为当时最为有名的思想家之一。

志行相同

每个人的兴趣、爱好、性格、品质、志向都不一样，追求也不一样。

① 倪其心：《二十四史全译：宋史》（全十六册）第十五册，汉语大词典出版社 2004 年版，第 9389 页。

② 倪其心：《二十四史全译：宋史》（全十六册）第十五册，汉语大词典出版社 2004 年版，第 9394 页。

③ （宋）范仲淹：《范仲淹全集》（全四册）第一册，中华书局 2020 年版，第 395 页。

然而，个体是社会中的个体，都要在交际中完成个体使命，这就出现了朋友圈子。朋友圈子中，定义圈子中朋友，或许是性格各异，但大的旨趣是一致的或是相近的。物以类聚，人以群分。如果定义一个大的朋友圈子，或冠以玩耍，或冠以嬉戏，或冠以唱和等，不一而足，玩耍、嬉戏、唱和等就成为圈子的主题词，决定了圈子的层次和水平。如果给范仲淹定义一个朋友圈子，这个圈子，无疑是兴趣相投、志向相同的一批人，为了国家和百姓利益，直言时弊，且有解决时弊的能力。同时，范仲淹的朋友圈中的朋友，能够做到：于国，慷慨陈词；于友，铁肩担任。

范仲淹在朝中任职，被奸佞诬陷，被贬出朝廷。当时极少有人敢站出来为他送行、为他壮言。然而，欧阳修、尹洙、余靖等人却敢站出来，为范仲淹说话、壮胆、赞美。这就是君子之朋，虽遇灾难，仍然讲义气，为朋友两肋插刀。这是范仲淹最重要的朋友，可谓君子之交。王质属于范仲淹交的这种类型的朋友。范仲淹得罪朝臣吕夷简，被贬谪南方。朝廷贵人对范仲淹恨之入骨，躲之唯恐不及。王质却率领兄弟子侄，设宴都门，为范仲淹践行。范仲淹担心地问王质，这样做不会连累你吗？王质表示愿意做范仲淹的同党，而毫不后悔。后来，王质还将自己的长女嫁给了范仲淹的次子范纯仁，以结两家之好。王质去世时，范仲淹非常悲痛。范仲淹在祭文中表达了对王质危难之时对自己的肯定：“公慷慨而不顾，日拳拳以追随。”① 范仲淹由此想到交处的最高境界：“何交道之斯笃，曾不易于险夷。”② 当一个人富贵的时候，与之结交的人非常多，鱼龙混杂，难辨其心。当一个人落魄的时候，与之结交的人就变少了，害怕担责，害怕被株连。范仲淹久经宦海沉浮，多次被贬地方，人情冷暖见多了。但是，他在被贬的时候，仍然有一些人体谅他、与他交流，甚至寄诗给他，这种情谊，让范仲淹终身难忘。当范仲淹遭逢被贬时，诗人梅尧臣赋诗以鼓励之：“啄尽林中蠹，未肯出林飞。不识黄金弹，双翎堕落晖。”③ 让范仲淹有些许宽适之感。范仲淹的老友曹修睦，以廉自立，年五十一就申请告老还乡了。在

① （宋）范仲淹：《范仲淹全集》（全四册）第一册，中华书局2020年版，第236页。
② （宋）范仲淹：《范仲淹全集》（全四册）第一册，中华书局2020年版，第236页。
③ 程应镠：《程应镠史学文存》，上海人民出版社2010年版，第140页。

泉州的曹修睦听闻范仲淹被贬，寄诗安慰范仲淹。

范仲淹的朋友圈中有一类朋友属于良师益友型，如晏殊。晏殊以神童出道，很早就步入仕途。晏殊非常赏识范仲淹的才华和品性，多次向朝廷举荐他。“为学精勤，属文典雅，略分吏局，亦著清声”① 是晏殊在推荐范仲淹的举荐状中的评语。范仲淹亦以晏殊弟子而终生待之以礼、尊之以师。范仲淹的朋友圈中还有一类朋友属于同朝为臣型，如韩琦、富弼。韩琦比范仲淹小二十岁，但是非常富有才干，干事兢兢业业，为官忠诚正直。范仲淹与韩琦被选派为抵御西夏进攻的边防主帅，二人虽策略有别，但是防御有功。范仲淹与韩琦主持西北边事，受朝廷信任、士兵爱戴，纪律严明、部署得当、作战勇敢，“名重一时，人心归之”，天下称为“韩范”。当时民谚称赞二人曰：“军中有一韩，西贼闻之心骨寒。军中有一范，西贼闻之惊破胆。”② 等到范仲淹去世后，韩琦在祭文中说自己与范仲淹：“凡有大事，为国远图，争而后已，欢言如初，指之为党，果如是乎？”③ 将二人为国尽忠的为官生涯揭示出来。富弼，比范仲淹小十五岁。范仲淹非常赏识富弼的才华，认为他是“王佐之才”，将富弼的文章推荐给晏殊等重臣，晏殊还将闺女许配给富弼，可见对他的看重。后来，富弼与范仲淹同为改革重臣，又同被贬出朝廷。等到范仲淹去世，富弼深情回忆了范仲淹对自己的奖掖：“顾我誉我，谓必有成。”④ 富弼还深入地再现了自己与范仲淹为国操劳、齐心协力做事的经历，让人感动。

欧阳修的交友观

苏轼评价欧阳修：“欧阳子（欧阳修），今之韩愈也。”⑤ 一代文宗欧阳

① 崔旭：《范仲淹传》中国书籍出版社 2018 年版，第 61 页。
② 周勋初：《宋人轶事汇编》（全五册）第二册，上海古籍出版社 2014 年版，第 730 页。
③ 程应镠：《程应镠史学文存》，上海人民出版社 2010 年版，第 229 页。
④ （宋）范仲淹：《范仲淹全集》（全四册）第四册，中华书局 2020 年版，第 1092 页。
⑤ （宋）苏轼：《唐宋名家文集·欧阳修集》，中州古籍出版社 2010 年版，第 96 页。

修，从小立志通过读书改变自己的命运。等到他步入仕途，怀揣着古代文人忧君报国为民的政治理想，做到谏言君主、报效国家、为民服务。其政治品格立于当世，其文人气节被尊于一时。从欧阳修的人生历程和从政轨迹来看他的交友特点，对于走上仕途的人具有很大的启迪。

以国为重

欧阳修读书写作做官的前提是他心中有国家，能够处处以国事为主。欧阳修的母亲在培养欧阳修成长的过程中，将仁孝廉洁的价值观，润物细无声地传递给欧阳修，希望欧阳修能够以此为座右铭，报效国家、回馈社会、服务百姓。欧阳修撰写的《五代史》，虽然充满着以史鉴世的作用，但也不乏对讲气节之人的推崇。五代后梁的王彦章是欧阳修研究、考证、分析颇为费心的一位历史人物。王彦章在作战中，因伤被俘，最后不屈而死。欧阳修发现在薛居正撰写的《旧五代史》中对王彦章的论述颇为短少，盖因其资料残缺之故。然欧阳修感王彦章之忠义，颇留心于王彦章后人所记家传，最终成功为王彦章立传。

读书写作的价值目标，最终要在为官中得以实现。北宋发展到宋仁宗时期，处于内忧外患加速演变期，各种矛盾叠加，变革旧俗、改革吏治的呼声越来越高。宋仁宗顺应时代发展潮流，大胆任用当时敢于改革的范仲淹、韩琦、富弼、欧阳修等人，促成庆历新政。身为谏官的欧阳修为范仲淹等人的改革行为鼓与呼。在这种背景下，考察欧阳修的交友行为，更加清晰了他以国事为重，交友亦侧重于为国家发展考虑的品格。范仲淹提出的各项改革举措，其中之一就包括人才的选拔和培养。欧阳修从自己的亲朋好友虽富有才华但屡试不第的经历中看到了科举制的弊端，亦阐释改革科举之必要性，并且提出早日变革不合理科举机制的主张。随后，由欧阳修起草的《详定贡举条状》具体阐释了科举改革的步骤、方案、对策，其中尤重州县设立学校和考试引导士子留心国家治乱，随后被朝廷批准，在全国推行。

然而改革在推进过程中，且取得一定成绩的时候，遭到既得利益集团的反对和抵制。既得利益集团选择历来被皇帝所担忧但又百试不爽的朋党之罪名，强加于以范仲淹为代表的改革派。此时的欧阳修想起宋仁宗刚即位的时候，启用了一批富有朝气的干吏，其中就有范仲淹。“每感激论天下事，奋不顾身”[①] 的范仲淹，被群僚寄予厚望。宋仁宗任命范仲淹为右司谏，职位虽不高，但是非常重要，可以直接向皇帝进言，议论朝政。欧阳修对范仲淹担任谏官一职，寄予了厚望。欧阳修亲笔写下《上范司谏书》，托人带给范仲淹，其中写道：“谏官虽卑，与宰相等。”[②] 希望范仲淹能够为朝廷、皇帝立道直言，成为欧阳修的理想。比欧阳修年长十八岁的范仲淹收到这封信后，十分激动，二人由此成为知己。范仲淹更加勤勉地履行自己的谏官之责。随后，范仲淹进进出出，经历宦海沉浮，但是谏言皇帝解决朝政难题，是他不变的为官宗旨。后来，范仲淹的言论威胁到了当时宰辅吕夷简的地位，引起了吕夷简的不满，最终被迫离开朝廷，去地方任职。

人走茶凉之感在范仲淹心中被观照得最为透彻。在吕夷简严查范仲淹一党的大气候下，连为范仲淹说话的朝臣都没有，连为范仲淹送行的朝臣都不多。此时，集贤校理王质坦然前去为范仲淹送行，且在范家居留多日，以甘愿成为范仲淹一党而骄傲。集贤校理余靖站出来为范仲淹说话：“范仲淹因讥讽大臣而遭贬责，倘若他的话有违圣意，仅在于陛下听从还是不听从，怎么可以怪罪他呢？”余靖进一步向皇帝陈词，如果继续驱逐议论朝事的人，便会产生无人敢说、无人议政的局面。余靖因此而被贬地方。馆阁校勘尹洙亦上书检讨自己，愿意与范仲淹一同接受惩罚。尹洙由此被贬。欧阳修看到正直的范仲淹因敢于谏言，触动既得利益集团利益，结果被贬地方；看到非谏官之臣的王质、余靖、尹洙因仗义执言被贬，身为谏官的左司谏高若讷不仅无动于衷，反而附和吕夷简，攻击范仲淹，一气之下写下了《与高司谏书》，纵论此事：“足下在其位而不言，便当去之，无妨他人之堪其任者也。昨日安道（余靖）贬官，师鲁（尹洙）待罪，足下犹能以面目见士大夫，出入朝中，称谏官，是足下不复知人间有羞耻事尔！所可惜者，圣朝有事，谏官不言，而使他人言之。书在史册，他日为朝廷羞

---

① 倪其心：《二十四史全译：宋史》（全十六册）第十一册，汉语大词典出版社 2004 年版，第 7059 页。

② （宋）欧阳修：《唐宋名家文集·欧阳修集》，中州古籍出版社 2010 年版，第 184 页。

者，足下也。”① 看到这封信后的高若讷十分生气，将其呈给皇帝。宋仁宗亦十分生气，下旨将欧阳修贬出朝廷。馆阁校勘蔡襄由此作《四贤一不肖诗》，四贤是指范仲淹、余靖、尹洙、欧阳修，一不肖是指高若讷。

欧阳修想起过去四贤，以朋党之名，被贬出朝廷；如今，改革正在推进中，既得利益集团在反扑，用的亦是朋党之名，于是奋笔疾书，写下了千古名篇《朋党论》。该文逆意而为，提出小人无朋，君子有之的观点，为范仲淹之忠诚和所谓范仲淹一党正名。然庆历新政终归于搁浅，以范仲淹为首的改革派再次出任地方。仍然不甘心改革失败的欧阳修向朝廷写了《论杜衍范仲淹等罢政事状》等文，体现出他从国家发展角度出发，为范仲淹等人改革申辩的决心。在《论杜衍范仲淹等罢政事状》中，欧阳修论述道：“臣闻士不忘身不为忠，言不逆耳不为谏，故臣不避群邪切齿之祸，敢干一人难犯之颜，惟赖圣明幸加省察。臣伏见杜衍、韩琦、范仲淹、富弼等，皆是陛下素所委任之臣。一旦相继罢黜，天下之士，皆素知其可用之贤，而不闻其可罢之罪，臣虽供职在外，事不尽知，然臣窃见自古小人谗害忠贤，其说不远，欲广陷良善，则不过指为朋党；欲动摇大臣，则必须诬以专权。”② 欧阳修为国之事慷慨陈词，却未被采纳。后来，等到范仲淹去世，欧阳修为其撰写碑铭，高度评价了范仲淹的一生，成为二人友谊的最后奠念。

文人墨客

“以文章道德为一世学者宗师”的欧阳修，注定会吸引一大批兴趣相投的文人墨客。他们一起郊游、吟诵、赋诗、酬唱，既交流感情，又促进文章技艺提高。在从政之余，能有恬适的文人生活，是古代官员向往的生活状态。

当时的名臣尹洙，“博学有识度”③，为文简练有法，一改五代以来所形

---

① （宋）欧阳修：《唐宋名家文集 · 欧阳修集》，中州古籍出版社 2010 年版，第 192 页。

② 朱安群、徐奔：《欧阳修大传》，中国文史出版社 2013 年版，第 219 页。

③ 倪其心：《二十四史全译：宋史》（全十六册）第十一册，汉语大词典出版社 2004 年版，第 6688 页。

成的纤弱柔美之风。范仲淹这样评价尹洙："少有高识，不逐时辈。"① "深于《春秋》，故其文谨严，辞约而理精，章奏疏议，大见风采。"② 年纪稍长于欧阳修的尹洙，在欧阳修中了进士后出任西京留守推官后，与欧阳修结识于西京洛阳，二人志趣相投，文法相近，经常诗歌酬唱往来。交往中，欧阳修对尹洙的品格十分钦服，对尹洙的文章十分敬服。欧阳修在一首诗中称赞尹洙："谈笑帝王略，驱驰古今论。"③ 从尹洙的品格和文风中，欧阳修迅速汲取养分，奠定了自己从政之基和文章之风。

一个好的文友，能够很好地传授写作技能，让新人迅速地成长起来。欧阳修谦虚地向尹洙学习，学习尹洙如何写好文章。当时钱惟演做东，在自己驿舍创建了双佳楼、临辕阁，要求尹洙、欧阳修各写一篇"记"。欧阳修洋洋洒洒写了千把字，而尹洙只用了三百八十余字，语简事备，典重有法。欧阳修非常佩服尹洙的文法，虚心地向他学习请教。尹洙告诫欧阳修，写文章的过程中，十分忌讳文字繁冗。欧阳修一边琢磨尹洙的教诲，一边带上酒肴赴双佳楼进行感悟观察构思推敲。不久，欧阳修又写了一篇这样的文章，字数比尹洙的文章减少了二十多个字，且内容饱满、结构精粹，让尹洙刮目相看："欧阳君真是一日千里啊！"

晚年的时候，欧阳修回想起这段往事，仍然津津乐道："昔在洛阳，与余游者，皆一时豪隽之士也。"其中就有"辩论精博"的尹洙，与其切磋文章，成为人生一大快事。尹洙、欧阳修为北宋改变旧有文风，贡献颇大。《宋会要辑稿》中指出："自后欧阳修、尹洙以古文相尚，天下竞为楷模，于是风一变，遂跨于唐矣。"④ 欧阳修在《记旧本韩文后》中说："举进士及第，官于洛阳，而尹师鲁（尹洙）之徒皆在，遂相与作为古文。"⑤ 欧阳修在这里的贡献，与尹洙的交往是分不开的。故《宋史》中强调"始从尹

---

① （宋）范仲淹：《范仲淹全集》（全四册）第一册，中华书局2020年版，第155页。
② （宋）范仲淹：《范仲淹全集》（全四册）第一册，中华书局2020年版，第155页。
③ 朱安群、徐奔：《欧阳修大传》，中国文史出版社2013年版，第58页。
④ 朱安群、徐奔：《欧阳修大传》，中国文史出版社2013年版，第59页。
⑤ 朱安群、徐奔：《欧阳修大传》，中国文史出版社2013年版，第59页。

洙游，为古文，议论当世事，迭相师友”[①]，砥砺了欧阳修的创作才华。等到后来尹洙去世，欧阳修以饱含激情的笔触高度评价了尹洙的贡献：“嗟乎师鲁（尹洙）！自古有死，皆归无物。惟圣与贤，虽埋不没！尤于文章，焯若星日。子之所为，后世师法！”[②]

如果说与尹洙为友，促进了欧阳修古文创作的精进；那么与梅尧臣为友，则促进了欧阳修在诗词创作方面的探索。欧阳修与梅尧臣同属洛中圈子好友，二人诗词酬唱，不仅增进了友谊，还深化了对诗词的理解。《宋史》指出：“（欧阳修）与梅尧臣游，为歌诗相倡和。”[③] 欧阳修对梅尧臣的才华十分欣赏，在诗中盛赞梅尧臣：“圣俞（梅尧臣）翘楚才，乃是东南秀。”[④] 欧阳修之所以钦服梅尧臣，最重要的一点在于梅尧臣以诗名世。所以，欧阳修虚心地向梅尧臣学习写诗的技巧，还向梅尧臣请教写诗要有的意境。梅尧臣的讲解让欧阳修受益匪浅。欧阳修在一首诗中写道：“嗟哉吾岂能知子，论诗赖子初指迷。”[⑤] 正如欧阳修在一篇文章中所说：“世无师久矣，尚赖朋友切磋之益，苟不自满而中止，庶几终身而有成。”[⑥] 诗友的帮助，让欧阳修的诗词文章不断成熟。

再好的宴席终将有一散。欧阳修和梅尧臣在洛相聚论诗的日子即将结束。欧阳修非常不舍，不舍梅尧臣和缓的为人底色：“（梅尧臣）志高而行洁，气秀而色和，崭然独出于众人中。”[⑦] 不舍与梅尧臣相处的愉悦：“始则欢然以相得，终则畅然，觉乎熏蒸浸渍之为益也。故久而不厌。”[⑧] 当然，暂时的离别是为了更好地相见，此后，二人在不同地方多次得以再见，留下了许多令人羡慕的诗篇。欧阳修几经宦海沉浮、人事荣凉，更加珍惜故

---

① 倪其心：《二十四史全译：宋史》（全十六册）第十一册，汉语大词典出版社 2004 年版，第 7155 页。

② 王水照、崔铭：《欧阳修传》，人民文学出版社 2019 年版，第 232 页。

③ 倪其心：《二十四史全译：宋史》（全十六册）第十一册，汉语大词典出版社 2004 年版，第 7155 页。

④ 王水照、崔铭：《欧阳修传》，人民文学出版社 2019 年版，第 38 页。

⑤ 王水照、崔铭：《欧阳修传》，人民文学出版社 2019 年版，第 40 页。

⑥ 王水照、崔铭：《欧阳修传》，人民文学出版社 2019 年版，第 137 页。

⑦ 王水照、崔铭：《欧阳修传》，人民文学出版社 2019 年版，第 41 页。

⑧ 王水照、崔铭：《欧阳修传》，人民文学出版社 2019 年版，第 41 页。

友旧交；梅尧臣在不同的岗位上，仍然以诗为武器，发出最真挚的声音；以著作为利器，使之成为解决问题的工具，同时也对自己怀才不遇有了更加深广的认识。二人或书信往来，或因公而于某地相见，倾诉心扉，互相勉励，他们的诗更加悲壮深广。欧阳修对梅尧臣仍然赏识如初，赞许梅尧臣富有诗才。梅尧臣长期沉沦下僚、尝尽百态，故在写给欧阳修的诗中也能看到他当时的心态："蛟龙失水等蚯蚓，鳞角虽有辱在泥。"① 欧阳修则劝他把自己置于历史长河中去看待，以"悠悠百年一瞬息"的情怀放宽心态、迎接未来。梅尧臣听后十分感动，感慨与欧阳修的友谊十分难得："生平四海内，有始鲜能终。唯公（欧阳修）一荣悴，不愧古人风。"② 欧阳修的地位和声望越来越高，梅尧臣则不受重用，生活落魄且境遇每况愈下。二人在汴京再度相逢，已经是时过境迁了。对欧阳修能够屈尊来看望自己，梅尧臣十分感动。欧阳修看到梅尧臣境遇不佳，不仅送他绢，而且推荐他为国子监直讲。梅尧臣在跌跌撞撞的日子中，最终染病而去世。欧阳修至此失去了文坛上最为亲密的一位战友。梅尧臣去世后，家无余财，却还有寡妻幼子老母，情景令人唏嘘。作为梅尧臣的好友，欧阳修积极为料理梅尧臣后事而奔走，上疏朝廷，为梅尧臣之子谋一官职；变卖房产，购买田产，派专人管理，所得收入，用以接济梅尧臣家属。

提携后辈

欧阳修赶上了一个好时代。他通过个人努力，认真地汲取前代和他所处时代的文化成果，成就了一代文坛巨匠大名。欧阳修虽有大名，但他心胸宽广，不仅能够容纳有才之人，而且还积极地推奖这些人才。宋代文坛健将王安石、苏轼等，皆由欧阳修推上文坛，成就了北宋第一个文人群英荟萃高峰，成就了一段文坛史话。

对王安石来说，年长自己十四岁的欧阳修是文坛前辈。王安石有文名，经曾巩介绍，被欧阳修所知。欧阳修委托曾巩带话给王安石，希望能见一

① 王水照、崔铭：《欧阳修传》，人民文学出版社2019年版，第256页。
② 王水照、崔铭：《欧阳修传》，人民文学出版社2019年版，第257页。

面。曾巩致信王安石，转达了欧阳修想见面的想法："欧公（欧阳修）甚欲一见足下，能作一来计否？胸中事万万，非面不可道。"[①] 王安石对欧阳修神交已久，表示没有比欧阳修更了解自己为人的了。1054 年，年轻的王安石进京拜见欧阳修。二人无话不谈，从学问谈到人生，从朝廷谈到基层，包罗万象。欧阳修对王安石的看重，一方面看重其文才，另一方面看重其干事能力。欧阳修不吝笔墨，为王安石赋诗一首《赠王介甫》："翰林风月三千首，吏部文章二百年。老去自怜心尚在，后来谁与子争先。朱门歌舞争新态，绿绮尘埃拂旧弦。常恨闻名不相识，相逢樽酒盍留连？"[②] 欧阳修认为王安石文才甚高、颇有古风之韵、不同流俗，可以挑起建设文坛大任的重担。这让王安石感动不已。欧阳修向朝廷推荐王安石，出任谏官一职。后来，王安石在地方任职，对欧阳修的感遇之恩铭记于心："蒙恩不弃，知遇特深，违离未久，感恋殊甚。"[③] 等到王安石力抗于世，推动变法。欧阳修对部分变法内容不敢苟同，难免会引发二人会产生矛盾的联想。但等到欧阳修去世的时候，王安石发表纪念欧阳修的文章，感情真挚、评价允当，可谓欧阳修的知己。王安石在文章中高度评价了欧阳修一生的贡献，尤其对他"刚正之节""不居而去"的品格，表达了至上的崇敬之情。

比苏轼年长三十岁的欧阳修，在担任礼部侍郎、翰林侍读学士的时候，受命担任礼部考试主考官。欧阳修想借此机会，改变多年以来文坛盛行的矫揉造作、奇谲艰涩的文风，从科举入手，主张参与考试的士子能够写出言之有据、内容丰富、感情真挚的好文章。礼部拟的考题是《刑赏忠厚之至论》。受聘为此次考试参详官的梅尧臣看到一篇文章，仅用六百余字，以"立法贵严，而责人贵宽"为立意起点，阐明了以仁治国的理念，文辞畅达、议论生风，急忙推荐给主考官欧阳修。欧阳修看过后，十分惊讶，认为这篇文章引古喻今、说理透彻、笔力稳健、质朴自然，颇有古文大家风范。欧阳修本想将此篇文章列为第一名，心想除了自己门下弟子曾巩能写

---

① （宋）曾巩：《唐宋名家文集·曾巩集》，中州古籍出版社 2010 年版，第 91 页。
② 崔铭：《王安石传》（上下册）上册，天津人民出版社 2021 年版，第 190 页。
③ （宋）王安石：《王安石全集》（全六册）第五册，崇文书局 2020 年版，第 711 页。

出这样的文章，其他人做不到。为了避嫌，欧阳修让此篇文章屈居第二。等到揭榜后，才发现写这篇文章的是苏轼，于是大加赞赏。随后，苏轼向欧阳修呈递《谢欧阳内翰书》，表达对欧阳修知遇之恩的谢意。这封不足五百字短简，亦显示出苏轼雄健的文风。欧阳修连连赞叹："读轼（苏轼）书，不觉汗出。快哉！快哉！老夫当避此人，放出一头地也。可喜！可喜！"① 欧阳修对自己家人这样讲："汝记吾言，三十年后世上人更不道著我也！"② 敏锐的直觉和对苏轼才华的理解，欧阳修预判苏轼是自己在文坛的接班人，未来文坛领袖必属于苏轼。1071 年，年老致休的欧阳修来到颍州，苏轼兄弟一起来拜见，共同郊游，闲谈，交流，欧阳修与苏轼二人之心紧紧相连。苏轼在诗中再现了与欧阳修一起饮酒赋诗的情形："谓公方壮须似雪，谓公已老光浮颊。揭来湖上饮美酒，醉后剧谈犹激烈。"③ 交谈甚欢中，欧阳修彻底将文坛建设重任交给了苏轼，希望他能独立思考，保持文人风骨。苏轼铭记在心，变革文风，创新写法，提携新人，成为一代文坛巨匠。二十年后，苏轼出知颍州，重访故居、缅怀恩师，撰文以表其情："凡二十余年，再升公堂。深衣庙门，垂涕失声。白发苍颜，复见颍人。颍人思公，曰此门生。虽无以报，不辱其门。清颍洋洋，东注于淮。我怀先生，岂有涯哉。"④ 1072 年，欧阳修去世。在杭州任职的苏轼非常悲痛，撰文北寄："昔其未用也，天下以为病；而其既用也，则又以为迟；及其释位而去也，莫不冀其复用；至其请老而归也，莫不惆怅失望。"⑤ 从中可以看出苏轼对欧阳修的钦服和理解。

① 王水照、崔铭：《欧阳修传》，人民文学出版社 2019 年版，第 303 页。
② 王水照、崔铭：《欧阳修传》，人民文学出版社 2019 年版，第 303 页。
③ 曾枣庄、舒大刚：《苏东坡全集》（全八册）第一册，中华书局 2021 年版，第 143 页。
④ 曾枣庄、舒大刚：《苏东坡全集》（全八册）第六册，中华书局 2021 年版，第 3277—3278 页。
⑤ 曾枣庄、舒大刚：《苏东坡全集》（全八册）第六册，中华书局 2021 年版，第 3261 页。

苏东坡的交友观

提起苏东坡，在中国历史上鼎鼎大名。他多产的艺术才华、丰富的宦海经历、高尚的品行操守、达观的心性胸怀，让他赢得了不朽的声誉和后人隆盛的礼赞。后人研究苏东坡，见于各个领域、方面、视角，饱满丰富的历史人物形象由此高大起来。其中，苏东坡在不同历史时期，结交了大批朋友。在与这些朋友交往的过程中，苏东坡又形成了他独特的交友观，对今人来说，非常具有镜鉴价值。

患难与共

在交友过程中，如果能够做到患难与共，那就非常难能可贵了。苏东坡在人生与宦海起伏中，有一批富有才华的年轻人集聚在他身边，被称为苏门弟子，有“苏门四学士”“苏门六君子”之称。“苏门四学士”是指黄庭坚、秦观、晁补之、张耒。“苏门六君子”是指“苏门四学士”外加李廌、陈师道。这些人因仰慕苏东坡的才华而聚集在一起，成为文人团体，不仅可以切磋文艺，亦可以增进友谊。友谊增进中，不因时代变化、宦海沉浮而有所改变。这些人在与苏东坡交往中尤其在苏东坡处于人生低谷的时候，能够不虑责罚、不恐牵累，成为苏东坡生命的精神支撑。

黄庭坚自幼聪明好学，“读书数过辄成诵”①。黄庭坚的舅父李常经常来他家看望，拿书架上的书来考他，他无所不通。李常认为他的才学一日千里，未来不可限量。1072 年 12 月，苏东坡在担任杭州通判期间，受差赴湖州办事，见到故友、湖州太守孙觉。孙觉将自己女婿黄庭坚的诗文拿出来给苏东坡看，请其指教。苏东坡看完后说“耸然异之，以为非今世之人

① 倪其心：《二十四史全译：宋史》（全十六册）第十五册，汉语大词典出版社 2004 年版，第 9627 页。

也”[1]，对黄庭坚的文风大加赞赏。1077 年，苏东坡由密州赴河中，途中遇到至交好友、齐州太守李常。二人交流中，李常拿出外甥黄庭坚的诗文求教苏东坡，并进一步介绍了黄庭坚的成长经历和个人性格。苏东坡对黄庭坚的才华更加欣赏，认识更加全面。1078 年，苏东坡收到了黄庭坚的诗信。黄庭坚在诗信中表达了对苏东坡才华和品格的景仰，希望自己能够随时服侍其左右，同时，也表达了自己清洁高远的情操与志向：“小草有远志，相依在平生。”[2] 收到黄庭坚诗信后，苏东坡非常激动，“喜愧之怀，殆不可胜”[3]。随后，苏东坡在回书中，对黄庭坚的诗才予以高度肯定，对黄庭坚的未来予以乐观的预见。黄庭坚阅完苏东坡诗信后，决心勉奉苏东坡，正式成为苏门弟子。二人诗词唱和中不断切磋诗艺，形成不同的文学创作风格，对后人影响深远。明代宋濂在《答章秀才论诗书》中说：“元祐年间，苏黄挺出，虽曰共师李、杜，而竟以己意相高，而诸作又废矣。自此以后，诗人迭起，或波澜富而句律疏，或煅炼精而性情远，大抵不出于二家。观于苏门四学士及江西宗派诸诗，盖可见矣。”[4] 不久之后，乌台诗案发，苏东坡被捕受审，受审期间，有意保护黄庭坚，不说不利于黄庭坚之语。在大名府的黄庭坚得知苏东坡系狱的消息，既为苏东坡受人谗害而鸣不平，又为自己人微言轻无力援救而忧心忡忡。苏东坡出狱后，被贬黄州。黄庭坚受连累被罚铜二十斤。苏东坡深恐因己而连累朋友，在给司马光的信中提到了这一点：“某以愚昧获罪，咎自己招，无足言者。但波及左右，为恨殊深。虽高风伟度，非此细故所能尘垢，然某思之，不啻芒背尔。”[5] 二人虽未通音，但心心相印。若干年后，黄庭坚思念苏东坡愈深，苏东坡亦对黄庭坚深切关注。1083 年，黄庭坚致书苏东坡，再次表达对苏东坡情操的钦服及自己希望过上恬适的生活之情。二人诗歌酬唱接连不断，友谊不断深化。随着朝局变化，黄庭坚与苏东坡终于在京城相见，二人仕途亨通，

① 曾枣庄、舒大刚：《苏东坡全集》（全八册）第四册，中华书局 2021 年版，第 1915 页。
② 黄宝华选注：《黄庭坚选集》，上海古籍出版社 2016 年版，第 52 页。
③ 曾枣庄、舒大刚：《苏东坡全集》（全八册）第四册，中华书局 2021 年版，第 1915 页。
④ （明）宋濂：《宋濂全集》（全八册）第二册，浙江古籍出版社 2014 年版，第 339 页。
⑤ 曾枣庄、舒大刚：《苏东坡全集》（全八册）第四册，中华书局 2021 年版，第 1831 页。

讲道论艺、酬唱赠答、品评书画，大快人心。随后，党争加剧，苏东坡再次被放地方，黄庭坚亦因辞官而被放。二人虽然被贬居两地，相隔千里，但不影响二人书信往来，或追忆旧作，或题跋字画，或惦念对方，情深意切，均在其中。形势在变化，黄庭坚听闻苏东坡北归，特意为其作画像赞。随后，黄庭坚亦离戎东归，专门为苏东坡作诗一首："文章韩杜无遗恨，草诏陆贽倾诸公。玉堂端要真学士，须得儋州秃鬓翁。"① 诗成不久，苏东坡便离开人世。黄庭坚失去苏东坡这样的良师益友，悲痛无比，悬苏像于室中，奉之终身。

秦观擅长于写词。秦观的词"体制淡雅，气骨不衰，清丽中不断意脉，咀嚼无滓，久而知味"②。秦观与苏东坡因词结缘，因词而互生赏识之意。秦观在《别子瞻学士》中表达了以苏为师的意愿："我独不愿万户侯，惟愿一识苏徐州。"③ 二人相识后，经常诗词往来，互相勉励，不胜欢喜。当苏东坡被贬黄州时，秦观主动来探望，寄情于词，表达念想。当苏东坡被征召朝廷，荣于一时，秦观亦来到京城，仕途亨通。当苏东坡再度被贬，秦观亦遭贬。一个在雷州，一个在儋州。随着北归的利好消息传来，二人相约在徐闻见面。见面后，二人悲喜交加，感慨万千。互道思念之情后，秦观拿出自己过去写的一首词《踏莎行》，请苏东坡评点。词中"驿寄梅花，鱼传尺素，砌成此恨无重数"④ 所形成的悲凉之境，让苏东坡感同身受。二人惜别后，各自赶赴自己的任所。秦观北归途经藤州时，醉卧广化亭，向家人要水喝，在喝水中，微笑着溘然而逝，时年五十二岁。北归途中的苏东坡得知秦观去世的消息，悲痛不已，两天之内，不能进食。在《与欧阳元老》中，苏东坡表达了对秦观去世的哀痛之情："哀哉痛哉，何复可言！当今文人第一流，岂可复得！"⑤ 在《冷斋夜话》中还记载了秦观去世后，苏东坡悲痛不已，自言道："少游（秦观）已矣，虽万人何赎！"⑥

---

① （宋）黄庭坚：《黄庭坚全集》（全八册）第一册，中华书局2021年版，第203页。
② 薛砺若：《薛砺若宋词通论》，吉林人民出版社2012年版，第113页。
③ 王水照：《北宋三大文人集团》，上海古籍出版社2021年版，第298页。
④ 薛砺若：《薛砺若宋词通论》，吉林人民出版社2012年版，第117页。
⑤ 王水照、崔铭：《苏轼传》，人民文学出版社2019年版，第532页。
⑥ 王水照、崔铭：《苏轼传》，人民文学出版社2019年版，第533页。

晁补之，出身于仕宦之家，工书画，善属文，早负盛名。《宋史》说他“嗜学不知倦”①。1071 年，十九岁的晁补之跟随父亲来到杭州，拜谒苏东坡。因苏东坡喜欢杭州美景，晁补之撰写《七述》以叙钱塘风物之盛丽，进献苏东坡。苏东坡看完后，非常高兴地说：“吾可以搁笔矣！”② 晁补之由此被世人所知。二人交往由此开始。相别后，互有诗词往来。1092 年，苏东坡来到扬州，与先来到扬州任职的晁补之一起共事。二人常诗酒酬唱。经历宦海沉浮，晁补之深知苏东坡的坎坷、不易。晁补之经历贬谪、罢官后，彻底进入田园生活，创作上又进入了一个高峰期。晁补之的词多体现隐居之乐、田园之好，颇得东坡诗词神韵。当晁补之得知苏轼病逝的消息，非常沉痛。

张耒，出身于名门之家，自幼好学，“十三岁能为文”③。张耒十七岁时，撰写《函关赋》，传于一时。张耒在游学陈州的时候，受知于在陈州为学官的苏辙。1071 年，苏轼绕道陈州看望苏辙，张耒得以谒见苏东坡，并执弟子之礼。在苏东坡的推荐下，张耒应举姑苏，随后被宋神宗亲策为进士，走入仕途。1075 年，张耒应在密州修建超然台的苏东坡之邀，写下了《超然台赋》，被苏东坡称赞为“超逸绝尘”。二人开始诗词唱和。张耒先后在多个地方担任县丞一类的地方官，因其为官清廉，治政认真，仕途十分艰辛，家庭亦遭亲人离世，家境每况愈下。1085 年，在咸平县丞任上，张耒致书于苏东坡，表凡心意，直抒其想。随后，苏东坡在开封给他回了一封信，信中对张耒的才华表示肯定，且托付未来文坛建设重任于他。元祐元年，苏东坡与张耒俱在京城，被委以重任。张耒写诗赞美苏东坡，同时，作为至交，张耒在诗中也奉劝苏东坡能够收敛个性以避祸。这种诗词往来，互相勉励的生活是短暂的。随着苏东坡在朝中失势，被贬地方，张耒亦受到牵连。1093 年 9 月，苏东坡出知定州，张耒为其送行。师徒无拘无束、

---

① 倪其心：《二十四史全译：宋史》（全十六册）第十五册，汉语大词典出版社 2004 年版，第 9629 页。

② 倪其心：《二十四史全译：宋史》（全十六册）第十五册，汉语大词典出版社 2004 年版，第 9628 页。

③ 倪其心：《二十四史全译：宋史》（全十六册）第十五册，汉语大词典出版社 2004 年版，第 9630 页。

其乐融融的景象被记录在了《张文潜先生年谱》中。苏东坡、张耒随后经历了宦海沉浮。一直等到1101年，苏东坡被允北归。当张耒听闻苏东坡被允许从海南放还的时候，异常兴奋。可惜，苏东坡在北归途中病逝常州。在颍州的张耒得知这个噩耗后，沉痛不已，哭而哀之，为苏东坡举哀穿丧服，被别有用心之人告发，被贬为房州别驾。此后，张耒在贬谪生活中持有己志、艰难度日。

李廌的父亲是与苏东坡同一年中的进士，不幸早逝。李廌非常有才华，亲自去黄州，以文谒见苏东坡，求其指教。苏东坡非常欣赏他的文章，“笔墨澜翻，有飞沙走石之势”[①]。苏东坡抚摸着李廌的后背说：“子之才，万人敌也，抗之以高节，莫之能御矣。”[②] 李廌“再拜受教”。过了几年，李廌再次拜见苏东坡，苏东坡看了他的著作后，赞叹地说：“张耒，秦观之流也。”[③] 后来，李廌赴京城游学，其为人豪爽、大大咧咧，有好名急进之弊，向富贵之门频频投文献诗，遭人白眼、惹人讨厌。苏东坡不赞成他这种做法，以长者的身份劝导他，希望他沉下心来，戒骄戒躁，终会有出头之日。李廌听了以后，非常受益，以此为戒。当苏东坡主持礼部贡举的时候，精心准备考试的李廌却名落孙山。苏东坡亦为李廌科场失败而自咎和惋惜，但也认为李廌有大才而终会名显的。李廌名落孙山后，情绪低落，又抱怨苏东坡未能积极地向朝廷举荐。苏东坡对李廌放心不下，故诚恳地给他写了一封长信，深入地剖析了有才者才德相匹，不应存在德利混淆的状况，最后以朋友的身份告诫李廌：“有文如此，何忧不达？相知之久，当与朋友共之。至于富贵，则有命矣，非绵力所能必致。姑务安贫守道，使志业益充，自当有获。鄙言拙直，久乃信耳。”[④] 苏东坡也想向朝廷推荐李廌，一直未有合适的机会，等到有机会与范祖禹商量，试图向朝廷推荐李廌时，

---

① 倪其心：《二十四史全译：宋史》（全十六册）第十五册，汉语大词典出版社2004年版，第9633页。

② 倪其心：《二十四史全译：宋史》（全十六册）第十五册，汉语大词典出版社2004年版，第9633页。

③ 倪其心：《二十四史全译：宋史》（全十六册）第十五册，汉语大词典出版社2004年版，第9633页。

④ 李一冰：《苏东坡新传》（全二册）上册，四川人民出版社2020年版，第494页。

终因苏东坡离开京城而作罢。尽管如此，苏东坡仍然不忘勉励李廌振作起来，相信终究会有好的际遇。看到李廌生活贫困，苏东坡竭尽全力帮助他。苏东坡从精神上鼓舞李廌，在物质上馈赠李廌，这是李廌的幸遇。等到苏东坡去世后，李廌非常哀痛地说："吾愧不能死知己，至于事师之勤，渠敢以生死为间！"①

陈师道"少而好学苦志"②，十六岁的时候，其文章就得到曾巩的赏识，认为他是一个奇才。陈师道后来又被苏东坡所赏识和推荐，"起为徐州教授"。他一生贫困潦倒，却坚持高尚的德操，多方显要势力拉拢他，他不为所动，能够做到安贫乐道。苏东坡在密州的时候，陈师道寄诗于他。苏东坡以"如闻玉音"回复陈师道，以表欣赏之意。后来在多个地方见面，相见甚欢。在相知的基础上，苏东坡积极地向朝廷推荐陈师道，促使陈师道有了官方职务。1089 年，苏东坡经南京应天府赴杭州，带病的陈师道从徐州出发来南京相送，同舟东下至宿州而归。陈师道还作诗《送苏公知杭州》，诗中"一代不数人，百年能几见"③，对友谊的深度重视表达得淋漓尽致。陈师道因景仰苏东坡而违背法令私自出送，因此事后还遭弹劾。1091 年，苏东坡知颍州，陈师道任颍州教授。二人经常诗词唱和，十分愉悦。

此外，苏东坡的朋友王诜、王齐万、陈慥等人，皆能在苏东坡落难之际，伸出援助之手，给予苏东坡最大的心灵慰藉。

王诜出身于名门望族，擅长山水画，与苏东坡交往密切。王诜在与苏东坡切磋诗画过程中，受益良多，更加坚定了这份友谊。当王诜提前得知宵小之徒预谋乌台诗案，连忙派人去通知苏东坡。朝廷派人追捕苏东坡，将其下狱，严加审问其日常往来朋友，以期一网打尽苏氏一党。虽经百般拷问，苏东坡都拒绝回答。而王诜亦因苏东坡的关系，牵涉其中，而不自白，因属皇亲国戚，被暂免远谪，然多经宦海起伏，习以为常。王诜与苏

---

① 倪其心：《二十四史全译：宋史》（全十六册）第十五册，汉语大词典出版社 2004 年版，第 9634 页。

② 倪其心：《二十四史全译：宋史》（全十六册）第十五册，汉语大词典出版社 2004 年版，第 9632 页

③ 王水照：《苏轼研究》，上海人民出版社 2019 年版，第 31 页。

东坡经常诗词往来，互相欣赏对方的书画。二人既能患难与共，又能情趣相投，殊为难得。

王齐万是苏东坡的乡友。年轻的时候，苏东坡参观过誉满蜀地的王家书楼，盛赞王家“楼观突兀”“磊落万卷”。苏东坡不仅为王齐万能够为家乡文化建设尽心竭力地贡献自己的力量而点赞，更为王齐万投笔从戎的爱国之举而心生敬佩之意，且留下了“书生古亦有战阵，葛衣羽扇挥三军”①的诗篇。遭遇乌台诗案后，被贬黄州的苏东坡来到异地，在举目无亲、内心灰凉之际，乡党王齐万前来拜望。患难之际，能够抚慰苏东坡的心灵，这是老友王齐万给他的最大礼物。

陈慥是原陕西凤翔太守陈希亮之子，与苏东坡是莫逆之交。苏东坡一生很少单独为人写传，但是专门为陈慥写下了《方山子传》。从该传中，我们了解到陈慥年轻的时候，乐善好施，能够行侠仗义，“自谓一时豪士”。陈慥虽然出身仕宦之家，但他拒绝恩荫，不喜富贵生活，竟然选择毁官服、弃车马的平民生活。隐居在距黄州不远的一个地方的陈慥，亲自拜访被贬到黄州的苏东坡，二人谈天论地、朝夕相处竟达百日。“但愿长如此，来往一生同”②，苏东坡在《陈季常见过三首》中表达了对陈慥的感念之情。陈慥回归日常生活的思想和行为在一定程度上影响了苏东坡，使得经历宦海沉浮的苏东坡在精神层面能够喘一口气。

冰释前嫌

1042 年，二十二岁的王安石考中了进士；1057 年，二十一岁的苏东坡考中了进士。二人极富有文才，交往之初，能够做到惺惺相惜。1060 年，苏东坡被授河南府昌县主簿的制词就是由王安石所草拟，没有对苏东坡才华的赏识，不可能写出评价如此之高的制词：“敕某：尔方尚少，已能博考群书，而深言当世之务，才能之异，志力之强，亦足以观矣。”③ 此后，二

① 曾枣庄、舒大刚：《苏东坡全集》（全八册）第一册，中华书局 2021 年版，第 71 页。
② 曾枣庄、舒大刚：《苏东坡全集》（全八册）第一册，中华书局 2021 年版，第 388 页。
③ （宋）王安石：《王安石全集》（全六册）第四册，崇文书局 2020 年版，第 488—489 页。

人互相推崇，经常聚餐交流。然而好景不长，二人因政见不同，分道扬镳，但仍然保留了对对方最大的尊敬与善意。从某种程度上看，苏东坡和王安石都看出了北宋积贫积弱的现状，只不过是在采取什么方式来应对方面出现了分歧。围绕变法与否，二人有过争执，甚至有过不愉快的经历。可是苏东坡因不完全支持变法，被变法派挤出朝廷，被贬地方，又多逢变故，变得日益成熟。王安石虽大权在握，但因性格原因、任人不当、反对力量强大等因素，导致变法没有顺利推行，最终罢相回南京，过退休生活；加之身体不如从前、门生吕惠卿诋毁，促使他放下纷争，开启了闲适的生活旅程。

王安石对苏东坡的诗作文章非常关注。某日，在南京过退休生活的王安石接待了一位从黄州来的客人。聊天中，王安石不忘问这位客人在黄州的苏东坡有没有新作。这位客人如实地回答有，名字叫《胜相院经藏记》，写的是佛教方面的内容。当时，天色已晚，王安石为了早点看到苏东坡这部作品，站在屋檐底下，就着黄昏的日光，读完了这部作品。王安石经常阅读苏东坡的诗词文章，故而对苏文有着深刻的洞悉力和体悟力。王安石曾经拿着苏东坡的一篇题为《表忠观碑》的文章，询问在座的客人，这篇文章是模仿谁的写法。有人回答是司马相如，有人回答是扬雄。王安石都予以否定。王安石告诉客人，苏东坡的这篇文章是模仿司马迁《史记》中《楚汉以来诸侯王年表》的写法。实际答案果然如此。可见，王安石自身水平之高，对苏东坡理解之深。

苏东坡从黄州出来，经过南京，要看望一下退休在家的王安石。出于对王安石道德文章的钦佩，以及对王安石部分变法内容的重新确认，拜会王安石成为苏东坡在南京停留的重要日程。抛弃政治隔阂和个人恩怨，从人才和文学的角度看待苏东坡，王安石是十分欣赏的。基于这种欣赏，才能领会当苏东坡深陷乌台诗案的时候，退隐南京的王安石说出了“岂有盛世而杀才士者乎”的喟叹，最终促成宋神宗放了苏东坡一马，使得苏东坡死里逃生。王安石救人，基于北宋开国皇帝赵匡胤下达不杀士大夫的旨意，非常有说服力。王夫之说：“太祖（宋太祖）勒石，锁置殿中，使嗣君即位，入而跪读。其戒有三：一、保全柴氏子孙；二、不杀士大夫；三、不加农田之赋。呜呼！若此三者，不谓之盛德也不能。”① 不杀士大夫这种氛围为知识分子和为官者提供了较为舒服和宽松的工作和生活环境。

当苏东坡来到南京，还在船上的时候，王安石骑着毛驴，带着书童，急着来见他。苏东坡不及冠带，穿着便服出来迎接王安石，幽默地说：“轼（苏东坡）今日敢以野服见大丞相。”② 王安石淡然一笑：“礼为我辈设哉？”③ 二人相视一笑，相逢一笑泯恩仇。二人互相对对方致以敬意，一起游山览古，诗词酬唱，谈佛论道，纵论古今，寄予重托，成为佳话。苏东坡登临南京蒋山后，写出了“峰多巧障日，江远欲浮天”④ 的佳句。王安石听闻后，急忙派人抄来一睹为快，读罢前述佳句时，拍案叫绝。苏东坡经历宦海沉浮，王安石亦遭逢诽谤。二人情境相似，故可在山水间放松心情，在诗词中表达心情。二人信任关系逐渐建立，开始谈论历史、治史问题。二人谈到陈寿的《三国志》和裴松之的《三国志注》，认为裴松之的《三国志注》注得好。苏东坡表示，欧阳修重修《五代史》，却未能重修《三国志》，是一件遗憾的事情。王安石建议由苏东坡来重修《三国志》，且对苏东坡重修《三国志》寄予了厚望。苏东坡是蜀人，又有荆吴之历，文笔飞扬。王安石由此建议他重修《三国志》，是对苏东坡史学才华的肯定。苏东坡非常谦虚，认为自己史学功底不厚，代举著名史学家刘恕之子刘羲仲来承担这个任务。

在互相交谈过程中，苏东坡深入地理解了王安石为苍生而改革的英雄底蕴和推行变法的良苦用心，寄希望于王安石能够解决时弊，再立新功。王安石隐居南京，看似闲适，不问朝政之事，但勇于任政的王安石内心中丝毫不敢漠视当时的政治现状：“自古功名亦苦辛，行藏终欲付何人？”⑤ 苏东坡推心置腹地对王安石讲，如今与辽、西夏交战不断，国内又大兴冤狱，

① 刘韶军译注：《宋论》（全二册）上册，中华书局 2013 年版，第 19—20 页。

② 上海古籍出版社编：《宋元笔记小说大观》（全六册）第三册，上海古籍出版社 2007 年版，第 2990 页。

③ 上海古籍出版社编：《宋元笔记小说大观》（全六册）第三册，上海古籍出版社 2007 年版，第 2990 页。

④ 曾枣庄、舒大刚：《苏东坡全集》（全八册）第一册，中华书局 2021 年版，第 424 页。

⑤ （宋）王安石：《王安石全集》（全六册）第四册，崇文书局 2020 年版，第 248 页。

人民不安、国家遭殃，希望您能够扭转这种不良局面。王安石以不在其位、不谋其政为名加以回绝。苏东坡继续鼓励王安石，希望他能够借用自己的政治影响力，为民作主。热血沸腾的王安石听后，表态要向皇帝陈词谏言。可惜，不一会儿，王安石就懈怠了，年纪大了，顾虑多了，一想到受到自己培养的门生吕惠卿的栽赃，心有余悸，于是又放弃了。王安石再也未能在政治上出重拳、出新招，但二人对话，成为二人友谊深化，达到相知相解状态的见证。

二人互引为知己。王安石希望苏东坡能够在南京定居，买田置产，比邻而居。苏东坡与其心心相印，欣然从命。在一首诗中，苏东坡写道："骑驴渺渺入荒陂，想见先生未病时。劝我试求三亩宅，从公已觉十年迟。"①王安石看到这首诗后，非常感动。然而，苏东坡没有购买到合适的地段，又赴仪真访求。临行前，苏东坡赴王安石住处告别，依依不舍。王安石感慨地对门客说："不知更几百年，方有如此人物！"② 苏东坡离开南京后不久，给王安石写了一封信《与王荆公》，信中写道："近者经由，屡获请见，存抚教诲，恩意甚厚。别来切计台候万福。某始欲买田金陵，庶几得陪杖屦，老于钟山之下。既已不遂，今仪真一住，又已二十日，日以求田为事，然成否未可知也。若幸而成，扁舟往来，见公不难矣。"③ 虽然日后，二人再无相见，但留给世人一段佳话。王安石去世后，苏东坡奉命为王安石起草了《王安石赠太傅制》，这篇制敕对王安石进行了高度评价："朕式观古初，灼见天命，将有非常之大事，必生希世之异人。使其名高一时，学贯千载。智足以达其道，辩足以行其言。瑰玮之文，足以藻饰万物；卓绝之行，足以风动四方。"④

情趣相投

苏轼是幸运的。他在不同岗位上，无论是朝中任职，还是在地方就职，

---

① 曾枣庄、舒大刚：《苏东坡全集》（全八册）第一册，中华书局 2021 年版，第 422 页。
② 邓广铭：《北宋政治改革家王安石》，生活・读书・新知三联书店 2017 年版，第 296 页。
③ 曾枣庄、舒大刚：《苏东坡全集》（全八册）第四册，中华书局 2021 年版，第 1833 页。
④ 曾枣庄、舒大刚：《苏东坡全集》（全八册）第四册，中华书局 2021 年版，第 1115 页。

总会遇到情趣相投的各类友人。他们畅叙友谊，相互支持，成就了苏东坡丰富斑斓的交友世界。

位高职显的欧阳修在与苏东坡交往的过程中，一方面，积极地为苏东坡扬名；另一方面，对苏东坡寄予建设文坛厚望。1057 年，欧阳修担任礼部省试主考官，非常欣赏一名考生的文章。这名考生便是苏东坡。苏东坡在中了进士后，把欧阳修当成自己的老师，致书来表达自己对恩师的知遇之恩和感激之情。1071 年 6 月 11 日，欧阳修累章告老被朝廷批准。苏东坡献上《贺欧阳少师致仕启》，祝福恩师功成名就，并且对受知于恩师之事再次表达了感激之情。当年 7 月，苏东坡离京赴杭，途经陈州看望苏辙，且与苏辙一起去颍州探望恩师欧阳修，一起切磋诗文。1072 年 7 月 23 日，欧阳修病逝于颍州。在杭州通判任上的苏东坡含泪写下了《祭欧阳文忠公文》，对恩师才华贡献作出了高度评价。1091 年 8 月，苏东坡出知颍州，重访欧阳修故居，多次撰写诗篇回忆恩师。

司马光对苏东坡亦非常赏识。1061 年 8 月，苏东坡参加了宋仁宗举行的制科考试。当时，司马光是主考官之一。当司马光看到苏东坡答卷时，非常欣赏他的才华，称赞苏东坡的答卷“词理俱高，绝出伦辈”①。1066 年，苏洵病逝。苏东坡请求前来吊丧的司马光能够为苏东坡之母写墓志铭。司马光答应后，写下了《武阳县君程氏墓志铭》。此后，二人经常诗词往来。1073 年，司马光在庐阳买了二十亩地，修造了一个院子，取名“独乐园”，还写下了《独乐园记》，表达了自己尽其分而安之的思想。到徐州任职的苏东坡，收到了司马光给他寄来的《独乐园记》。为此，苏东坡写了《司马君实独乐园》一诗以回复。该诗对司马光的功业、品德、抱负、声望、处境等作了全面深入的评价。等到司马光登临宰相高位，希望回朝的苏东坡能够支持自己，一起尽废新法时，却遭到苏东坡的反对和抵制。苏东坡不容于朝，再次请求外调，去了杭州当太守。司马光执政不长时间，与世长辞。苏东坡虽然与司马光政见不同，但不影响他对司马光修身、品德、功业的钦服。苏东坡受命为司马光写了《司马温公神道碑文》《司马温

① （宋）司马光：《司马光集》（全三册）第二册，四川大学出版社 2010 年版，第 557 页。

公行状》《祭司马君实文》，表达对司马光的钦服。

苏东坡与书画界的人士亦颇多交往。著名书画家米芾、李公麟就是其中的代表。米芾是当时著名书画家，比苏东坡小十五岁。在苏东坡被贬黄州的时候，米芾专程前来黄州请教。苏东坡将自己收藏的一幅唐代大画家吴道子的释迦佛像给米芾看，米芾看了之后对这幅画赞赏有加。米芾又请教苏东坡如何画竹。苏东坡为米芾画了《竹石图》，又作枯木、怪石，并传之以法。米芾为此写了《题苏东坡木石图》，以“欣逢风雅伴，岁宴未言归”来表达自己请教苏东坡书画之道而受益之感。苏东坡还提出要米芾在书法上学晋的建议。米芾听从了这个建议，随后的日子中，将学晋人帖作为书法的主要功课。翁方纲说：“米元章（米芾）元丰中谒东坡于黄冈，承其余论，始专学晋人，其书大进。”① 米芾与苏东坡经常围绕诗歌、文辞、临古帖等进行书信往来，交流十分频繁。二人或在京城相见，或在地方见面，每次相见，都会就书画话题进行深入探讨，成为人生一大快事。得知苏东坡病逝的消息，米芾作《苏东坡挽诗》五首，其中一首写道：“我不衔恩畏清议，束刍难致泪潸然。”② 感恩之情溢于文字之中。当时另外一个知名画家叫李公麟，出身丹青翰墨之家，精于画马、佛像及人物画。他的人物画非常逼真。他为王安石画像，藏于金陵定林庵。当人们进定林庵见到这幅画时，无不惊叹其画作之逼真。元祐年间，李公麟为苏东坡作了一幅画，画中的苏东坡斜坐在石头上，左手拿着一根藤杖，乌道帽服，眉目细长，右颊有几颗清晰可见的黑痣。黄庭坚说：“极似子瞻醉时意态。”李公麟与苏东坡经常在彼此家中喝酒、谈笑、吟诗、作画，各得其乐。

苏东坡善于与自己的邻居为朋，处于平民圈子中，有自知之乐。在他被贬黄州后，与他朝夕相处的是邻居潘丙、郭遘、古耕道。潘丙是屡试不第的书生，无意功名，以卖酒为生；郭遘虽是名门之后，但以卖药为生；古耕道颇有侠义精神。他们虽为市井中人，但都讲义气，在苏东坡落难的时候，成为苏东坡的精神支柱。“我穷交旧绝，三子独见存。”③ 友谊不分阶

---

① 王川：《癫书狂画：米芾传》，作家出版社 2016 年版，第 114 页。

② 王川：《癫书狂画：米芾传》，作家出版社 2016 年版，第 358 页。

③ 曾枣庄、舒大刚：《苏东坡全集》（全八册）第一册，中华书局 2021 年版，第 375 页。

层，深交无须等级。后来，苏东坡被贬惠州，生活不能说潦倒，但也不能说美满，只能在逆境中寻找欢乐。当时，苏东坡喜欢吃肉，但买不起，就叫屠夫将官府不要的羊脊骨低价卖给他，可见他当时的贫困之态。他积极地面对，向王参军借了半亩地来种菜，试图实现自食其力。在友人帮助下，苏东坡在惠州建造了新居，因看透世态炎凉，更加注重享受民众之乐。住上自己建造的房子，苏东坡可以经常到邻居翟逢亨家去唠唠嗑，到林行婆家去买酒喝。好景不长，苏东坡再被贬，贬到更偏远的海南儋州。古儋州，位于海南岛西北部。在宋朝，儋州是一个生活艰苦、环境荒凉、交通闭塞的地方，也是朝廷流放犯人的地方。赴儋州之前，苏东坡已经做好了最坏的打算，“无复生还之望”①。来到儋州后，苏东坡初在官舍居住，后被驱赶出来，在城南买地筑屋。左邻右舍前来帮忙，让苏东坡有了自己的住所。他平等地对待当地黎族人，与黎族人交朋友，结下了深厚友谊。当他从一户黎族人家出来的时候，黎族孩子们“口吹葱叶送迎翁”②，表达对苏东坡的好感。当苏东坡被贬的时候，人生处于低谷，普通民众接纳了他，给他欢乐，也带给他创作的灵感。此时的苏东坡，抛开官场的是非，彻底融入普通民众之乐中，尽情享受着大众之乐。

---

① 曾枣庄、舒大刚：《苏东坡全集》（全八册）第四册，中华书局 2021 年版，第 2057 页。
② 曾枣庄、舒大刚：《苏东坡全集》（全八册）第二册，中华书局 2021 年版，第 756 页。

用人篇

赵匡胤的用人观

宋太祖赵匡胤，行伍出身，英勇善战，亦懂筹谋。当他为将的时候，吸纳人才，助他一臂之力；当他为帝的时候，更加注重人才的重要性。马上可以得天下，但是不能马上治天下。要想实现政权长治久安，必须注重人才的培养与选拔工作。赵匡胤对文臣、幕僚、能吏的重视，展示出他恢宏的用人气质。

优待文臣

赵匡胤虽是武将出身，然终身热爱学习，将学习所得应用到军政要务中。赵匡胤小的时候，追随名儒学习经典，后来成为后周禁军将领，仍然坚持读书学习。《续资治通鉴长编》中记载宋太祖“性严重寡言，独喜观书，虽在军中，手不释卷。闻人间有奇书，不吝千金购之”[①]。公元958年，后周世宗征淮南得胜回朝，赵匡胤用车载回数千卷书，引起了后周世宗的好奇：“卿方为朕作将帅，辟封疆，当务坚甲利兵，何用书为？”赵匡胤回答后周世宗：“臣无奇谋上赞圣德，滥膺寄任，常恐不逮，所以聚书，欲广闻见，增智虑也。”赵匡胤的言语受到周世宗的肯定。赵匡胤即位成为宋朝开国皇帝后，深知过去历史中武将专权的教训，计划着力重用文官文臣。

赵匡胤开创的宋制，其中之一就是重用文臣官员，给予他们很高的地位、很高的职位、很多的待遇，让宋朝文官成为人们争相努力的目标和方向。从北宋文官地位来看，是受尽尊崇礼遇的。赵匡胤下达了不杀士大夫与言官的祖宗家法。同时，宋朝文官升迁速度较快、途径较多，成为令人羡慕的职业。从北宋文官的职位来看，朝中制定国策的各部门官员都是进士出身，掌握了国家实际权力。北宋中期名臣蔡襄指出：“今世用人，大率以文词进。大臣，文士也；近侍之臣，文士也；钱谷之司，文士也；边防

① 王育济、范学辉：《宋太祖传》，人民出版社2021年版，第87页。

大帅，文士也；天下转运使，文士也；知州郡，文士也。”① 从北宋文官的待遇来看，有丰厚的俸禄、津贴等。清代史学家赵翼在《廿二史劄记》中指出：“其待士大夫可谓厚矣！惟其给赐优裕，故入仕者不复以身家为虑，各自勉其治行。”②

重用幕僚

赵匡胤用人的特征之一，就是自己在后周当将军时，对在幕府做事的幕僚，大力提拔重用。这些人深通为吏之道，能够积极为人君提供较为正确的意见建议，作出合理科学的决策。作为北宋开国元勋第一人的赵普，就是赵匡胤的幕僚。赵普出身小吏世家，从小悉闻吏事，以精于吏道而出名。赵普虽“沉厚寡言”，但对事情分析有着自己独特的见解。作为后周将军的赵匡胤捉获百余名强盗，按照法律规定，“当弃市”。此时，赵普发现其中有冤情，请求赵匡胤重新审讯这些强盗，最后发现其中很多人被冤枉，这些被冤枉的人因此被保全。赵匡胤看到赵普是王佐之才，征召他进自己的幕府，引为心腹。

既然成为幕僚，一方面要极度熟悉人主的心理，为人主打理好各项事务；另一方面还能为人主做好人主想不到的事情。足智多谋的赵普随后参与了赵匡胤黄袍加身活动，促成了北宋王朝的诞生。北宋诞生后，赵普随后成为宰辅，像过去当幕僚一样服务赵匡胤。赵匡胤求策于赵普：“吾欲息天下之兵，为国家建长久之计，其道何如？”③ 赵普回答：“今所以治之，无他奇巧也，惟稍夺其权，制其钱谷，收其精兵，则天下自安矣。”④ 精于吏治的赵普为了免去赵匡胤执政顾虑，采取了强干弱枝的治国策略，被赵匡胤所接受。文臣治国，武将权力被削弱，形成了北宋的基本治政模式。

成了皇帝的赵匡胤，对臣僚要求更高，尤其是对赵普，提出了更为严

① 游彪：《宋史：文治昌盛　武功弱势》，中信出版社 2017 年版，第 40 页。
② 游彪：《宋史：文治昌盛　武功弱势》，中信出版社 2017 年版，第 42 页。
③ 周勋初：《宋人轶事汇编》（全五册）第一册，上海古籍出版社 2014 年版，第 16 页。
④ 周勋初：《宋人轶事汇编》（全五册）第一册，上海古籍出版社 2014 年版，第 16 页。

格的要求。赵普不爱学习，受到赵匡胤的鞭策："宰相须用读书人。"① 赵普为相后，赵匡胤"常劝以读书"②。作为赵匡胤心腹的赵普接受了这个建议，开始认真读书，"晚年手不释卷，每归私第，阖户启箧取书，读之竟日"③。读书帮助赵普能够更从容更有智慧地处理政务。史书记载，赵普在读书后，临政时，"处决如流"④。当然，作为赵匡胤的心腹，如果做事只是一个顺从的执行者，赵匡胤也未必能看好他。赵普有着很强的决断力，这种决断力超出赵匡胤的认识，也为赵匡胤所钦服。作为宰相，向皇帝推荐人才，是其职责。赵普在一次为赵匡胤推荐人才过程中，所荐人才，被赵匡胤弃用。但是"刚毅果断"的赵普坚持向赵匡胤推荐，遭赵匡胤撕破奏章，仍要坚持陈词。赵匡胤最后被赵普为国举才的行为所感动，"卒用其人"⑤。像这样的事情有很多。赵普身为赵匡胤幕僚，后成为宰辅，职位环境有所变化，但是对赵匡胤忠诚之心没有变。

吕馀庆等人，皆是赵匡胤在后周为将时，被纳入府中，成为幕僚。赵匡胤当了皇帝后，吕馀庆又被委以重任，做出极大贡献。吕馀庆出身军事世家，被赵匡胤引为幕僚。范质对吕馀庆评价很高："精通治道，经事霸府，历岁滋深，睹其公忠，诚堪毗倚。"⑥ 吕馀庆作为赵匡胤幕僚之首，等到宋朝建立后，李处耘、赵普都被提拔任用，吕馀庆"恬不为意"⑦。然而，李处耘被贬，吕馀庆还替李处耘说话；赵普受到排挤，吕馀庆还为赵普开

---

① 周勋初：《宋人轶事汇编》（全五册）第一册，上海古籍出版社 2014 年版，第 21 页。

② 倪其心：《二十四史全译：宋史》（全十六册）第九册，汉语大词典出版社 2004 年版，第 5899 页。

③ 倪其心：《二十四史全译：宋史》（全十六册）第九册，汉语大词典出版社 2004 年版，第 5899 页。

④ 倪其心：《二十四史全译：宋史》（全十六册）第九册，汉语大词典出版社 2004 年版，第 5899 页。

⑤ 倪其心：《二十四史全译：宋史》（全十六册）第九册，汉语大词典出版社 2004 年版，第 5899 页。

⑥ 倪其心：《二十四史全译：宋史》（全十六册）第九册，汉语大词典出版社 2004 年版，第 5770—5771 页。

⑦ 倪其心：《二十四史全译：宋史》（全十六册）第十册，汉语大词典出版社 2004 年版，第 6034 页。

脱，“时称其长者”[1]，其为官胸襟被人称道。吕馀庆在成都府主政的时候，面对官兵骄恣、匪患丛生的情况，铁腕治官，以惩头目，“军中畏伏”[2]，匪患被除，老百姓有一个较为安定的生活秩序。随后，官职不断被提升，在不同岗位，他都做出了贡献。

提拔吏臣

纵览赵匡胤当了皇帝之后，其所用中枢之才，多是精于吏道的臣僚。这些臣僚有一定的文化底蕴，还有着丰富的为官经验，具备较高的治政能力，实为兴邦之干才。“少好学，有大志”[3] 的薛居正年轻的时候，就被社会贤达所推崇：“识者以为有公辅之量。”[4] 赵匡胤当了皇帝后，逐渐重用薛居正。之所以称薛居正是能吏，是因为他在从事不同岗位工作中，都能干好不同领域的工作。

薛居正被提拔为朗州知州后，面对的最大难题是解决当地的匪患。当时有数千人集聚山林湖泊为盗匪，有人怀疑城中一千余僧侣是盗匪同党，建议将盗匪与僧侣都除掉。为了减少剿灭盗匪的阻力和避免打击面过大、伤及无辜，薛居正没有伤害僧侣，而是集中精力，擒获盗匪首领，剿灭盗匪。薛居正追问盗匪首领，城中僧侣有没有参与盗窃活动，被告知没有，薛居正才庆幸自己当初保全僧侣决策的正确。随后，薛居正被提拔为兵部侍郎。宋朝部队攻打太原，需要调拨大量粮食。当时，河南正闹饥荒，逃荒的人很多。薛居正被派到河南，劝说百姓不要受饥荒影响，要回乡务农，最后也成功了。随后，加官吏部侍郎，又兼判门下侍郎事，“兼修国史”

---

① 倪其心：《二十四史全译：宋史》（全十六册）第十册，汉语大词典出版社 2004 年版，第 6034 页。

② 倪其心：《二十四史全译：宋史》（全十六册）第十册，汉语大词典出版社 2004 年版，第 6034 页。

③ 倪其心：《二十四史全译：宋史》（全十六册）第十册，汉语大词典出版社 2004 年版，第 6043 页。

④ 倪其心：《二十四史全译：宋史》（全十六册）第十册，汉语大词典出版社 2004 年版，第 6043 页。

"兼修《五代史》"[①]。后被提拔为宰相，治政之勤，一如从前。"为相任宽简，不好苛察，士君子以此多之。"[②]

这些干吏，既通文史、懂历史兴衰、明君臣之意，又能治理朝政、改善民生、除去匪患、发展经济，是全能选手。赵匡胤所用能臣干吏，拉开了北宋用人具有独特特征的序幕，为后来北宋臣僚既是儒学大家、文章高手、道德模范，又是改革能臣、治世干吏、朝政贤臣，奠定了基础。

诸葛亮的用人观

出身于官宦世家，虽权倾朝野，但塑造出诸葛亮健全的人格。遭逢乱世，他博采各家学说之长，以儒法道为其治政核心，为刘备廓说天下大势，被刘备所重用。刘备对诸葛亮委以重任，实力逐渐扩大，乃至有三足鼎立之一强。诸葛亮鞠躬尽瘁，兢兢业业，为刘备事业壮大做出巨大贡献。然诸葛亮在诸多贡献中，其独特的用人观显得尤其重要，且被后人称道。范仲淹说："史称诸葛亮能用度外人。用人者莫不欲尽天下之才，常患近己之好恶而不自知也，能用度外人，然后能周大事。"[③] 范仲淹对诸葛亮的用人之道充满了敬意。

举贤任能

诸葛亮对人才任用有很高远的见解。他把举贤任能提高到关系国家安危的高度来认识。诸葛亮说："治国犹如治身，治身之道，务在养神，治国之道，务在举贤。是以养神求生，举贤求安。"[④] 通过比喻，诸葛亮告诫世

① 倪其心：《二十四史全译：宋史》（全十六册）第十册，汉语大词典出版社2004年版，第6044页。

② 倪其心：《二十四史全译：宋史》（全十六册）第十册，汉语大词典出版社2004年版，第6044页。

③（宋）沈括：《梦溪笔谈全译》，胡道静、金良年、胡小静译注，贵州人民出版社1998年版，第835页。

④（三国）诸葛亮：《诸葛亮集》，中华书局2020年版，第64页。

人，举贤可以让政权安定，正如养神可以实现身体康健。诸葛亮在开府治蜀过程中，非常注重贤良之才的选拔重用。

以蒋琬为例，说明诸葛亮的举贤之意。事无巨细地操持蜀国要务，锻炼出诸葛亮过人的识人能力。诸葛亮赏识蒋琬，是基于对蒋琬才华堪当宰相的判断。蒋琬初任广都长的时候，刘备突然造访广都，看到蒋琬“众事不理，时又沈醉”①，非常生气，“将加罪戮”②。对蒋琬能力非常熟悉了解的诸葛亮进言刘备，认为蒋琬是社稷之器，不是“百里之才”，替蒋琬求了情。刘备因敬重诸葛亮，没有治蒋琬的罪。等到诸葛亮主事，征召蒋琬做东曹掾，逐渐将蒋琬推向政治前台，成为诸葛亮的得力助手。诸葛亮外出征伐时，蒋琬总是能够提供充足的食物和武器，被诸葛亮嘉赏。由此，诸葛亮对刘禅说：“臣若不幸，后事宜以付琬（蒋琬）。”③ 诸葛亮去世后，蒋琬被委以重任，为尚书令，被封安阳亭侯。蒋琬“出类拔萃，处群僚之右，既无戚容，又无喜色，神守举止，有如平日”④，众人皆服。

诸葛亮治蜀，以人才治，实现大治。诸葛亮挖掘、发现、推荐了一大批不同领域、不同职业、不同性格的人才。名将向宠治军有方，得到了诸葛亮的重视和赏识。诸葛亮在北伐前，上书刘禅：“将军向宠，性行淑均，晓畅军事，试用于昔，先帝称之曰能，是以重论举宠（向宠）为督。愚以为营中之事，悉以咨之，必能使行陈和睦，优劣得所也。”⑤ 向宠随后被提拔。向宠后来在战场上因杀敌而遇难，其忠诚任能被传颂一世。蜀部从事杨洪，被诸葛亮看重。诸葛亮曾经讲过：“咨之以计谋而观其识。”⑥ 诸葛亮

---

① 许嘉璐：《二十四史全译：三国志》（全二册）第二册，汉语大词典出版社 2004 年版，第 687 页。

② 许嘉璐：《二十四史全译：三国志》（全二册）第二册，汉语大词典出版社 2004 年版，第 687 页。

③ 许嘉璐：《二十四史全译：三国志》（全二册）第二册，汉语大词典出版社 2004 年版，第 688 页。

④ 许嘉璐：《二十四史全译：三国志》（全二册）第二册，汉语大词典出版社 2004 年版，第 688 页。

⑤ 许嘉璐：《二十四史全译：三国志》（全二册）第二册，汉语大词典出版社 2004 年版，第 649 页。

⑥ （三国）诸葛亮：《诸葛亮集》，中华书局 2020 年版，第 77 页。

对杨洪的赏识提拔，主要是通过向杨洪咨询事情，继而发现其才。刘备率军争夺汉中，给诸葛亮送来文书，希望派兵驰援。诸葛亮就此事征求杨洪的意见建议。杨洪说："汉中则益州咽喉，存亡之机会，若无汉中则无蜀矣，此家门之祸也。方今之事，男子当战，女子当运，发兵何疑？"① 诸葛亮非常赞赏杨洪的言辞，大胆提拔他兼任蜀郡太守。而杨洪在新的岗位上，没有辜负诸葛亮期望，做出了新的成就。

法令严明

诸葛亮下属张裔这样评价诸葛亮："公（诸葛亮）赏不遗远，罚不阿近，爵不可以无功取，刑不可以贵势免，此贤愚之所以佥忘其身者也。"② 诸葛亮治政治军有方，得益于他赏罚得当，且人皆服。尤其是他制定法令，以身作则，让众遵守，真正做到"科教严明""无恶不惩"。

作为刘备托孤重臣的李严，被诸葛亮推崇看重："部分如流，趋捨罔滞，正方（李严）性也。"③ 在诸葛亮北伐后，李严承担运输军粮的重任。然而，当时恰逢雨季，道路泥泞，李严没有完成运粮任务。李严派人去找诸葛亮，让其退兵返回，诸葛亮接受了这个意见。可是等到诸葛亮班师回朝后，李严装出惊讶的面孔说："军粮饶足，何以便归。"④ 李严为什么要这样做呢？李严这样做，是想脱卸自己没有承担好运粮的职责，以凸显诸葛亮不进军的罪责。李严又上书刘禅，进一步诬陷诸葛亮。诸葛亮将李严给他的信件全部拿出，以证其伪。李严"辞穷情竭，首谢罪负"⑤。诸葛亮于是上表弹劾李严不仅贪图小利，而且虚报情况、贻误战机。李严由此被贬

① 许嘉璐：《二十四史全译：三国志》（全二册）第二册，汉语大词典出版社 2004 年版，第 651 页。

② 许嘉璐：《二十四史全译：三国志》（全二册）第二册，汉语大词典出版社 2004 年版，第 651 页。

③ 许嘉璐：《二十四史全译：三国志》（全二册）第二册，汉语大词典出版社 2004 年版，第 640 页。

④ 许嘉璐：《二十四史全译：三国志》（全二册）第二册，汉语大词典出版社 2004 年版，第 641 页。

⑤ 许嘉璐：《二十四史全译：三国志》（全二册）第二册，汉语大词典出版社 2004 年版，第 641 页。

为平民，流放梓潼郡，后郁郁而终。再有才华、能力、功勋、地位，一旦触犯军纪、违背朝纲，必会受到惩罚。李严就是典型例子。

作为楚地优秀人才的廖立，被诸葛亮所推崇，认为他是协助帝王成就大业的人。虽然受到重用，但是廖立仍然觉得怀才不遇。等到刘禅即位后，廖立改任长水校尉。但廖立认为自己的才华名望，可以做诸葛亮的副手，但却沦落到李严等人的位置之下，“常怀怏怏”①。等到李邵、蒋琬与他谈论问题时，他借机抨击朝政，否定蜀国用人制度和人才。结果，他的这些言语被诸葛亮所知。诸葛亮据此上奏，称廖立是“坐自尊大，臧否群士，公言国家不任贤达而任俗吏，又言万人率者皆小子也”②。廖立由此被废黜为平民，流放汶山郡。因诸葛亮法令严明，证据充分，惩罚得当，所以李严、廖立这样的人，虽然受到了严厉惩罚，但是在惩罚之后仍然心服口服，对诸葛亮非常崇敬。唐太宗对房玄龄讲：“汉魏已来，诸葛亮为丞相，亦甚平直，尝表废廖立、李严于南中，立（廖立）闻亮卒，泣曰：‘吾其左衽矣！’严（李严）闻亮卒，发病而死。故陈寿称：‘亮之为政，开诚心，布公道，尽忠益时者，虽仇必赏，犯法怠慢者，虽亲必罚。’卿等岂可不企慕及之？”

作为被诸葛亮赏识的马谡，“才器过人，好论军计，丞相诸葛亮深加器異”。诸葛亮对马谡十分信任，“以谡（马谡）为参军”，舍弃刘备临终前提出的慎用马谡之建议，而且经常与马谡谈到深夜。等到诸葛亮北出祁山，派马谡为先锋，“统大众在前”，与魏国名将张郃在街亭相遇，被张郃所败。为了严明法纪军纪，诸葛亮以“违亮（诸葛亮）节度，举动失宜”的原因，挥泪斩马谡。马谡因不善指挥、临阵逃脱而接受惩罚。诸葛亮又自请受罚。诸葛亮上疏说：“咎皆在臣，授任无方；臣明不知人，恤事多暗。”于是，诸葛亮“请自贬三等”，通过对自己用人失误的惩罚，来严明军纪。从这个案例中可以看出，即使是诸葛亮信任的官员，如果触犯了法纪军纪，也要受到惩罚。诸葛亮说：“耳威以声，不可不清；目威以容，不可不明；心威以刑，不可不严。三者不立，士可怠也。”严明法令，实现诸葛亮以法治蜀

① 许嘉璐：《二十四史全译：三国志》（全二册）第二册，汉语大词典出版社 2004 年版，第 639 页。

② （三国）诸葛亮：《诸葛亮集》，中华书局 2020 年版，第 10 页。

的目标。

当然，诸葛亮虽致力于严明法令，但不滥刑，十分注意执行法令的分寸。镇北将军黄权被魏军所降，有关执法部门向刘备谏言，要求逮捕黄权的妻子儿女，刘备没有同意，诸葛亮也没有同意，像从前一样对待黄权家属。因黄权品性正直，被曹丕授予镇南将军一职，封为育阳侯。有人跟黄权说，黄权的妻子儿女已经被蜀国杀害。黄权认为是假话，没有办理丧事。后来，黄权得知在蜀国的家人不仅没有受到伤害，他的儿子黄崇还在蜀国当了尚书郎。诸葛亮在保护黄权家属过程中发挥了重要的作用。这就表明诸葛亮十分注意执法的分寸，在处理黄权家属事上，没有进行严厉惩罚、累及其家人。

量才使用

诸葛亮在用人方面有过人之处。他会根据人才的特点，将其派到合适的岗位上，发挥其作用，做到“任其所长”。诸葛亮不拘门第、不限地域、不分派别，只要有才，就会“才尽其力”，形成人才济济的良好局面。诸葛亮所用之人，一部分是转战各地的旧部，一部分是荆楚之才，一部分是益州人士，一部分是外来之人。

随刘备转战各地的关羽、张飞、赵云等，皆是其旧部，受到刘备的重用，也得到诸葛亮的重用。自古荆楚出人才。诸葛亮对荆楚人才的性格、禀性、特征把握得非常精准，使用起来得心应手。襄阳出身的杨仪，才华横溢，治理政务，条理清晰；治理军务，细致入微。他的才华受到刘备、诸葛亮的赏识。诸葛亮发现他的才华后，提拔他为参军，代管丞相府事务，后升其为长史，加封为绥军将军。诸葛亮多次出兵，筹备军粮、调度部队、明确军纪等任务交给杨仪办理，都完成得非常好。诸葛亮“深惜仪（杨仪）之才干”①。然杨仪“性狷狭”，不容他人，尤其是看不惯当时的武将魏延。诸葛亮活着的时候，能够任用杨仪的长处，且发挥到极致，尽量避免杨仪

---

① 许嘉璐：《二十四史全译：三国志》（全二册）第二册，汉语大词典出版社 2004 年版，第 645 页。

与魏延搞冲突。杨仪因受到诸葛亮的重用，且被诸葛亮很好地管控住性格短板，其才华得到充分发挥的同时，其性格短板没有对蜀国事业发展带来巨大的危害。然诸葛亮去世后，不服众的杨仪自念功高，多次发出牢骚之语，没有节制自己的性格短板，最终被迫自杀。

义阳出身的魏延，作战勇敢，被刘备、诸葛亮重用。诸葛亮主政的时候，派魏延军为作战前锋部队，多次取得战绩。在打败魏国将领郭淮后，被提拔为前军师征西大将军，进封为南郑侯。魏延“善养士卒，勇猛过人”①，被诸葛亮所用，且用到极致，建立了不少战功。然魏延“性矜高”，飞扬跋扈，在诸葛亮活着的时候，还能扬长避短，发扬其作战勇敢的长处，节制他性情高傲的短处。可是等到诸葛亮去世后，魏延的短板无人节制，加之与杨仪的矛盾公开化，最终被杀。

诸葛亮十分注重维护与益州士族的关系，注意从中选拔优秀人才。在选拔的益州士人中，有的是学者，如秦宓等人；有的是循吏，如尹默等人；有的是军事人才，如王平等人。诸葛亮十分擅长对这些不同类型人才的任用。秦宓“少有才学”，乱世择主而侍，多次征召不至，后为刘备所用。诸葛亮将其置于学界重量级人物去对待，经常向他打听益州前辈学者的故事，以显示出对他的尊重。为了进一步显示对秦宓的尊重，公元224年，诸葛亮为吴国使臣张温饯别，“众人皆集而宓（秦宓）未往，亮（诸葛亮）累遣使促之”②，非要等到秦宓来了才开宴，从中凸显出对秦宓的重视。尹默是益州的大儒，刻苦钻研古文经学，终有所成。刘备、诸葛亮进入蜀中，任命尹默为劝学从事，等刘禅被立为太子后，被任命为太子仆，教授刘禅《左氏传》。对尹默的任用，体现出量才使用、能级相称的特征。王平，有头脑的军事干将。王平“生长戎旅”，虽“手不能书，其所识不过十字”，但是所讲出的话“皆有意理”③，后被诸葛亮逐渐委以重任。尤其是在街亭之战

---

① 许嘉璐：《二十四史全译：三国志》（全二册）第二册，汉语大词典出版社2004年版，第643页。

② 许嘉璐：《二十四史全译：三国志》（全二册）第二册，汉语大词典出版社2004年版，第623页。

③ 许嘉璐：《二十四史全译：三国志》（全二册）第二册，汉语大词典出版社2004年版，第682页。

中，王平主意正确，排兵布阵皆有章法且有实效，被诸葛亮所褒奖并且提拔，随后，屡立战功，闻于一时。诸葛亮尽力网罗这些人才，让这些人才在合适的岗位上贡献力量，也赢得了良好的声誉："西土咸服诸葛亮之能拔擢秀异也。"①

诸葛亮对从蜀地以外的地方来的人才，竭诚欢迎重用。名士费祎随其伯父来到蜀郡。费祎能够公平公正地处理事务，配之以绝佳的口才，外能纵论时事、语气和缓，内能治理政务、调解纠纷，被诸葛亮重用。诸葛亮派他出任昭信校尉，出使吴国，与吴国君臣舌战，"辞顺义笃，据理以答，终不能屈"②，为此引起孙权对他的称赞。随后，诸葛亮调任他为中护军、司马。费祎在协调杨仪和魏延这对文武官员关系上，发力颇多，调停有功，故《三国志》中强调："终亮（诸葛亮）之世，各尽延（魏延）、仪（杨仪）之用者，祎（费祎）匡救之力也。"③ 诸葛亮去世后，费祎主政，保持了政权相对安定的局面。

张居正的用人观

作为明朝有作为的政治家，张居正的用人思想难能可贵。其用人准确且能将所用之人的才华发挥到极致，助其改革一臂之力。张居正不是完人，但是他竭尽全力地去改革，去治理朝政，给人留下了敢于担当、忠诚待国的印象。正如他所信奉的一句格言："苟利社稷，死生以之。"④ 其中，他为国选才用人的思想对后世影响深远。

---

① 梅铮铮：《诸葛亮研究文选》，四川人民出版社 2020 年版，第 213 页。

② 许嘉璐：《二十四史全译：三国志》（全二册）第二册，汉语大词典出版社 2004 年版，第 691 页。

③ 许嘉璐：《二十四史全译：三国志》（全二册）第二册，汉语大词典出版社 2004 年版，第 691 页。

④ （明）张居正：《张太岳集》（全三册）中册，中国书店出版社 2019 年版，第 237 页。

综核名实

张居正对政治的见解很高，隆庆年间，上疏皇帝《陈六事疏》，以“稍加改易”的决心，提出在“六事”方面要着力用功。“六事”之一就是“核名实”，强调用人一定要坚持严格考课的原则，“用舍进退，一以功实为准。毋徒眩于声名，毋尽拘于资格，毋摇之以毁誉，毋杂之以爱憎，毋以一事概其平生，毋以一眚掩其大节”①。隆庆年间，他的改革举措虽得到皇帝的赞赏和支持，但是孤掌难鸣，导致这些措施难以付诸实践。久在内阁，对徐阶、高拱的用人思想颇为熟悉的张居正，采取吸收的方式，将人才尽纳其中，为其所用。等到皇帝更替，万历皇帝即位，“大柄悉以委居正”②，掌握重权的张居正“慨然以天下为己任”③，雷厉风行地推行新政，史称万历新政。推行变革之法，首要之务在于培养得力人才，这为其用人思想发挥作用提供了历史际遇。按照综核名实的要求，推行“公铨选”。“公铨选”是指官员的选拔、任免、升迁，必须公正，做到他过去所强调过的“六毋”。

明代杰出的军事家戚继光，在他建功立业过程中，离不开张居正对他的赏识与支持。张居正之所以赏识与支持他，在于戚继光拥有高超的军事才能，在于戚继光没有空架子，而是有真本事。戚继光出身于军门世家，其父戚景通有着较高的军事素养，培养了戚继光干练的军事才华和远大的报国志向。长大后的戚继光，本着“封侯非我意，但愿海波平”的意念，投入军戎，开始了他的戎马生涯。青年戚继光不仅有军事实操，勤于练兵，且富有实效，还能根据作战实际情况，撰写军事书籍，其中《防虏方略》，成为当时兵部刊行并推广的指定军事参考书。他由山东抗倭起家，又去南方浙闽广一带从事抗倭斗争，取得了显著成效。为什么戚继光能够为剿除

---

① （明）张居正：《张太岳集》（全三册）上册，中国书店出版社 2019 年版，第 5 页。

② 章培恒、喻遂生：《二十四史全译：明史》（全十册）第七册，汉语大词典出版社 2004 年版，第 4312 页。

③ 章培恒、喻遂生：《二十四史全译：明史》（全十册）第七册，汉语大词典出版社 2004 年版，第 4311 页。

倭患做出巨大贡献呢？最根本的原因是他有带兵征战的才华。他赴浙江，在义乌招募新兵，对这些新兵进行了深入的政治动员工作，尤其是对军纪的强调和对百姓的守护，被新兵铭记于心。在此基础上，戚继光训练这支新兵用足以杀敌的各式武器和足以战胜敌人的各种战争阵式。这支部队训练完毕后，因其作战勇敢、英勇善战、屡立战功，被称为“戚家军”。在戚家军的进攻之下，浙闽广一带的倭寇基本上被肃清，为当地经济发展和百姓安居乐业提供了强有力保障。等到明穆宗即位后，东南倭寇既除，北方边境烽烟时起，抗倭名将戚继光等人被北调，镇守蓟州。张居正也是在这个时候，用自己的能力，成为支持戚继光最坚决最有力的大臣。

从隆庆到万历前期，张居正逐渐走向前台，掌握了明朝的实际权力，将其所谓的变革推向全国。他的改革内容丰富，其中之一就是强军和国防建设，让其改革有一个相对稳定的外部环境。张居正对北面鞑靼侵扰，提出了正确的应对方针，那就是战守结合。他提出“外示羁縻，内修战守”①。这个方略十分精妙。一方面，明朝不拒绝与鞑靼的合作交流；另一方面，明朝不放弃军事操练。正可谓“犬摇尾乞怜，固可投之以骨，如其狂噬，则大仗加焉”②。这是张居正的军事策略。让戚继光出镇北疆，正是巩固北部边疆国防的战略要求。张居正十分信赖和倚重戚继光，戚继光亦不负重托，继续发挥其过人的军事才华。戚继光来到蓟州负责练兵事宜。然而，在蓟州的守军瞧不起戚继光及他所带的浙军。在训练场上，蓟州守军将领出言不逊，认为南方士兵身体羸弱，不适合北方艰苦的条件，估计也不能很好地遵守军纪。此时，戚继光眼看将要下大雨，于是对着自己带的三千浙军说了一句话，让三千浙军在大雨中站立不动，用事实告诉蓟州守军，什么叫作军令如山。戚继光转身走了。蓟州守军不知所措之余，发现大雨降临，纷纷而退去躲雨，然而三千浙军一动不动。大雨下了一天，三千浙军站了一天。蓟州守军自此才知道戚继光的厉害。军心一致后，戚继光开始了他在蓟州的军务改革。首先，加固长城，建立空心敌台。在长城上，

① 朱东润：《张居正大传》，北京联合出版公司2020年版，第161页。

② （明）张居正：《张太岳集》（全三册）中册，中国书店出版社2019年版，第66页。

几十米或上百米，建设成一处空心台。空心台共有三层，中层是空的，四面开设箭窗；上层建楼橹，四面是垛口；下层可发射火枪。戚继光出台了许多奖励性措施，对那些建设空心台达到良好品次的予以重金赏赐。空心台工程建设完毕后，形成一道十分坚固的防线。其次，积极练兵，建立多兵种配合机制。在戚继光来蓟州之前，当地明朝守军采取消极防御措施，既不练兵，也不敢与蒙古骑兵交锋。戚继光否定了这种做法，改为积极防守。戚继光将过去作战训练的有效经验，用在了蓟州练兵上。他练兵先练心，提高士兵士气，树立士兵作战必胜的信念，辅之以军事实操训练。不仅于此，戚继光还制定出车、步、骑多兵种配合作战的新战法。根据过去作战经验及查找古代战车图，装有火器的战车所组成的部队，即车营部队得以建立。戚继光又将车营与步兵、骑兵协调起来，作战效果极佳。最后，改进装备，重视火器推广。明代中期以后，西方火器如佛郎机火炮、红夷大炮等传入中国。戚继光眼界开阔，认识到这些外来火器的先进性，于是大胆引进和推广。当然，他将引进的外来武器和中国原有的军事武器巧妙结合，大胆创新，创制出“无敌大将军”火炮、“虎蹲炮”等，威力惊人。戚继光在蓟州守卫的日子中，正因为他出色的军事才华的运用，捍卫了北疆的安全。他之所以能够捍卫北疆安全，除了他个人军事才华卓越之外，很重要的一点原因，在于朝中张居正对他的支持和赏识。戚继光在蓟州的军事改革包括军事设施引进购买，都需要财政支持，坐镇朝廷的张居正，给了非常大的支持，致使戚继光的军事改革包括军事设施采购得以实现。另外，蓟州虽为北疆重镇，但守卫北疆，仍需得到守卫周围其他军事要塞的重要将领支持，更离不开朝廷中主抓军事的兵部大臣的支持。然而，戚继光为将成功，正如明代王世贞评价他“三十年之间，未尝一日不披坚执锐，与士卒共命于矢石之间”①，但他不善于官场应酬交际，有时会导致摩擦与误会的产生。但是，张居正通过各种方式，减少了这些摩擦、消除了这些误会，可见张居正的用心。刚去蓟州的时候，戚继光不仅遭受了当地将士的嘲笑，还深受守备周围军事要塞将领的掣肘。遭受嘲笑，戚继光用

---

① 郦波：《千古名相：郦波评说张居正》，中国工人出版社 2016 年版，第 273 页。

严明军纪的做法回击了他们；遭受掣肘，这就属于他无能为力的事情了。幸好，对戚继光非常了解且大力支持的张居正为他解除了后顾之忧：“欲为继光（戚继光）难者，辄徙之去。”① 张居正还为戚继光调配了与之交好的将领，共同拱卫京城。隆庆六年十月，张居正实施大臣巡边政策，其中就有兵部左侍郎汪道昆巡视蓟、辽。担心戚继光对巡视反感，张居正特意写信给戚继光：“汪司马知足下素深，相待之礼，必从优厚，顷已面嘱之，然渠亦自不俟嘱也。但足下自处，又且务崇谦抑，毋自启侮。”② 对戚继光殷殷嘱托之情从中可见一斑。万历四年，部光先巡边，打算去蓟州。张居正致信戚继光：“窃意今日，当以钦命为重，不在兵衔之有无。谦以自处，见者自然悦而敬之。其差去部公，当预为足下先容，必加优礼，决不以庸众相待也。”③ 担心戚继光不注重礼节问题，沦为朝廷所派之人的话柄，张居正不惜苦口婆心地加以劝导。但总有一些鸡蛋里面挑骨头的好事分子出现，他们指责戚继光虽然镇守蓟州一带，军费支出不少，但是也没有进行大规模的作战，貌似没有出现在南方剿灭倭寇那样的成就，进而得出结论：戚继光北调镇守蓟州的决策是错误的无效的。张居正当然地举起正义的大旗，站在戚继光一边，维护他拱卫京城的成就。的确，虽然戚继光没有如南方抗倭那样的成就再现，但正因为他镇守蓟州，严肃军纪，制定正确的军事政策，训练出一支装备精良、极富战斗力的边防军，北方各入侵力量始终不敢窥探中原、冒犯蓟州，确保了边境安宁，达到了“不战而屈人之兵”的最高境界。张居正去世后，戚继光也被调离，然其军功谋略仍被人所称道。

用人不疑

张居正学识渊博，阅历丰富，有着极高的政治理想和抱负。为了实现政治理想和抱负，在用人方面，张居正能够洞悉人才的成长规律，做到用

① 章培恒、喻遂生：《二十四史全译：明史》（全十册）第七册，汉语大词典出版社 2004 年版，第 4285 页。

② 朱东润：《张居正大传》，北京联合出版公司 2020 年版，第 162 页。

③ 朱东润：《张居正大传》，北京联合出版公司 2020 年版，第 246 页。

人不疑。信任一个人很容易做到，难的是长时间地信任一个人。当然，这种信任，不是盲目信任，而是在对人才了解的基础上作出的重大决断。

治理水患一直是历代统治者十分头疼的问题。张居正成为内阁首辅后，亦面临水患问题。张居正对水患问题十分重视："河患自古记之，有非人力所能胜者。但仆今缪当大任，一闻愁叹哀号之声，痛心疾首；虽智力短浅，济时无策，然不忍坐视民之失所而不思以振救之也。"① 张居正有毅力，有魄力，能动用政治力量去推动问题的解决，但前提是发现并且使用相关的人才。当时有一个治水名家叫潘季驯，在宦海中沉浮起落，其志未伸。作为内阁首辅的张居正听说了潘季驯这个名字，抛开管理河运漕运的大臣，直接到当时已经沉落下僚的潘季驯家。进门之后，张居正就被眼前的景象震惊了：潘季驯在家中所做的黄河水利模型映入眼帘。紧接着，张居正倾听了潘季驯的治河理论和观点。听完后，张居正坚定了他要大胆用此人的决心和信心，一直到张居正去世之前，都没有动摇过他这颗用人不疑之心。潘季驯以右都御史兼工部左侍郎、总理河漕的身份，参与了治理水患的工程。当对官场掣肘还心有余悸的潘季驯用辞官方式来试探朝廷的时候，以张居正为代表的朝廷给了他积极的支持，让他放手去干。潘季驯治理水患的六事法才得以实施："一曰塞决口以挽正河，二曰筑堤防以杜溃决，三曰复兴闸坝以防外河，四曰创滚水坝以固堤岸，五曰止浚海工程以免糜费，六曰寝老黄河之议以仍利涉。"② 张居正不是心口不一的人，不是口中信任潘季驯，暗中使绊子阻挠潘季驯的那种人。张居正充分信任潘季驯，做潘季驯的坚强后盾，大胆授权给潘季驯。张居正替皇帝拟旨说："治河事宜，既经河、漕诸臣会议停当，著他实行。各该经委分任官员，如有玩愒推诿、虚费财力者，不时拿问参治。"③ 潘季驯可以放心大胆地按照他的治水理论去实践，一旦有人从中作梗，有张居正为其撑腰。得到了张居正的保障后，潘季驯果然弹劾了从中作梗的官员，这些官员也受到了朝廷的惩罚。当然，有的官员从理论层面对潘季驯的治理方案提出反对意见，质问张居正的时

① （明）张居正：《张太岳集》（全三册）中册，中国书店出版社2019年版，第197页。
② 朱东润：《张居正大传》，北京联合出版公司2020年版，第331页。
③ 朱东润：《张居正大传》，北京联合出版公司2020年版，第331页。

候，张居正亦踌躇不已。为了打消顾虑，张居正致信询问潘季驯治水方案的可行性。张居正收到潘季驯透彻的说理回信后，心服口服，从此没有任何顾虑。万历七年后，潘季驯的水利工程完工，水患问题取得阶段性成果。张居正致信潘季驯："公之功不在禹下矣。"① 随后，潘季驯被加封为太子太保，升任工部尚书兼督察院左副都御史。潘季驯十分感念张居正的知遇之恩和无限信任。张居正去世后，明神宗查抄张居正全家，群臣未有敢为其说情者，潘季驯敢于向皇帝上疏，请求降恩有释，结果落了一个革职为民的处分。当然，潘季驯的上疏是有道理的，但更多的是对张居正活着的时候，对自己的信任和支持而发出的感激之情。

独具慧眼

宦海沉浮中，仍然能够保持清醒的头脑，对人事有着透彻的见解和分析，尤其是在用人方面，能够做到不论恩怨、不看门第。张居正正是这样的人。他以政治家宽广的胸怀和敏锐的洞察力，独具慧眼地识别人才、使用人才，这或许也是张居正得以成功的重要因素吧。

当时有一个干事的能臣叫张佳胤，可惜是名臣高拱的学生。张佳胤刚担任应天府巡抚的时候，其师高拱下台了。张佳胤手上的一个案子正好是处理徐阶的儿子侵占田地的事情。张佳胤心想，自己的后台高拱下去了，手头上这个案子又很重，如果按事实去判案，肯定会得罪徐阶；如果不按事实去判案，良心又过不去。于是，张佳胤干脆选择了辞官回家的做法，给内阁递交了辞职报告，收拾好行李，打算回归故里。此时，张居正的宽广胸怀展示了出来。出于公心，他致信张佳胤，恳求其继续担任应天府巡抚一职。当时，党争之风刮得较为厉害，内阁中人际关系又较为复杂，高拱与张居正又有着非常复杂的关系，按道理说，张居正上台后，不会重用政敌高拱的人。但是，张居正此时显示出他用人唯能的思想，只要你有能力，哪怕你是政敌的门生，我也要重用你。当时，张居正致信张佳胤，信中说："自公在郎署时，仆已知公。频年引荐，实出鄙意。不知者乃谓仆因

① 朱东润：《张居正大传》，北京联合出版公司2020年版，第333页。

前宰之推用为介，误矣。”[①] 这段话的意思是说，我对你才华的钦佩，很早的时候就有了，所以，向上一直推荐你。紧接着，张居正开导张佳胤，希望他能够抛开党争成见，用公心为国家做事：“天下之贤，与天下用之，何必出于己?”[②] “愿努力勋名，以副素望。”[③] 张居正对张佳胤讲的这番话非常透彻，征服了张佳胤。张佳胤抛却辞官念头，一心扑在工作上，很好地处理好了徐家的案件。此后，他亦成为名臣。

张居正的门生兼老乡曾省吾，能文能武，为治国安邦之才。张居正对曾省吾之父讲：“确庵（曾省吾）高明沉毅，秀雅而文，他日必为国家柱石。追念平生所选拔，可托之久如却庵者，一人而已。”[④] 张居正对曾省吾颇有好感，且评价很高，这为张居正推荐曾省吾走上仕途提供了契机。当时蜀地都掌蛮出现叛乱。朝廷还在为通过什么样的方式来解决问题而苦恼的时候，张居正已将曾省吾推到前台来。曾省吾虽然有才华，但是出身下僚，为当时达官显贵所不闻。不以门第为论，张居正积极地推荐曾省吾，由他负责解决都掌蛮出现的问题。万历皇帝毫不犹豫地对曾省吾说：“曾省吾由太仆寺少卿升为四川巡抚，授弓剑节斧，行使大将军职权；刘显为总兵官，拔郭成为副将，赴蜀讨伐乱民。”[⑤] 曾省吾在出发前，肩上担负着张居正的深切嘱托。到了蜀地后，经过调查研究和综合分析，曾省吾判断都掌蛮两个首领阿大和阿苟鱼肉百姓，过着骄奢淫逸的生活，必定不得民心。于是，曾省吾亲自草拟《平蛮檄》，以激励全军士气。在曾省吾的统筹之下，全军将士士气高昂，一举荡平了阿大和阿苟的叛乱。曾省吾富有远见，他不仅取得军事上的胜利，更难能可贵的是他还能够稳定四川局势，积极做好善后工作。曾省吾向朝廷上疏《经略平蛮善后疏》，对善后工作作了安排，从建城垣、通道路，到分田土、恤民困等方面，做了大量工作。曾省吾抚蜀三年，发展生产、重视民生、促进经济，为当地百姓做出了政绩，

---

① （明）张居正：《张太岳集》（全三册）中册，中国书店 2019 年版，第 101 页。
② （明）张居正：《张太岳集》（全三册）中册，中国书店 2019 年版，第 101 页。
③ （明）张居正：《张太岳集》（全三册）中册，中国书店 2019 年版，第 101 页。
④ 齐悦：《帝国的余曦：张居正和他的时代》，金城出版社 2019 年版，第 188 页。
⑤ 齐悦：《帝国的余曦：张居正和他的时代》，金城出版社 2019 年版，第 189 页。

蜀地百姓“咸感德之”。“娴将略，善治边”① 的美誉从此传开来。

曾国藩的用人观

曾国藩作为近代中国的重要历史人物，因其文治武功，被誉为“中兴第一名臣”。他之所以能够成就一番伟业，关键之一在于自己总结提炼的用人观能够付诸实践，且能在实践中行之有效。

以德为先

曾国藩在给郭意城的信函中指出：“择吏之道，亦不外乎有操守而无官气、多条理而少大言二语。”② 勤于读书的曾国藩自幼受儒家思想熏陶，立志要做一个对社会有贡献的官员。儒家思想非常注重个人品德修行，这就使得曾国藩在用人的过程中，十分注重那些有品德有操行的人才。

曾国藩在《才德》一文中通过富有哲理性的语言辩证地将才德关系进行深刻论述，以期揭示以德为先的必要性：“司马温公曰：‘才德全尽，谓之圣人；才德兼亡，谓之愚人；德胜才谓之君子；才胜德谓之小人。’余谓德与才不可偏重。譬之于水，德在润下，才即其载物溉田之用；譬之于木，德在曲直，才即其舟楫栋梁之用。德若水之源，才即其波澜；德若木之根，才即其枝叶。德而无才以辅之则近于愚人；才而无德以主之则近于小人。世人多不甘以愚人自居，故自命每愿为有才者；世人多不欲与小人为缘，故观人每好取有德者。大较然也。二者既不可兼，与其无德而近于小人，毋宁无才而近于愚人。自修之方，观人之术，皆以此为衡可矣。吾生平短于才，爱我者或谬以德器相许，实则虽曾任艰巨，自问仅一愚人。幸不以私智诡谲凿其愚，尚可告后昆耳。”③

① 齐悦：《帝国的余曦：张居正和他的时代》，金城出版社 2019 年版，第 193 页。
② 何贻焜：《曾国藩评传》，江苏人民出版社 2015 年版，第 282—283 页。
③ 唐浩明：《唐浩明评点曾国藩诗文》，广东人民出版社 2016 年版，第 236 页。

对道德的看重成为曾国藩用人的一大特征。一切道德的理念必须付诸实践才会产生价值。曾国藩的湘军之所以出名，在于这支部队有“敦朴之气”，这种“敦朴之气”便是道德在军队的具化之状。曾国藩的部队拥有这种气质，故在军事作战中，能够稳扎稳打，步步为营，直至胜利。即使在他处于危难之际，其部队亦不呈衰状，而是互相勉励，最后做到取胜。曾国藩麾下的名将，也有这种“耐苦”的气质。满洲人塔齐布作战勇敢，曾国藩评价他：“忠勇奋发，习劳耐苦，深得兵心。”① 名将彭玉麟被曾国藩形容会打仗，“任事勇敢，励志清苦，实有烈士之风”②，颇具“清苦”之风。曾国藩所赏识的人才具有“儒文侠武”的气质。这种“儒文侠武”的气质在官场中显得非常可贵，亦是道德在官场的具化之状。新宁人江忠源得到曾国藩的赏识，说他“孝友肫肫，交友有信”③，且能为曾国藩出谋划策。曾国藩评价江忠源：“儒文侠武，道不并张，命世英哲，乃兼厥长。”④ 江忠源善于教化百姓，被曾国藩称为：“儒吏之风，并时无两！”⑤ 益阳人胡林翼作为曾国藩的同僚，被曾国藩所推崇，不仅是由于他的才华，亦是其高尚品德之缘故。曾国藩说：“臣与该故抚（胡林翼）共事日久，相知颇深。咸丰四年曾奏称胡林翼之才胜臣十倍。近年遇事谘询，尤服其进德之猛。”⑥ 胡林翼的德行操守为曾国藩所钦服。在作战中，身为地方高官的胡林翼劳身焦思，亲自向数百里以外的地方政府作书函，向人求贷；又发私家之谷以济军需，士卒为之感动；用人上，倾心结交各路英豪，均以国士待之，分私财以惠其室家，寄珍药以慰其父母，得人凯旋，军推功于他人；治吏上，大力整治吏治颓废之风、营建扶持正义之清朗之风。关于胡林翼整顿吏治，曾国藩说：“润帅（胡林翼）近日扶持善类，力挽颓风，于人之邪正、事之是非，剖判入微，不少假借。”⑦ 可见，胡林翼在整顿吏治方面亦

① 何贻焜：《曾国藩评传》，江苏人民出版社 2015 年版，第 424 页。
② 何贻焜：《曾国藩评传》，江苏人民出版社 2015 年版，第 429 页。
③ 何贻焜：《曾国藩评传》，江苏人民出版社 2015 年版，第 422 页。
④ 何贻焜：《曾国藩评传》，江苏人民出版社 2015 年版，第 423 页。
⑤ 何贻焜：《曾国藩评传》，江苏人民出版社 2015 年版，第 423 页。
⑥ 何贻焜：《曾国藩评传》，江苏人民出版社 2015 年版，第 431 页。
⑦ 何贻焜：《曾国藩评传》，江苏人民出版社 2015 年版，第 432 页。

颇有业绩。胡林翼所做这些事，从思想源头上讲，是因其正直、公平、善良的道德品行在其中发挥了重要作用。

善于奖励

在为官治军过程中，曾国藩认识到了人才对于事业成功所起的决定性作用。所以，他对那些真正有本事的人才，大胆地进行使用，且不断加以奖励，形成用人的良好氛围。

古代社会，给重臣当幕僚，虽能做到衣食无忧，但薪资亦不丰厚。随着曾国藩事业的壮大，投奔他幕府的人越来越多。投奔曾国藩的这些人薪资仅能维持生计，为何趋之若鹜？主要是看重曾国藩幕府这个平台，寄希望于曾国藩，经他之手，如美玉出于璞石，被锻造出来，被委以重任。这是曾国藩在总结自己队伍壮大原因基础上得出的重要结论。

对人才的看重和褒奖，手段有多种，其中一种就是为人才提供成长的平台。曾国藩对自己的九弟曾国荃寄予科场考试之厚望，没想到曾国荃选择了从军这条路。1856 年 10 月，曾国藩目睹了刘腾鸿治军有方，决心让曾国荃跟其学习磨炼。曾国藩在给曾国荃写的信中强调“弟若与之同处一二月，观摩砥砺”“决可望成劲旅”①。曾国荃不负众望，最终成为一代名将。

曾国藩在实践中发现有才华有能力的官员，会积极地向朝廷举荐。他对沈葆桢、李鸿章、左宗棠的才华能力非常赏识，亲自撰写奏文向朝廷举荐。他在保举沈葆桢时，在奏稿中说：“该道器识才略，实堪大用，臣目中罕有其匹。”② 他在保举李鸿章时，在奏稿中说：“劲气内敛，才大心细，与臣前保之沈葆桢二人，并堪膺封疆之寄。”③ 他在保举左宗棠时，在奏稿中说：“以数千新集之众，破十倍凶悍之贼。因地利以审敌情，蓄机势以作士气，实属深明将略，度越时贤。”④ 沈葆桢、李鸿章、左宗棠的成功要素中有着曾国藩的举荐功劳。沈葆桢后来与曾国藩闹翻，但其作为一代俊才，

① 林乾：《百年家族的秘密：林乾讲曾国藩家训》，北京大学出版社 2019 年版，第 221 页。
② 朱东安：《曾国藩幕府》，辽宁人民出版社 2018 年版，第 131 页。
③ 朱东安：《曾国藩幕府》，辽宁人民出版社 2018 年版，第 131 页。
④ 何贻焜：《曾国藩评传》，江苏人民出版社 2015 年版，第 434 页。

必定会想到曾国藩对他的赏识之幸。后来荣登大位的李鸿章对曾国藩赏识推荐自己一直感恩于心，发出“师相勋德名位，冠绝百僚”① 的心声。自恃才高的左宗棠在与曾国藩关系交往中起伏不断，但在曾国藩去世后，仍然感念曾国藩的识人之明、用人之智：“知人之明，谋国之忠，自愧不如元辅。”②

为了让有能力有功勋有业绩的官员得以晋升，曾国藩创立了记名官员名目的机制。他向军机处奏保官员，如当时没有晋升指标或名额，可以先予以记名，遇有空缺，优先晋升记名官员。曾国藩在一封奏折中也不无得意地讲：“军营保举记名道、府，实在微臣创始。”③ 罗泽南、李续宾、彭玉麟就是通过曾国藩记名推荐而被朝廷提拔晋升。当然，他对这种方法的运用是十分谨慎的。过多的使用，亦会遭致朝廷对他独揽提拔大权的猜忌。当然，人情复杂、世事难料，更让曾国藩谨慎地对待推荐人才之事。

除了职位举荐奖励之外，曾国藩能够通过人格魅力使得人才心甘情愿地为其所用。曾国藩在给左宗棠的信中强调：“‘用德不如用人；用人当先得其心，而后得其力。’精理名言，至当不易！”④ 曾国藩的人格魅力是他赋予幕府治事、育人功能取得显著成效后散发出来的。来他幕府的人，更多的是追随他学习本领。曾国藩在幕府中告诫下属要学会四类本领中的一类就可以：“今世万事纷纭，要之不外四端：曰军事，曰吏事，曰饷事，曰文事而已。凡来此者，于此四端之中，各宜精习一事。”⑤ 从曾国藩的这些谈吐中，能看到他的战略眼光、本领本事、方法方式，亦展示出他独特的人格魅力。

优化决策

作为政治名臣、军事主官，在作决策中，要受到多方面因素影响。其

① 何贻焜：《曾国藩评传》，江苏人民出版社 2015 年版，第 448 页。
② 何贻焜：《曾国藩评传》，江苏人民出版社 2015 年版，第 464 页。
③ 朱东安：《曾国藩幕府》，辽宁人民出版社 2018 年版，第 128 页。
④ 何贻焜：《曾国藩评传》，江苏人民出版社 2015 年版，第 321 页。
⑤ 朱东安：《曾国藩文粹》，辽宁人民出版社 2019 年版，第 158—159 页。

中，人才提供的建议意见至关重要。如果提得好提得对，被领导采纳后，形成优质决策，将会产生良好的效果；如果提得不好提得不对，被领导采纳后，形成错误决策，将会产生恶劣的后果。曾国藩用人的一个特征是善于将人才提出的良好建议意见形成决策，付诸实践后，取得良好效果。

曾国藩回乡丁忧之际，接朝廷命令，让其办湖南团练。面对严峻的形势，曾国藩思前想后，对朝廷的命令犹豫不决，不知接受还是拒绝。此时，他的好友郭嵩焘劝告他出山。郭嵩焘对曾国藩说，你“本有澄清天下之志，今不乘时而出，拘于古礼，何益于君父”[①]？曾国藩听从了郭嵩焘的建议后，作出了人生的重要决策：出山募兵勇、办团练。于是，曾国藩的湘军横空出世，奠定了他军功事功的基础。

在作战中，曾国藩能够多方听取幕僚下属的建议，为决策制定奠定基础。当时，曾国藩兵困祁门之际，接皇帝旨意，让其派部队北上勤王，与进逼紫禁城的英法联军进行对抗。曾国藩左右为难：皇帝的旨意不能违背，要去勤王；自己心里不愿意分兵北上，想要集中力量稳住南方军事形势。此时，曾国藩广开言路，让大家发表建议。大部分人的建议是北上勤王，只有李鸿章建议按兵不动进行请旨。经过分析后，曾国藩采纳了李鸿章的建议，向皇帝请旨。在了解了实际情况后，朝廷作出了不用北上的回复。然而，当时的河南巡抚、陕西巡抚等闻命而行，结果空跑一趟、耗费军费。曾国藩因采纳了李鸿章的建议，没有白跑一趟。

作为参与洋务运动当事人的曾国藩，在一次晚餐中，围绕如何扩建、改进机器制造厂这个主题，向众多僚友征询意见。当时，从美归国的容闳参加了这次晚宴。容闳给曾国藩提出了富有专业性、战略性的建议，那就是想在中国建机器厂，必须有“制器之器”，而这个“制器之器”需要从美国购买。曾国藩采纳了他的建议，派他去美国购买“制器之器”。容闳圆满地完成了购买任务，将所购买机器运抵上海，并入江南制造局，促进了当时的洋务运动。

① 朱东安：《曾国藩传》，辽宁人民出版社 2014 年版，第 46 页。

奇才篇

以神童之名而出道的官员

中国人对神童之名情有独钟。神童之名的出现，满载着人们对天资聪明、勤奋好学且超出同龄人的智商之少年的欣赏之情。古代官员这一群体中，有许多是以神童身份出场的。然而，他们虽然是神童身份，但努力、勤奋、认真程度不一样，兴趣爱好、人生际遇不一样，导致了不同的官场走向。这些以神童身份出道的官员，有的终身以德约束自己，做到了严于律己；有的坚持以某种特殊技能为立世之本，做到了情趣高尚；有的洞察力超强，做到了识英才于大众之中；有的志向远大，做到了变革时政；等等。这些以神童身份出场并最终走向官场的官员，无疑是成功的，能够以榜样的形象流传下来。当然，以神童身份出场，最终走上仕途，归于平淡的人，亦大有人在。人们钟情于神童之名，这仅仅是美好祝福的开始，更重要的是神童亦需要艰苦的努力、认真的工作和始终如一的坚持，才会造就他们非凡的人生辉煌，否则，方仲永的历史教训便会再次出现。

东汉名臣黄香，出身于江夏安陆。他年幼失母，被一位太守征召而去。黄香没有因为家贫，而失去了奋进的动力。他勤奋好学，广泛钻研各种经典著作，“究精道术，能文章”①，闻于一时。“天下无双，江夏黄童”的美誉随之而来，当时皇帝都知道他的名号。在中山王的馆舍聚会的皇帝下令让黄香到殿堂见面，还十分得意地对周围人介绍，这就是被称为“天下无双，江夏黄童”的那个人，“左右莫不改观”②。黄香博学的知识受到皇帝的欣赏，官职得以不断提升。

黄香以神童之名出道，职位不断提升。勤政、为民、谦虚是他为官的本色。他被授予尚书郎一职，以工作场所为家，一个人经常住在尚书台，

---

① 许嘉璐：《二十四史全译：后汉书》（全三册）第三册，汉语大词典出版社 2004 年版，第 1589 页。

② 许嘉璐：《二十四史全译：后汉书》（全三册）第三册，汉语大词典出版社 2004 年版，第 1589 页。

日夜不离宫廷，连皇帝都佩服他这一点。当有人上奏朝廷，要严厉制裁散播谣言的官员，由此而牵连的人达一千余人。出于对人的生命的尊重，黄香根据实际情况，据实上奏，让许多无辜的人得以免除惩罚。他在担任魏郡太守期间，看到郡府有大片良田，以往都能有很好的收成。古代社会中，能够秉持让利于民原则的官员是少见的。黄香却做到了。他通过引经据典，来说明还田于民的必要性。紧接着，黄香将全部良田分给当地百姓，真正做到了让利于民。

当地如果遇到水灾，造成饥荒，黄香就会以身作则，带头捐钱捐物，赈济贫困。在他的影响之下，当地有钱人也很愿意帮助官府捐粮献钱，由此“荒民获全”[①]。他的能力和业绩让皇帝钦服，他的职位不断被提升，赏赐不断被增加。他没有因此而迷失自己，放松对自己的严格要求，而是上奏陈词，以示感恩之情：“我是出身于江淮一带的轻贱之人，没有什么学问和能力，只不过是赶上了一个好的时代，靠着先人的恩泽和福分，被皇帝和朝廷征召，屡屡被重用。”紧接着，黄香的谦虚之态也出来了：“臣接到升迁的诏书非常惶恐，不知该怎么办。臣正处于盛年之时，恰巧能被驱使，干一些力所能及的活。希望皇帝用多余的恩典，还是让我去当个散官吧，做一些具体的事情，以尽臣的心愿，这是臣至死的最大心愿，即使化成土灰也极其光荣。”处在高位的黄香，还能够有着极高的自谦感，真正是“达而不荣”一类的杰出人物。

唐代名臣柳公权，出身于仕宦之家，年幼之时，受到了良好教育。在他十二岁的时候，不仅能写辞赋，还擅长书法，名闻一时。其神童之才，被人称道。他勤奋读书，除了认真研读《诗经》《国语》等经典外，还能够对佛道思想悉心领悟，独有一得。806 年，柳公权以第一名的优异成绩考中进士。柳公权走上仕途后，在秘书省校书郎一职上待了很长时间，职位一直没有变化。然柳公权始终没有放弃对书法艺术的钻研和探索。柳公权从远自钟繇、王羲之，近自欧阳询、虞世南、褚遂良等人传世作品中，不断

---

① 许嘉璐：《二十四史全译：后汉书》（全三册）第三册，汉语大词典出版社 2004 年版，第 1590 页。

学习借鉴，融会贯通，最后形成独特的书法风格。柳公权的字挺拔刚强、笔力遒劲、方圆兼备、法度谨严，被称为“柳体”。柳公权的书法给人一种清劲清朗的力量感，与颜真卿的书法齐名，号称“颜柳”。

819 年，柳公权的兄长柳公绰的朋友李听担任夏州刺史，邀请柳公权担任其府幕僚。在地方任职期间，柳公权非常勤政，且有政绩。820 年，柳公权赴京汇报工作，受到唐穆宗的召见。唐穆宗对柳公权说：“我曾经在寺庙中看到过你的笔迹，很早就想见到你。”唐穆宗所说的寺中柳公权笔迹，源于柳公权在这座寺庙中欣赏到了唐代名画家朱审所作山水画。激动之余，柳公权提笔在寺中墙壁上写下了一首赞美朱审作画传神之诗：“朱审偏能视夕岚，洞边深墨写秋潭。与君一顾西墙画，从此看山不向南。”[①] 唐穆宗看到这首诗后，对柳公权的书法艺术十分赞叹，也带给柳公权回京任职的机会。柳公权自身对政治和苍生的责任感使得他不耽于仅仅是皇帝欣赏书法作品的摆设和玩物，这种责任感从柳公权与皇帝对答中能够找到痕迹。唐穆宗怠政、荒政，老百姓民不聊生。唐穆宗向柳公权咨询问题，怎么样才能让书法用笔达到一定境界。柳公权说：“用笔在心，心正则笔正。”[②] 唐穆宗明白柳公权的意思，借用书法之道，来阐释治道，告诫君主要施德政。柳公权通过笔谏，一方面意在匡正得失，另一方面也是自身对书法艺术追求到一定境界后的切身感悟。宋代大文豪苏东坡还为此作了一首诗，其中两句为：“何当火急传家法，欲见诚悬（柳公权）笔谏时。”[③] 后来的唐文宗对柳公权亦颇多赏识，经常邀请柳公权来浴堂、花园谈话，以知己之臣待之。怀抱政治理想的柳公权亦以致君尧舜的忠诚之心对待唐文宗。唐文宗召见柳公权等人，展示了自己已经洗过三次的衣袖，意在告诉大家，自己是一个类似汉文帝那样俭朴的帝王。在大家交口称赞之时，柳公权却说出了一番不同的话来。他的这些话，意在告诫唐文宗，一个真正的君主，应该是启用贤良、罢斥奸佞、营造良好政治生态的人，这是为政的大节所

① 和谷：《真书风骨：柳公权传》，作家出版社 2016 年版，第 101 页。

② 黄永年：《二十四史全译：旧唐书》（全六册）第五册，汉语大词典出版社 2004 年版，第 3671 页。

③ 曾枣庄、舒大刚：《苏东坡全集》（全八册）第一册，中华书局 2021 年版，第 215 页。

在，而穿洗过的衣服，无足轻重，不过是生活的小节罢了。当在场的臣僚听了这番话后，胆都被吓破了。唐文宗对柳公权仍然信任有加，且认为他说得有道理。此后，柳公权官运亨通，虽是文职，但是待遇高、地位显、受人尊。

柳公权一直活到八十八岁高龄。他去世后，获得“太子太师”一衔。柳公权天纵奇才，虽然在官场待的时间很长，最后的职位也很高，但是一直未能充分地在职位上展示他的才华和能力。然而，他却不灰心，把许多心思花在了书法研究和创作上，书法之名大显，被人所赞颂。他的书法作品被当时的人认为是精品，值得收藏。无论是皇家贵胄，还是外国使臣，抑或普通百姓，都以能够收藏他的书法作品为骄傲。柳公权在皇宫墙壁上挥毫书法，被唐文宗所赞赏：“钟（钟繇）、王（王羲之）复生，无以加焉！”① 唐宣宗召他上殿写字，柳公权挥毫泼墨，让皇帝非常珍视这些书法作品。国家重臣委托柳公权撰写碑文，如果没有柳公权的碑文，会被认为是不孝的一种行为。当时，高丽、百济等国使者入唐纳贡，花重金购买柳公权书法作品。柳公权生活的那个年代，老百姓都知道他的名气，都以能够收藏他的只言片语而感到骄傲和自豪。柳公权书法作品颇多，《玄秘塔碑》《神策军碑》等优秀书法作品皆为传世之作。他在书法创作中所形成的独特艺术风格，亦被后人称道。

北宋名臣晏殊，“七岁能属文”②。当时有一个叫张知白的官员，“以神童荐之”③。晏殊的神童名声由此传开来。皇帝都知道了晏殊的神童身份，召见他，让他与一千多人一起参加科举考试。晏殊不慌不忙，挥笔立成，得到皇帝赏识，“赐同进士出身”④。随后，晏殊走入仕途，职位不断提升，

---

① 黄永年：《二十四史全译：旧唐书》（全六册）第五册，汉语大词典出版社 2004 年版，第 3672 页。

② 倪其心：《二十四史全译：宋史》（全十六册）第十一册，汉语大词典出版社 2004 年版，第 6995 页。

③ 倪其心：《二十四史全译：宋史》（全十六册）第十一册，汉语大词典出版社 2004 年版，第 6995 页。

④ 倪其心：《二十四史全译：宋史》（全十六册）第十一册，汉语大词典出版社 2004 年版，第 6995 页。

一直做到宰相。

晏殊在为官中能够荐举人才、重视文化，且均有成就。范仲淹、韩琦、富弼等人皆出于晏殊门下。他积极地向朝廷推荐这些人才，让他们独当一面，终成就了他们的事功。晏殊非常重视文化建设，自己亲自参与修撰《真宗实录》，为后世留下重要典籍。晏殊知应天府的时候，大力发展学校，讲学之风兴盛一时。他有着较为扎实的学问，经常为皇帝侍奉经筵，让皇帝学会很多知识。晏殊是终身学习的典范，到了晚年，仍然坚持学习，“笃学不倦”①，留有文集二百四十卷。当他去世后，皇帝为他的碑题写“旧学之碑”②，以示尊敬。

王安石，这个富有变革精神的北宋名臣，亦有着神童的经历。王安石自幼勤奋好学，加之父亲的勤勉如常，母亲的知礼有加，让王安石迅速成长。《宋史》中有这样的记载：“安石（王安石）少好读书，一过目终身不忘。其属文动笔如飞，初若不经意，既成，见者皆服其精妙。”③ 神童的文采展示无疑。后来，王安石写了一首诗《忆昨诗示诸外弟》，诗中还写到自己少年时的好学之状：“此时少壮自负恃，意气与日争光辉。”④ 王安石之所以有骄傲的神色，在于他有着得以骄傲的资本，看来神童并非浪得虚名。他在早年写了许多诗篇，其中留存下来的一篇《闲居遣兴》中“谁将天下安危事，一把诗书子细论”⑤，展示出王安石心忧国事的高尚风范。坊间流传着王安石少年机智的故事，其中比较典型的一个是教书先生在给王安石等几个孩童出完题后，闭目养神之际，睡着了。王安石等孩童趁机溜出教室，跑到一个叫瑶池的池塘去游泳。等到教书先生醒来后，发现天上都有了星星，孩子们却不见了，认真追寻之下，发现孩子们跑到瑶池去贪玩。

① 倪其心：《二十四史全译：宋史》（全十六册）第十一册，汉语大词典出版社 2004 年版，第 6997 页。

② 倪其心：《二十四史全译：宋史》（全十六册）第十一册，汉语大词典出版社 2004 年版，第 6997 页。

③ 倪其心：《二十四史全译：宋史》（全十六册）第十一册，汉语大词典出版社 2004 年版，第 7311 页。

④ （宋）王安石：《王安石全集》（全六册）第四册，崇文书局 2020 年版，第 157 页。

⑤ 崔铭：《王安石传》（上下册）上册，天津人民出版社 2021 年版，第 14 页。

等到第二天上课的时候，教书先生以出对联的方式出题，对不好的话，就会受到惩罚。教书先生先出了一个上联“弟子贪玩荒学业”，王安石随即对曰“先生爱睡误弟子”；教书先生又出一个上联“夜闹瑶池，搅动满天星斗”，王安石对曰“晨破书海，重整万里江山”。听完王安石的对答后，教书先生的责罚之意没有了，反而对王安石的机智佩服起来。

如果对王安石神童角色的理解，仅仅停留在他能够机智地回答问题，那就有失公允了。当王安石还是孩童的时候，有一次去了在金溪的舅舅家，听说了当地有一个被誉为神童的人叫方仲永，年纪与王安石相仿。方仲永在其五岁的时候，就能够作诗为文，被乡间之人誉为神童。方仲永的父亲贪婪钱财，没有让方仲永走学习之路，而是让方仲永走街串户，表演作诗才能，赚取钱财。年幼的王安石来到金溪后，在舅舅家见到了方仲永，出了一个题目后，让方仲永当即作诗。方仲永作完诗歌后给王安石，王安石认为是普通之作。若干年后，年纪稍大的王安石路过金溪，询问已经长大的方仲永发展得怎么样了，被告知与普通人一样了，下田干活，学会的几个字几句诗早已忘得干净了。为什么神童方仲永后来发展一般，原因在于他没有持续刻苦学习，失去了非常不错的天赋基础。王安石由此受到启发，专门写了一篇文章叫《伤仲永》，以诫自己要勤勉努力，不能被名利所困。

王安石考中进士后，走上仕途。他从基层干起，了解了基层群众的困难和实际，为他后来推动变法奠定了扎实的民众基础。王安石才华卓越、品行高尚、能力突出，早已被朝廷所瞩目。他深刻地发现了宋朝积贫积弱背后所隐藏的危机，被宋神宗委以重任，以居宰相高位，以大无畏的英雄气概，推动旨在富民强国的变法运动。王安石深处封建社会发展的宋朝阶段，虽然有独抗任世的变革精神，但是体制机制的束缚、既得利益集团的反扑、朝臣复杂人际关系的羁绊、任用改革之才的失误、改革的方式方法不当等原因，新法被全部废除。王安石变法虽然取得了一定成效，但最终被废止。然而，王安石仍然以巨大的变法之名深载史册，虽然有过误解、诋毁、反对，但是对他评价越来越客观、越来越正面。陆九渊评价王安石：

“公（王安石）以盖世之英，绝俗之操，山川炳灵，殆不世有。”① 近人梁启超对王安石评价甚高：“若乃于三代下求完人，惟公（王安石）庶足以当之矣。”② 王安石不仅在政治上颇有建树，而且在诗词文赋方面，成就颇大。王安石没有辜负神童之名，亦没有辜负神童之才。

史学家官员

史学家司马迁的名字，大家铭记于心。之所以铭记于心，不仅在于他的伟大著作《史记》写得好，更在于他独立的人格、高尚的情操、奋进的心态。

出身于史官之家，从小在父亲的悉心培养之下，司马迁打下了扎实的学识基础和阅历基础，这为他后来从事史学撰述提供了良好的条件。在汉朝的官制中，郎官系统有议郎、中郎、侍郎、郎中四级。议郎、中郎拿的工资高一点，大约六百石，侍郎的工资大约四百石，郎中的工资大约三百石。郎官职位非常低下，但是负责守卫、保卫皇帝的安全，是皇帝的亲信，许多人还很向往，被视为出仕的一条捷径。汉代选拔郎官主要有任子、赀选和军功特拜三个途径。任子是一种世袭，两千石以上的官员，任职满三年，其子中可有一人为郎，苏武就是通过这种方式当上了郎官；赀选是一种家底比拼，家资满五百石者，其子可选为郎，司马相如就是通过这种方式当上了郎官；军功特拜是靠军功脱颖而出，李广就是通过这种方式被选为郎官。司马迁通过个人的努力和其父司马谈的恩泽，被授予郎中一职，从此走上了仕途。

当时，司马迁可谓干劲十足、春风得意、才华尽显。他先奉命出使西南夷，了解了西南少数民族风情、地域情况及民族政策；后随汉武帝巡游天下，沿途考察历史遗迹、收集逸闻旧事；亲临治理黄河第一现场，感受

① 柯昌颐：《生前事与身后名：王安石评传》，华文出版社2018年版，第280页。

② 梁启超：《王安石传》，商务印书馆国际有限公司2019年版，第5页。

治水工程对老百姓的贡献。在父亲去世后，司马迁继承父亲太史令这一职位，可以利用管理国家图书典籍的优势，对大量珍贵古籍文献和秘密的国家档案，深入地进行学习和研究。“天下遗文古事靡不毕集”① 太史公。司马迁在太史令岗位上积累了大量的知识。父亲的嘱托、知识的沉淀、游历的积累、识见的扩大，让司马迁具备了撰写史学著作的基础和条件。作为太史令的司马迁是幸福的，其幸福在于他的公务职业与自己的兴趣爱好紧密结合起来。此时，他开始撰写《史记》，试图从传说中的黄帝开始写起，一直写到汉武帝时期。

在完成公务之余，他全身心地投入《史记》写作过程中。但是，他遭遇了飞来横祸。名将李陵在对匈作战中出现失利的情况，让汉武帝恼羞成怒。汉武帝询问司马迁对此事的看法。秉持公平正义的理念，司马迁客观地为了与自己并没有深交的李陵作了辩护，对李陵孝、信、廉、义的品质和对国家的奉献精神进行了阐释，肯定了李陵在对匈战役中的勇敢，劝言汉武帝不要深责李陵。这在当时众臣皆诋毁李陵的环境中显得难能可贵。汉武帝听了之后，非常生气。汉武帝之所以生气，在于司马迁为李陵说话，实际上是在否定对匈作战中与自己沾亲的将军李广利的作用。汉武帝恼羞成怒于自己的权威被司马迁刺痛，抬高李陵，不正是要贬低李广利吗，而不会带兵打仗的李广利不正是自己大力任用的吗？一气之下，汉武帝以“诬罔”罪名，将司马迁打入大牢。

在监狱中司马迁受尽屈辱，手脚被绳索大绑，戴着枷锁，肌肤暴露在外，忍受鞭打之痛，承受失去自由的创伤。当时，司马迁是要判死刑的。有两种办法可以避免死罪，一种是缴纳50万两赎金可以免死，一种是接受腐刑代替死罪。司马迁的困境就此出现。第一条路，他没能力走，只因他职位低下、居官清贫、不置产业，拿不出那么多钱，也没有亲戚朋友愿意给他借这个钱。第二条路，他不愿意走，只因走了这条路，不仅辱没了自

① 安平秋、张传玺：《二十四史全译：汉书》（全三册）第二册，汉语大词典出版社2004年版，第1292页。

己，亦辱没了祖先，“行莫丑于辱先，而诟莫大于宫刑”[①]，尊严尽失、名节不全，精神上承受了巨大压力。那时候对司马迁来说，死是最容易的，活下来会难一些。司马迁之所以伟大，在于他从古代先贤中得到了启示，那些伟大的人物之所以能够称得上伟大，不正是因为他们在逆境中发愤图强、著书立说，扬名于后吗？思想想通了，司马迁为了完成《史记》的著述，只身选择了腐刑。

他因接受腐刑后出狱，改任中书令，侍从皇帝左右。他把自己的心思全部放在了《史记》上，最终全部完成。《史记》分为十二本纪、十表、八书、三十世家、七十列传，共130篇。司马迁第一次将本纪、表、书、世家、列传五种体例纳入一个完整的系统中，成为后世史家遵循的写史法则。清代赵翼评价：“自此例一定，历代作史者遂不能出其范围，信史家之极则也。”[②]《史记》上起传说中的黄帝，下至汉武帝，约有三千年的历史，囊括了帝王将相、才子佳人、思想家、谋略家、军事家、循吏、酷吏、儒者、名医、游侠、佞臣、巨贾、摊贩、走卒等各类人物。司马迁所撰写的《史记》具有秉笔实录、大一统的历史观、爱憎分明、注入自己的体悟和理解等特征。

关于秉笔实录，东汉史学家班固评价司马迁：“其文直，其事核，不虚美，不隐恶，故谓之实录。”[③] 在写项羽的时候，司马迁既写了他的英雄气概，又批判了他的残暴冷酷；在写李斯的时候，司马迁既写了他具有杰出的理政能力，又写了他善于投机、取悦阿谀的一面；在写刘邦的时候，司马迁既写了他的雄才大略，又写了他泼皮无赖的一面；在写汉武帝的时候，司马迁既写了他的文治武功，又写了他好大喜功、封禅求仙、劳民伤财的一面；等等。关于大一统的历史观，司马迁在《史记》中再现了约三千年的中国历史，以大一统为主线，着力呈现帝王德业的兴盛，各民族友好交

① 安平秋、张传玺：《二十四史全译：汉书》（全三册）第二册，汉语大词典出版社2004年版，第1294页。

② （清）赵翼：《廿二史劄记校证》，中华书局2013年版，第3页。

③ 安平秋、张传玺：《二十四史全译：汉书》（全三册）第二册，汉语大词典出版社2004年版，第1300页。

往，中华民族不断壮大，用炎黄子孙凝聚人心，反映了他进步的历史观。关于爱憎分明，司马迁在基于史实的基础之上，对重要历史人物有情感上的评判，显示出他卓越的史识。司马迁将农民起义领袖陈涉放在世家中，与商汤、周武王相提并论；同情屈原的遭遇，谴责楚国贵族统治者的丑恶行径；歌颂了为报恩的刺客荆轲的英雄行为；对酷吏如张汤为人多诈、视人命如草芥的批判等，爱憎情感融入史料中，给人以思想的极大启迪。关于注入自己的体悟和理解，《史记》中的众多人物留给世人深刻的影响，离不开司马迁的用心再现。司马迁因个人身受腐刑，为了完成《史记》，故忍辱发愤著述，终取得成就。有此经历，他对待历史上的人物，总是能从更宽的视野、更深的理解视角去挖掘他们的苦难价值。司马迁写的名相范雎，因才华凸显被人陷害，经严刑拷打后，被弃于茅厕。范雎虽然经历如此磨难，但是忍辱负重，最终辗转来到秦国，被秦昭王重用，出任丞相，对秦的强大起了非常大的作用。司马迁笔下的伍子胥，在楚国被奸佞陷害，避难逃到吴国；在出逃过程中，伍子胥在江边出现困窘之状，又有沿道乞食之经历，都隐忍而过，终于来到吴国，最终报仇成功。司马迁结合自己的经历，为他这些笔下的人物，注入了自己深厚的情感和独特的理解，让这些历史人物更加丰富和饱满起来。如果范雎当时不经历那样的磨难，会有后来的成就吗？如果伍子胥不忍辱负重，会有后来的大仇得报吗？他们之所以能够建功立业，一定是吃了别人吃不下的苦，遭遇了别人没有遇到的磨难，最终成就了他们。

司马光的名字，因他早年砸缸而闻名后世。实际上，他个人操守非常高，做官做到很高的位置，学问做得也非常好。他的代表作品是《资治通鉴》，是史学中的重要著作。

司马光出身于仕宦之家。其父司马池为官廉洁、做事认真、品行端正，对司马光有着重要的影响，塑造了司马光俭朴、诚实、勤学的品质。司马光天赋不高，在家塾中读书，因记忆力不强，背书背得不太好，但是肯用功，能够做到持之以恒。等到司马光七岁的时候，对史书非常感兴趣，喜欢阅读《左传》。“光（司马光）生七岁，凛然如成人，闻讲《左氏春秋》，爱之，退为家人讲，即了其大旨。”① 此后，司马光读书“不知饥渴寒暑”，学问大增。司马池为司马光引荐名士，开拓了司马光的学习视野。在司马光十五岁的时候，在司马池的安排下，司马光在华州拜访了当时著名的唐史专家孙甫，求教治史心得，大有所悟。这个时候，司马光具备了扎实的史学功底。苏东坡撰写的《司马温公行状》中评价当时十五岁的司马光：“年十五，书无所不通。文辞醇深，有西汉风。”② 二十岁的时候，司马光考中了进士，从此走上了仕途。无论是在地方为官，还是朝中任职，司马光独特的史学品格，为他的仕宦生涯增光不少。司马光在滑州为官的时候，一位叫李揆之的同事要离开滑州。作为李揆之同事兼好友的司马光写了一篇文章送给他，即《送李揆之推官序》。在这篇文章中，司马光用晓畅的文风为李揆之送来谆谆告诫之语，以历史中的智伯被覆之事，警言李揆之在之后的为官生涯中要谨言慎行、居安思危：“以智伯之强，人莫之害，失一言于樽俎之际，其祸章章如此，况无其势，取悔易矣。”③ 司马光的精辟之言，既是对古代历史经验教训的熟稔，又是对现实官宦生涯的洞悉。在司马光的仕宦中，逐渐开始养成一种用史学眼光看待当时政治的习惯。在司马光父亲的好友庞籍推荐之下，司马光入朝担任了馆阁校勘。馆阁是当时国家藏书的地方、培养人才的地方。司马光在馆阁内负责编校图书典籍工作，这对他查阅朝廷藏书、进一步研究经史、丰富知识有极大好处。

司马光此后经历了多个岗位历练。他在谏院任职的时候，经常向皇帝提出有价值的建议。他很看重这个职位，在《谏院题名记》中用凝练的语言，将谏官的历史发展脉络和重大职责进行了清晰的勾勒：“古者谏无官，自公卿大夫至于工商无不得谏者。汉兴以来，始置官。夫以天下之政，四海之众，得失利病，萃于一官，使言之，其为任亦重矣。”④ 基于此，司马光向宋仁宗谏言，建议皇帝要居安思危、选贤任能、重视民生。在劝言过

---

① 倪其心：《二十四史全译：宋史》（全十六册）第十二册，汉语大词典出版社 2004 年版，第 7503 页。

② （宋）司马光：《司马光集》（全三册）第三册，四川大学出版社 2010 年版，第 1802 页。

③ （宋）司马光：《司马光集》（全三册）第三册，四川大学出版社 2010 年版，第 1328 页。

④ （宋）司马光：《司马光集》（全三册）第三册，四川大学出版社 2010 年版，第 1371 页。

程中，司马光将古代兴亡治乱之事，通过认真梳理和分析，提高说服能力。对历史的洞悉，让司马光可以更好地为朝政提出富有真知灼见的建议，致力于营造一个美政的社会秩序。

司马光将自己所编史书命名为《通志》，于1066年进献给宋英宗，内容包括从三家分晋到秦二世三年这段历史。《通志》后来收录在《资治通鉴》中。宋英宗看后，非常高兴，决定由政府出资，由司马光领衔，编写一部以历代君臣事迹为主要内容的史书。经宋英宗同意后，司马光在《通志》基础上，挑选得力助手，开始着手官修史书。司马光完成第一批史书定稿后，恰逢宋神宗即位，将此书献给宋神宗。宋神宗非常赏识司马光的史学才华，以聆听他讲授史学为一时之尚。“神宗在敕令中说司马光为人方正，深于史学，让他重返禁林（即翰林学士院），当面听他讲学，将得到更多的教益。”[①] 司马光为宋神宗讲授的内容正是他之前所撰写的第一批史书定稿。宋神宗鼓励司马光完成这部史学巨著，亲自为该书作序，赐名《资治通鉴》，取“鉴于往事，有资于治道”之意。司马光因在政治上反对王安石变法，申请退居洛阳，专心撰写《资治通鉴》。“后来司马光反对新法失败，退居洛阳，将书局迁至洛阳，开始了长达十五年的退居生活，他绝口不言国事，专心致力于撰著。”[②] 在洛阳的日子中，司马光以撰写《资治通鉴》为人生乐趣。“在英宗和神宗的支持下，从治平三年（1066年）到元丰七年（1084年），历经十九年，他（司马光）‘研精极虑，穷竭所有，日力不足，继之以夜’，把全部精力‘尽于此书’，才得以完成这部史学名著。”[③] 此书编完后，宋神宗大加称赞。《资治通鉴》成为我国历史上的史学名著。“全书记载上起周威烈王二十三年，下到后周显德六年，共1362年的历史，分294卷。”[④]

以史为鉴、以史资治是司马光《资治通鉴》的一大特征。司马光在《资治通鉴》中通过对有关国家兴衰、生民忧戚的重大人物与事件进行再现

① 程应镠：《司马光新传》，上海人民出版社2016年版，第82页。
② （宋）司马光：《司马光集》（全三册）第一册，四川大学出版社2010年版，第27页。
③ 刘泽华：《中国政治思想史・隋唐宋元明清卷》，浙江人民出版社2020年版，第248页。
④ 张岂之：《中国历史十五讲》（典藏版），北京大学出版社2020年，第390页。

与评说，秉持“善可为法，恶可为戒”的原则，为统治者治政提供参考。书中，司马光谈到张良，认为他是一个非常聪明的人，在刘邦稳固政权后，能淡化功名利禄，这是其高明之处；谈到汉武帝，借鉴班固的评价，称赞汉武帝的文治武功，但也深刻地剖析了汉武帝晚年能够在一定程度上改正错误、进行较为正确的决策；由隐士樊英谈到君主挖掘人才的重要性；由前秦时期大谋士王猛能容人之短、用人所长，为前秦统一北方做出了贡献，谈到用人方略；等等，内容十分丰富，为之后的历史发展提供了良好镜鉴。

司马光继承了司马迁秉笔直书的史家精神，力求做到史实准确、持论公正、评价合理。为了更真实准确地呈现历史，司马光请求朝廷调配人才，如范祖禹等人参加，助其完成这部史学巨著。范祖禹是当时有名的唐史专家，对《资治通鉴》贡献颇大，确保了该书的质量。另外，司马光为了更好地编写《资治通鉴》，参阅了大量史书、文集，往往一件史实就由三四种资料写成，很大程度上确保了该书的准确真实。司马光等人编写史书十分勤苦认真。“《资治通鉴》修成后，司马光在洛阳留下共两大屋子的草稿。据见过这些草稿的黄庭坚等人说，这两屋子的稿子虽然都是草稿，但司马光的字迹笔笔工整，没有一个草字！这样一个执著、认真又甘于奉献的团队，才能完成《资治通鉴》这样伟大的著作。”①

司马光撰写完《资治通鉴》，被朝廷隆誉，给予高位。他的《资治通鉴》，以其流畅的叙事、深刻的议论，给后人不尽的滋养。清代学者沈德潜评价《资治通鉴》的影响：“刊刻行世，流布天下，比于江河日星，不赘述云。”②《资治通鉴》成书后，后世学者不断精研，丰富了人们对该书的认识和理解。南宋袁枢撰写的《通鉴纪事本末》侧重于对《资治通鉴》史实的挖掘，元初的胡省三撰写的《资治通鉴音注》侧重于对《资治通鉴》注释的挖掘，清初的严衍撰写的《资治通鉴补正》侧重于对《资治通鉴》进行拾遗补缺、勘正错误等，这些撰述就是其中的具有代表性的研究《资治通鉴》的辅助书籍，为我们学习该书提供了很大帮助。

---

① 姜鹏：《稽古至治：司马光与〈资治通鉴〉》，上海人民出版社 2019 年版，第 87 页。

② （宋）司马光：《司马光集》（全三册）第三册，四川大学出版社 2010 年版，第 1922 页。

书法家官员

王羲之出身于豪门之家，是王导的侄子，虽给人以木讷之感，但有思辨精神，“以骨鲠称”①，善于写隶书，“为古今之冠”②，其书法笔势被誉为“飘若浮云，矫若惊龙”③，受人称许。他的堂伯王敦认为他是“吾家佳子弟”④；他的堂伯王导积极地向众人推荐他。从他的出身和走上仕途的顺畅，他是想在仕宦生涯中有一番作为的。但是，当时朝政人际关系复杂，羁绊了他为官的决心，遂逐渐开始后撤，寄情于山水之间。

庾亮称王羲之为“清贵有鉴裁”⑤。殷浩认为王羲之应该及早地走上高位，更好地发挥作用：“卿不时起，复可以求美政不？”⑥ 王羲之不负盛名，确实有真本事。在他担任会稽内史的时候，当地发生灾荒。王羲之一方面果断地开仓赈济，缓解百姓因灾情带来的缺粮后果；另一方面积极地致信朝中重臣谢安，争取政策支持。他的建议被采纳，“顷所陈论，每蒙允纳，所以令下小得苏息，各安其业”⑦。王羲之对朝政有着非常理性的分析和判断，每所言出，必能一语中的。殷浩与他关系十分要好，亦十分赏识他。殷浩与桓温不合。王羲之经常写信劝言殷浩要与桓温搞好关系，“令与桓温

---

① 许嘉璐：《二十四史全译：晋书》（全四册）第三册，汉语大词典出版社 2004 年版，第 1783 页。

② 许嘉璐：《二十四史全译：晋书》（全四册）第三册，汉语大词典出版社 2004 年版，第 1783 页。

③ 许嘉璐：《二十四史全译：晋书》（全四册）第三册，汉语大词典出版社 2004 年版，第 1783 页。

④ 许嘉璐：《二十四史全译：晋书》（全四册）第三册，汉语大词典出版社 2004 年版，第 1783 页。

⑤ 许嘉璐：《二十四史全译：晋书》（全四册）第三册，汉语大词典出版社 2004 年版，第 1783 页。

⑥ 许嘉璐：《二十四史全译：晋书》（全四册）第三册，汉语大词典出版社 2004 年版，第 1784 页。

⑦ 许嘉璐：《二十四史全译：晋书》（全四册）第三册，汉语大词典出版社 2004 年版，第 1787 页。

和同，不宜内构嫌隙”①，认为“国家之安在于内外和”②，但是殷浩没有接受。殷浩率军北伐，王羲之写信劝言，结果被拒绝，殷浩在北伐中吃了败仗。桓温趁机向殷浩发难，要求殷浩承担失败责任。殷浩由此被贬为平民，走上了流放之路。

王羲之不乏才华，不缺能力，但是他所生活的时代，是朝臣弄权、尔虞我诈、钩心斗角的一个时期。选择退却，也许是最好的选择。当时骠骑将军王述与王羲之名气略仿，但王羲之“甚轻之”③，认为王述没有真才实学，二人的关系也不佳。二人后来因发生摩擦而结下了梁子。等到王述位高爵显且成为王羲之的顶头上司，不堪其辱的王羲之最终选择称病去职。读他此时在其父母墓前所发誓言，往往觉其文意味深长，成长的艰难，成才的艰辛，每有新收获总要反省自己，自责自己做不到尽善尽美，痛定思痛后选择辞职。

此时的王羲之，将精力放在了书法艺术探究上，放在了遍访名山大川、领略祖国文化上，放在了与友人诗词唱和真情表达上。虽不在仕途，但他没有一丝抱怨之意，反而惬意地表达出自己能享受如此美好生活的感激之意。王羲之的书法艺术到了这个时候，达到了成熟臻善的境界。王羲之书法成就的取得，亦与当时晋人飘逸洒脱的生活风采是一致的：“晋人风神潇洒，不滞于物，这优美的、自由的心灵找到一种最适宜于表现自己的艺术，这就是书法中的行草。行草艺术纯系一片神机，无法而有法，全在于下笔时点画自如，一点一拂皆有情趣，从头至尾，一气呵成，如天马行空，游行自在。这种超妙的艺术，只有晋人萧散超脱的心灵，才能心手相应，登峰造极。”④ 王羲之去世后，他的书法得到书法爱好者的好评和推崇。南朝梁武帝酷爱书法，尤其推崇王羲之的书法。陶弘景在《与梁武帝论书启》

---

① 许嘉璐：《二十四史全译：晋书》（全四册）第三册，汉语大词典出版社 2004 年版，第 1739 页。

② 许嘉璐：《二十四史全译：晋书》（全四册）第三册，汉语大词典出版社 2004 年版，第 1784 页。

③ 许嘉璐：《二十四史全译：晋书》（全四册）第三册，汉语大词典出版社 2004 年版，第 1790 页。

④ 柳素平、杜维霞：《中国思想文化概览》，中国社会科学出版社 2016 年版，第 84 页。

中说："今既自上体妙，为下理用成工。每惟申钟（钟繇）、王（王羲之），论于天下，进艺方兴所恨微臣沉朽，不能钻仰高深，自怀叹慕。"① 在陶弘景的叙述中，可见梁武帝与陶弘景经常探讨书法艺术，其中谈论较多的就有王羲之。到了唐朝，唐太宗十分钟爱王羲之的书法："王羲之是晋代杰出的书法家，擅长真、行、草书，尤善行书。唐太宗最喜爱王羲之的书法。"②唐太宗探究王羲之书法艺术的奥秘，重金收藏王羲之的真迹，高度评价王羲之的书法成就。关于王羲之书法的奥秘，唐太宗说："学书者，先须知有王右军绝妙得意处。真书，乐毅论；行书，兰亭；草书，十七帖。"③ 关于购买王羲之真迹，唐太宗"出御府金帛，重为购赏，由是人间古本，纷然毕进"④。关于对王羲之书法的评价，唐太宗说："所以详察古今，研精篆素，尽善尽美，其惟王逸少（王羲之）乎？观其点曳之工，裁成之妙，烟霏露结，状若断而还连；凤翥龙盘，势如斜而反直。玩之不觉为倦，览之莫识其端。心摹手追，此人而已，其余区区之类，何足论哉！"⑤

颜真卿天赋极高，"少勤学业，有词藻，尤工书"⑥。在他考中进士后，走上仕途，能力超强，派到任何岗位上，均能快速地发现问题、解决问题。担任河西陇右军试覆屯交兵使期间，来到有冤案的五原地区，分析案情，迅速解决了这个案子；担任河东朔方试覆屯交兵使期间，严惩了一个叫郑延祚的人，只因他不尽孝，将亡母的遗体置于寺院二十九年而不管，"天下耸动"⑦。他任事有魄力，能出政绩，得到各方面势力的争抢拉拢。但他为人尊德、正直守义、忠诚有礼，不依附于任何势力。权臣杨国忠拉拢他，他不为所动，被杨国忠贬出朝廷。

当了平原郡太守的颜真卿，更加兢兢业业治政。他勤于政事、选贤任

---

① （南朝·梁）陶弘景：《陶弘景集校注》，上海古籍出版社2021年版，第68页。

② 赵克尧、许道勋：《唐太宗传》，人民出版社2015年版，第420页。

③ 赵克尧、许道勋：《唐太宗传》，人民出版社2015年版，第421页。

④ 赵克尧、许道勋：《唐太宗传》，人民出版社2015年版，第420页。

⑤ 王汝涛：《翰墨人生——王羲之》，山东教育出版社2016年版，第223页。

⑥ 黄永年：《二十四史全译：旧唐书》（全六册）第四册，汉语大词典出版社2004年版，第3003页。

⑦ 黄永年：《二十四史全译：旧唐书》（全六册）第四册，汉语大词典出版社2004年版，第3003页。

能、改善民生、废除苛政、奖励人才，将平原郡治理得井井有条。他的好朋友高适为其在平原郡治政所做贡献写过一首诗，诗中写道：“皇皇平原守，驷马出关东。银印垂腰下，天书在箧中。自承到官后，高枕扬清风。豪富已低首，逋逃还力农。”① 在平原郡，颜真卿的政治嗅觉非常灵敏，当时就判断出安禄山有反叛的倾向。他就此积极修筑城池、储备粮食，表面上还要给人一种追求人文雅集、饮酒赋诗之感。这就促使安禄山放松了警惕，加速了作乱的进程。安禄山叛乱后，河朔地区均沦陷，唯独颜真卿管辖的平原郡城池坚守完备，竟引来唐玄宗的一番赞叹。他坚持与安禄山作战，后回到朝廷，以公义自持，纵论礼仪之守，被权臣所嫉恨，多次受到诬陷和贬责。颜真卿被派去做叛贼李希烈的工作。在李希烈处，他能守正持道、坚持正义、大义凛然，为叛贼所惊服。面对死亡，颜真卿毫不畏惧，“度必死，乃作遗表，自为墓志、祭文”②。颜真卿被勒死的时候，时年七十七岁。等到李希烈的叛军被清除，颜真卿的灵柩运回京城，唐德宗非常悲痛，停止朝会五天，高度评价了颜真卿的风骨：“器质天资，公忠杰出，出入四朝，坚贞一志。”③

颜真卿为官让人印象深刻，其探索书法艺术更为人称道。颜真卿出身于书香门第，自幼就认真刻苦钻研书法艺术。考中进士后，颜真卿经人介绍，娶了太子中书舍人韦迪的女儿为妻。韦家家学亦十分深厚，且收藏魏晋以来历史真迹数百卷，这对颜真卿进一步提高书法技艺，起了非常重要的作用。此后，他转益多师，广泛地从前代名家书法艺术营养中汲取有益部分，不断滋养和丰富自己的创作。“颜真卿从钟繇、王羲之、褚遂良、张旭等书法名家那里师承优秀书法传统。”④ 颜真卿的楷书、行草书成就极大。颜真卿的楷书，“一改为以秀劲取姿、欹侧取势的圣教书风，创造出大气磅

① 严杰：《颜真卿评传》，南京大学出版社 2005 年版，第 47—48 页。

② 黄永年：《二十四史全译：旧唐书》（全六册）第四册，汉语大词典出版社 2004 年版，第 3009 页。

③ 黄永年：《二十四史全译：旧唐书》（全六册）第四册，汉语大词典出版社 2004 年版，第 3010 页。

④ 何炳武、李巾：《颜真卿评传》，太白文艺出版社 2018 年版，第 49 页。

礴、雄强博大、丰伟遒劲、浑厚朴茂的‘颜体’”①。苏轼对颜真卿的楷书极为推崇："颜鲁公书雄秀独出，一变古法，如杜子美诗，格力天纵，奄有汉、魏、晋、宋以来风流，后之作者殆难复措手。"② 颜真卿楷书是一绝，亦擅长行草书。"善正、草书，笔力遒婉，世宝传之。"③ 颜真卿的行草书造诣极深，有挥剑起舞的气势，"往往融楷、隶、篆、籀于行草中，运用中锋、藏锋、转锋于线条内，取笔画的苍劲奇崛，得字形的诡异飞动，化墨色的浓淡枯润，去挥发豪放雄健的英气"④。后人对颜真卿的行草书评价极高。明代项穆说："颜清臣虽以真楷知名，实过厚重。若其行真如《鹿脯帖》，则行草如《争座位帖》《祭侄帖》，又舒和遒劲，丰丽超动，上拟逸少，下追伯施，固出欧、李辈也。"⑤ 颜真卿是一个非常用心思考的人。他还将自己对书法技艺钻研的思考，形成理论，供人参考。《述〈张长史笔法十二意〉》记载了颜真卿和张旭通过对话的形式来论书，里面包含有许多颜真卿学习书法的心得和体会。说明楷书用笔之法的《永字八法颂》，相传为颜真卿所作，所说技巧操作性强。颜真卿撰写《怀素上人草书歌序》，对怀素草书推崇备至，里面仍可以看出他对书法艺术的独特思考。他撰写的书法理论，对后世书法爱好者起到过非常重要的启迪作用。

诗人官员

宋代名臣范仲淹在两岁的时候失去父亲，在母亲改嫁的情况下，仍树立远大的志向。范仲淹不满足于书本知识，希望去醴泉寺学习，那里居住着许多饱学诗书的名僧。醴泉寺的住持非常欣赏范仲淹的勤学好问之品，不仅收留他作为俗家弟子，而且每天定时给他讲授知识。在这里，范仲淹

① 何炳武、李巾：《颜真卿评传》，太白文艺出版社 2018 年版，第 53 页。

② 严杰：《颜真卿评传》，南京大学出版社 2005 年版，第 241 页。

③ 黄永年：《二十四史全译：新唐书》（全八册）第六册，汉语大词典出版社 2004 年版，第 3466 页。

④ 何炳武、李巾：《颜真卿评传》，太白文艺出版社 2018 年版，第 56 页。

⑤ 何炳武、李巾：《颜真卿评传》，太白文艺出版社 2018 年版，第 57 页。

学习十分艰辛，自带粮食，自开锅灶。为了节省粮食，他将熬成的粥经过冷冻，早上起来用小刀将凝固的粥快切块，分成几顿，这就是“划粥”；去寺庙四周大山中找各种能吃的野菜，切成碎末，加入一点盐，佐餐的菜便有了，这就是“断齑”。“划粥断齑”这个词语由此而来，表明范仲淹的求学生活是非常清苦自律的。随后，范仲淹赴应天府学习，十分刻苦清贫，“昼夜不息，冬月惫甚，以水沃面；食不给，至以糜粥继之，人不能堪，仲淹不苦也”①。贫苦的环境磨砺了范仲淹勤奋好学的品性。欧阳修说：“入学舍，扫一室，昼夜讲诵，其起居饮食，人所不堪，而公自刻益苦。”② 当时，应天府留守的儿子很同情范仲淹，将此事告诉应天府留守。应天府留守将一份饭菜派人送与范仲淹，被范仲淹拒绝了，言己吃粥吃惯了，一吃好的，就会以吃粥为苦事了。范仲淹后来写了一首诗，还追忆这段往事：“瓢思颜子心还乐，琴遇钟君恨即销。”③ 范仲淹以孔子的弟子颜回虽处于贫困仍然好学不止为例，表达了对居贫守志、热爱读书的向往。年轻时的范仲淹和其他青年拜访谏议大夫姜遵。见面后，姜遵独留范仲淹，引入中堂，向其夫人作了介绍：“朱学究（这里指范仲淹，因范仲淹继父姓朱，曾用父姓）年虽少，奇士也。他日不唯为显官，当立盛名于世。”④ 经过艰辛的读书，范仲淹终于考中了进士，可以实现他为民为国的抱负了。

范仲淹在走上仕途的早期，被应天府主事的晏殊召进府衙，协助晏殊处理府学之事。范仲淹在应天府抓教学工作，非常认真敬业。一方面，他制定严格的管理规定。不只严格考勤制度，而且经常住在学校，亲自检查和督促学生。在教学过程中，他亲自命题，启发学生，让学生尽情讨论，自己最后作陈述讲解，学生受益良多。另一方面，他能够发扬博爱济贫的精神，积极地救助来府学求学的贫困之人。当时有个叫孙复的人，非常穷困，来应天府府学请求帮助。范仲淹不仅赠送钱财给他，而且还帮他在府

---

① 倪其心：《二十四史全译：宋史》（全十六册）第十一册，汉语大词典出版社2004年版，第7059页。

② （宋）范仲淹：《范仲淹全集》（全四册）第三册，中华书局2020年版，第711页。

③ （宋）范仲淹：《范仲淹全集》（全四册）第一册，中华书局2020年版，第57页。

④ 邓广铭：《邓广铭全集》（全十卷）第三卷，河北教育出版社2005年版，第173页。

学谋了一个差事，领着孙复学习研读《春秋》。十年后在泰山有一个人收徒讲学，其学说影响甚广，此人便是孙复。

范仲淹是一个使命感十分强的人。在朝廷，他针砭时弊；不在朝廷，他仍关心政事，做到了忠诚方正。在人前，他敢于直言；在人后，他仗义善言，做到了为政有公。宋真宗去世后，由章献太后垂帘听政，范仲淹谏言章献太后要遵守礼制、要归还政权，遭冷淡处理。离开朝廷后，去地方任职的范仲淹仍然关心政事，上书章献太后，以唐中宗时期宫中之女依势用事为例，告诫章献太后要以此为戒，不要太多干预政事、以权谋私。章献太后去世后，宋仁宗得以亲政，将范仲淹调回朝廷，任为右司谏。当时，许多人议论甚至攻击章献太后垂帘听政时期擅权之事。范仲淹挺身而出，对宋仁宗说："太后（章献太后）受遗先帝，调护陛下者十余年，宜掩其小故，以全后德。"① 宋仁宗听了以后非常感动惭愧，"诏中外，毋辄论太后时事"②。时人以其事为忠之典范，体现了当时士大夫的主流价值观："他（范仲淹）认为，一切为天下、国家、社稷考虑，而非唯唯诺诺听命于皇帝，叫作大忠。这一说法，体现出当时士大夫的忠节观，也体现出他们对于'天下'的责任感。"③

范仲淹因反对宋仁宗废郭皇后而被贬地方，辗转各地为官。当他来到苏州为官的时候，苏州发大水，"民田不得耕"④。范仲淹亲自去实地进行调查研究，作出正确决策："疏五河，导太湖注之海，募人兴作。"⑤ 当时，范仲淹所承受的压力非常大，一方面来自洪灾的巨大危害；另一方面来自反对他疏导方法的官员施压，认为他治水之法劳民伤财、不得要领、导川无益。他在《上吕相公并呈中丞谘目》中讲到自己通过调查研究后需要给朝

---

① 倪其心：《二十四史全译：宋史》（全十六册）第十一册，汉语大词典出版社 2004 年版，第 7060 页。

② 倪其心：《二十四史全译：宋史》（全十六册）第十一册，汉语大词典出版社 2004 年版，第 7060 页。

③ 国家图书馆：《部级领导干部历史文化讲座·2008》，国家图书馆出版社 2009 年版，第 186 页。

④ 倪其心：《二十四史全译：宋史》（全十六册）第十一册，汉语大词典出版社 2004 年版，第 7060 页。

⑤ 倪其心：《二十四史全译：宋史》（全十六册）第十一册，汉语大词典出版社 2004 年版，第 7060 页。

廷和大众一个解释："然初未甚晓，惑于群说；及按而视之，究而思之，则了然可照。"[①] 紧接着，范仲淹论述了治理洪灾的对策："今疏导者，不惟使东南入于松江，又使西北入于扬子之与海也，其利在此。"[②] 在治水实践中，范仲淹提出以工代赈的做法，既解决了百姓生活问题，又有利于水利工程修建问题："荒歉之岁，日以五升，召民为役，因而赈济。"[③] 在灾害之年，官府给灾民每日五升粮食，让其参与兴修水利工程，在范仲淹看来，不失为一种良法。范仲淹的治水活动取得了极大成效，"不但在当时被广为传颂，而且从南宋直至元、明两代，两浙的地方官员，都依照他的方法整治水患"[④]。

范仲淹的守边才华亦是十分突出的。面对西夏的进攻，朝廷任命范仲淹为陕西都转运使、陕西经略安抚副使。朝廷看重他的才华和能力，他亦不辞辛苦，决意为国独扛大任，正如富弼所言："有夏不轨，西鄙用兵。遽召起公，来抚方城。大将失律，关陕震惊。延是孤危，贼谓已物。命者必辞，公（范仲淹）独请之。"[⑤] 范仲淹上任后，阅兵选将、日夜训练、轮流防御，提高了部队的战斗力和防御力。当时，范仲淹十分注重人才的选拔，一大批勇敢善战、忠心为国的人才被选拔出来。"种世衡的提拔，狄青的起用，欧阳修、张方平、田况、胡瑗、段少连等一大批官员被推荐任职，无不体现了范仲淹爱惜选拔人才、知人善任的良苦用心。"[⑥] 此外，范仲淹还制定了以守为攻的正确决策，在做好防守的前提下，寻找机会去歼敌；采取屯田戍边的政策，增加了粮草储备、减轻了内地向前线的供应压力；联合西北边境少数民族羌族，建立起抵御西夏的牢固防线。当时，民谣有曰："军中有一范（范仲淹），西贼闻之惊破胆。"[⑦] 在范仲淹守边政策和成绩面

---

① （宋）范仲淹：《范仲淹全集》（全四册）第一册，中华书局 2020 年版，第 228 页。

② （宋）范仲淹：《范仲淹全集》（全四册）第一册，中华书局 2020 年版，第 228 页。

③ （宋）范仲淹：《范仲淹全集》（全四册）第一册，中华书局 2020 年版，第 229 页。

④ 张冀震：《范仲淹的陇右情结》，甘肃教育出版社 2014 年版，第 22 页。

⑤ （宋）范仲淹：《范仲淹全集》（全四册）第四册，中华书局 2020 年版，第 1092 页。

⑥ 刘文戈、马啸：《范仲淹与庆阳：纪念范仲淹知庆州 970 周年学术研讨会论文集》，天津古籍出版社 2012 年版，第 69 页。

⑦ 程应鏐：《范仲淹新传》，上海人民出版社 2016 年版，第 113 页。

前，西夏最终不得不罢兵求和、甘拜下风、俯首称臣。

范仲淹此时的名望甚高，藉此声望，还入中枢，开启了庆历新政。当时，名臣济济，齐心协力，助力新政："经过改组，新一届政府的执政官分别是：平章事兼枢密使章得象，同平章事兼枢密使晏殊，枢密使杜衍，参知政事贾昌朝、范仲淹，枢密副使王贻永、韩琦、富弼，其中范仲淹、韩琦、富弼都是富有生气、以天下为己任的少壮派，平均年龄才四十三岁；杜衍年纪大一点，六十五岁，却是这群新人的坚定支持者。"① 他向皇帝呈上《答手诏条陈十事》，成为庆历新政的纲领性宣言。对时局有深刻认识和判断的范仲淹对宋仁宗是否支持改革及支持改革的决心有所存疑，这在他与另一位改革主将富弼的交流中有所体现："吾与公在此，同僚之间同心者有几？虽上意亦未知所定也。"② 新政在推行过程中，触动了既得利益集团的利益，触碰了宋仁宗敏感多疑的"朋党"神经，最终以失败而结束。关于新政失败的原因，邓小南在《祖宗之法：北宋前期政治述略》一书中有新的分析："范仲淹、杜衍、韩琦、富弼、欧阳修等人的相互扶持、和衷共济，他们敢为天下先的任事精神，他们对于政策法规的锐意更革，无不冲击着长期以来固守现状的循默政风，进而触动了帝王意识深处对于高级官僚中形成集团势力、对于朝野间掀起政治波澜的警惕。"③ 范仲淹因此而出走地方任职，又经历了几个地方，实心任职、为民做事，最终逝于徐州。宋仁宗亲自书写其碑为"褒贤之碑"，士大夫争先为其撰文传名。从范仲淹的一生来看，他的事功是显著的、突出的。

他所写的《四民诗》，以尊德重德为人生追求："前王诏多士，咸以德为先。"④ 自从他系统地阅读了儒家经典学说后，以克己奉公、致君尧舜为己任，突出了对"德"的终身持有和追求。他在《赴桐庐郡淮上遇风三首》中写道："平生仗忠信，尽室任风波。"⑤ 对长辈要孝，对友朋要讲信用，对

---

① 吴钩：《宋仁宗：共治时代》，广西师范大学出版社2020年版，第265页。

② 陈振：《宋史》，上海人民出版社2016年版，第192页。

③ 邓小南：《祖宗之法：北宋前期政治述略》，生活·读书·新知三联书店2014年版，第433—434页。

④ （宋）范仲淹：《范仲淹全集》（全四册）第一册，中华书局2020年版，第21页。

⑤ （宋）范仲淹：《范仲淹全集》（全四册）第一册，中华书局2020年版，第77页。

国家要谈忠诚，这是范仲淹为人处世做官的基本原则。尽管遭遇不幸、挫折、困难，也不会舍去忠义之则。他在《答梅圣俞灵乌赋》中就表达了这样的信念："忠信平生心自许，吉凶何卹赋灵乌。"① 范仲淹对中国历史非常了解，在关于历史题材的诗歌中，能借古人之遭遇来立新论。他在《伍相庙》中对伍子胥忠孝之义大加赞赏："胥（伍子胥）也应无憾，至哉忠孝门。生能酬楚怨，死可报吴恩。直气海涛在，片心江月存。悠悠当日者，千载只惭魂。"② 在《访陕郊魏疏处士》中，范仲淹试图表达一种身在仕宦有荣辱之感却无高兴与否之怀："我亦宠辱流，所幸无愠喜。"③ 在《河朔吟》中，范仲淹亦能显示出文能治政、武能安邦的豪情壮志："民得袴襦兵得帅，御戎何必问严尤。"④ 他对百姓的牵挂之心在《依韵酬吴安道学士见寄》中有鲜明呈现："岂辞云水三千里，犹济疮痍十万民。"⑤ 对百姓忧苦的关注，对自己献身事业的期待，使得他在《岳阳楼记》中留下了千古名句："先天下之忧而忧，后天下之乐而乐！"⑥

清代名臣林则徐自幼因家贫而立志勤奋好学、出人头地。后来，林则徐在《先考行状》中记载："每际天寒夜永，破屋三椽，朔风怒号，一灯在壁。"⑦ 他少年之时，就是在这种简陋贫寒的环境中坚持学习。林则徐的母亲亦积极地从事女工劳动来养家："先妣工针黹，又善剪彩为草木之花，大者成数，其小至于一茎一叶，皆濯濯有生意，岁可易钱数十缗，遂资其直，以佐家计。"⑧ 贫寒的境遇深深地印在了林则徐幼小的心灵中，以致后来他通过题联来自励，右联为"芝草无根，醴泉无源，人贵自立"⑨；左联为"流水不腐，户枢不蠹，民生再勤"⑩。父亲的认真栽培和自己勤奋的学习，

---

① （宋）范仲淹：《范仲淹全集》（全四册）第二册，中华书局 2020 年版，第 655 页。
② （宋）范仲淹：《范仲淹全集》（全四册）第一册，中华书局 2020 年版，第 87 页。
③ （宋）范仲淹：《范仲淹全集》（全四册）第一册，中华书局 2020 年版，第 46 页。
④ （宋）范仲淹：《范仲淹全集》（全四册）第一册，中华书局 2020 年版，第 59 页。
⑤ （宋）范仲淹：《范仲淹全集》（全四册）第一册，中华书局 2020 年版，第 89—90 页。
⑥ （宋）范仲淹：《范仲淹全集》（全四册）第一册，中华书局 2020 年版，第 165 页。
⑦ 徐克林：《旷代楷模林则徐》，四川大学出版社 2018 年版，第 4 页。
⑧ 郭雪波：《山之巍峨：林则徐传》，作家出版社 2016 年版，第 7—8 页。
⑨ 徐克林：《旷代楷模林则徐》，四川大学出版社 2018 年版，第 4 页。
⑩ 徐克林：《旷代楷模林则徐》，四川大学出版社 2018 年版，第 4 页。

使林则徐拥有了丰富的知识储备。

等到林则徐年纪稍长，结束私塾学习，赴福州鳌峰书院继续读书。林则徐受到该书院山长郑光策的赏识和指导。当时的鳌峰书院有着严格的学习戒律："一曰正心术；二曰慎交游；三曰广学问；四曰稽习业；五曰择经籍；六曰严课规；七曰肃威仪；八曰严出入。"① 林则徐遵守书院的规章制度，勤奋读书。另外，郑光策学富五车、才高八斗，主张经世之学，其智谋为官府所用，效果颇显。在严师的教诲之下，林则徐在鳌峰书院的学习生活是紧张而又充实的。"林则徐在鳌峰书院就读七年之久，在山长郑光策的指导下，广交朋友，学到了丰富的传统文化知识和工作本领等，树立了经世致用之思想，这为他从政为官以后，建立丰功伟绩产生很大影响。"②

林则徐经过个人的努力，在考中进士后，走上仕途。他在不同岗位上，肯动脑筋，积极研究，推动工作，卓有成效。1816 年，林则徐以翰林编修的身份被派赴江西当乡试副主考，任职期间，每日悉心勤阅二三十本试卷，以敢于负责、任事的精神，确保人才选拔工作顺利推进。此次乡试质量很高，如愿地选出一大批优秀人才，舆论公议称之为"清榜"。1819 年，林则徐以翰林编修的身份派充云南乡试主考。来到云南后，他认真准备，严格考场纪律和出题范围。在所出各题中，可以清晰地看出林则徐经世致用的思想，他希望考生立足古典经典而出识见高、对策实的言论。最后，圆满完成乡试工作，被称为"未有如今日之盛也"③。1820 年，林则徐出任江南道监察御史，敢于直言和正视问题成为他为政的鲜明特征。在江南道监察御史任上，他据实参劾了有海盗经历的正二品官员张保不知礼、作风不正、吸食鸦片等，受到嘉庆嘉许。随后，他转任在杭州办公的杭嘉湖道。在杭州任职期间，林则徐积极选拔优秀人才，支持浙江巡抚修剪海塘的工作，大力整顿歪风邪气。1823 年，林则徐就任江苏按察使，负责整改司法谳狱工作，提高案件结案时限和效率，大力打击把持开设烟馆的保护伞，政绩卓越。经历不同岗位历练，1832 年，林则徐就任江苏巡抚，成为主政地方

---

① 郭雪波：《山之巍峨：林则徐传》，作家出版社 2016 年版，第 17 页。
② 萧忠生：《林则徐研究文集》，海峡文艺出版社 2017 年版，第 272 页。
③ 郭雪波：《山之巍峨：林则徐传》，作家出版社 2016 年版，第 59 页。

的一方大员。他秉持“求通民情”“愿闻己过”[①] 的原则，改革河政、农政、漕政、盐政等弊端，推动技术创新，促进当地经济社会发展，得到当地百姓的高度认同。1837 年，林则徐被任命为湖广总督，正式成为封疆大吏。担任新职后，林则徐面临大量的社会问题，包括吏治、盐政、漕政、河务、走私、吸毒等。其中，吸食、走私鸦片问题在湖广地区比较严重。一直以来，林则徐非常痛恨鸦片误国害民：“鸦片以土易银，直可谓之谋财害命。”[②] 他积极地禁止和查访在湖广的鸦片吸食、走私，“仅两个多月，禁烟效果就十分明显，破烟案多起，缴获烟土 1.2 万余两，收缴烟枪 1900 多杆，拿获烟贩何日昇等多人”。[③] 他给皇帝上奏折，直陈需要重拳出击整治鸦片问题：“流毒至于已甚，断非常法之所能防，力挽颓波，非严蔑济。”[④] 基于林则徐在湖广地区禁烟成效和他的禁烟态度，道光召见他共商禁烟大计，且派他作为钦差大臣赴广东主持禁烟工作。当时，林则徐赴广东禁烟，以大无畏精神表达了禁烟决心：“死生，命也，成败，天也，苟利社稷，不敢竭股肱以为门墙辱。”[⑤] 1839 年 3 月 10 日，林则徐抵达广州后，立即发布禁烟告示：“勒限两月，务将家有烟枪、烟斗几副，杂件烟具若干，余烟若干，一并检齐，赴所在有司呈缴。”[⑥] 林则徐和广东当地官员一起将所查获收缴的鸦片置于虎门，进行集中销毁。“在人民的支持下，林（林则徐）查封了曾经允许过的，英、美商人的鸦片经营场所，并勒令他们交出尚在他们手中的两万箱鸦片，于 1839 年 6 月 3 日当众全部销毁。”[⑦] 英国蓄谋策划对中国发动侵略战争，最终在 1840 年正式爆发鸦片战争。战争爆发后，在广东的林则徐购买船舰、新式大炮，加强沿海炮台设防，积极部署调防兵力，一定程度上依托民众支持，取得一定的成效。英国侵略者攻打广东未成功，随后沿海一路北上，占据天津大沽。在主降派的劝言下，在侵略者

① 郭雪波：《山之巍峨：林则徐传》，作家出版社 2016 年版，第 104 页。
② 郭雪波：《山之巍峨：林则徐传》，作家出版社 2016 年版，第 108 页。
③ 林庆元：《林则徐评传》，南京大学出版社 2000 年版，第 57 页。
④ 郭雪波：《山之巍峨：林则徐传》，作家出版社 2016 年版，第 117 页。
⑤ 林庆元：《林则徐评传》，南京大学出版社 2000 年版，第 72 页。
⑥ 林庆元：《林则徐评传》，南京大学出版社 2000 年版，第 74 页。
⑦ 爱泼斯坦：《从鸦片战争到解放》，新星出版社 2015 年版，第 10 页。

的威胁下，道光逐渐走向妥协、退让的道路，以牺牲林则徐为代价，来显示自己的退让之诚意。林则徐被革职，被派浙江，被流放新疆。此后，林则徐转遍大半个中国，在不同地方为官，仍然兢兢业业，尽心做事，直到生命的终点。

林则徐作为政治家名传史册，其诗歌亦足以传世。从他的诗歌中可以看到他的为民、做事、爱国的殷殷之心。1819 年 7 月 19 日，听闻河南裕州发洪水，他写下诗句“皇天一雨三日强，积潦已没官道傍”①，在说水势浩大；“村夫欻来灿成行，踊跃为我褰衣裳”②，在说百姓互助竭诚抗灾。1830 年，他在《题王竹屿都转〈黄河归棹图〉》中为治理黄河之难发出感慨：“防河固良难，煮海讵云易。”③ 王竹屿与林则徐在浙江相识，二人均为当时治水名臣，对王竹屿再度被启用表达欣喜之情，对其治水之绩表示赞赏。1839 年 10 月 4 日，林则徐在《中秋嶰筠尚书招余及关滋圃军门饮沙角炮台，眺月有作》中将坐镇广东严防英国侵略者进攻的态势进行了再现：“楼船将军肃钤律，云台主帅精运筹。”④ 精细筹划、力主反击、全情投入，林则徐的爱国之情由此可见一斑。1841 年，被流放新疆、途经杭州的林则徐对故友张同庄写过一首诗，诗中写到林则徐向张同庄询问新疆之事，表明自己虽遭贬谪，仍留心专注于工作：“谁知卷里濡毫客，垂老凭君问戍楼。”⑤ 张同庄感动于林则徐对工作的执着，借《三州辑略》（介绍新疆庭州、西州、伊州地区情况的地方志）给林则徐。林则徐非常兴奋，又为此写诗两首。林则徐在其中一首诗中写道：“不信玉门成畏道，欲倾珠海洗边

① 林则徐全集编辑委员会：《林则徐全集》（全十册）第六册，海峡文艺出版社 2002 年版，第 2880 页。

② 林则徐全集编辑委员会：《林则徐全集》（全十册）第六册，海峡文艺出版社 2002 年版，第 2880 页。

③ 林则徐全集编辑委员会：《林则徐全集》（全十册）第六册，海峡文艺出版社 2002 年版，第 2923 页。

④ 林则徐全集编辑委员会：《林则徐全集》（全十册）第六册，海峡文艺出版社 2002 年版，第 2951 页。

⑤ 林则徐全集编辑委员会：《林则徐全集》（全十册）第六册，海峡文艺出版社 2002 年版，第 3073 页。

愁。”[①] 1842 年，奔赴中原地区帮助军机大臣王鼎治理黄河水患难题，取得成效后，仍然被道光执意流放新疆。在作别王鼎的诗歌中，林则徐慷慨陈词，自己虽然遭贬，仍不忘告诫统治者思考制敌良策：“余生岂惜投豺虎，群策当思制犬羊。”[②] 1842 年 8 月 11 日，流放新疆途中走到西安时，面对一路辛劳、世态炎凉、与亲戚作别的复杂态势和情感，林则徐写下了传之史册的名篇：“苟利国家生死以，岂因祸福避趋之。”[③] 为了维护国家的利益，即使牺牲个人的一切包括生命都在所不惜，林则徐在诗中表达志向，让人动容。1842 年 9 月 8 日，在兰州，见到甘肃布政使程德润，作诗两首，其中一首诗中写道：“闻道狼贪今渐戢，须防蚕食念犹纷。”[④] 这又表达了林则徐对时局不稳的深深忧虑和对未来须注意事项的谆谆告诫。到了新疆后，林则徐实心任事，心中仍惦国家安危：“忠宜补过先防口，志在安危岂爱身。”[⑤] 在新疆干了三年后，被道光赐还，林则徐又辗转各地。1849 年，久病成疾的林则徐写下一首诗，诗中写道：“病榻呻吟忧未了，残灯孤枕警中宵。”[⑥] 林则徐虽然重病在身，心中仍不忘国家大事。1850 年秋，林则徐写下《又题〈啸云丛记〉二首》，诗中写道：“两粤兵戈尚未除，几人筹策困军储。”[⑦] 林则徐以病躯之身关注国事，心忧天下。1850 年 11 月 22 日，因病体难支，林则徐在广东去世，终年六十六岁。从林则徐的诗歌中，可以感受到他对百姓的牵挂之心，对国事的关注之心，对天下的担忧之心，反映了他勤于政事、精于务民、抗击侵略、维护统一的崇高品格和伟大精神。

---

① 林则徐全集编辑委员会：《林则徐全集》（全十册）第六册，海峡文艺出版社 2002 年版，第 3074 页。

② 林则徐全集编辑委员会：《林则徐全集》（全十册）第六册，海峡文艺出版社 2002 年版，第 3077 页。

③ 林则徐全集编辑委员会：《林则徐全集》（全十册）第六册，海峡文艺出版社 2002 年版，第 3081 页。

④ 林则徐全集编辑委员会：《林则徐全集》（全十册）第六册，海峡文艺出版社 2002 年版，第 3082 页。

⑤ 林则徐全集编辑委员会：《林则徐全集》（全十册）第六册，海峡文艺出版社 2002 年版，第 3098 页。

⑥ 林则徐全集编辑委员会：《林则徐全集》（全十册）第六册，海峡文艺出版社 2002 年版，第 3129 页。

⑦ 林则徐全集编辑委员会：《林则徐全集》（全十册）第六册，海峡文艺出版社 2002 年版，第 3137 页。

状元出身的官员

古代社会中，随着科举制度的完善和健全，能够选拔出非常优秀的致力于维护政权稳定的人才成为人们关注的重点。这里提到的状元，是科举制度中非常重要的内容。按照《中华文化辞典》的解释，状元是这样的内涵："科举考试中殿试的第一名。亦称'状头'。科举考试以名列第一者为元；殿试第一称状元。唐武则天载初元年（690）试贡士于殿前，门下用奏状报其等第，因此居首者称状头，状居首位故亦称状元。又因其为殿试一甲第一名，亦别称'殿元'。中状元者号为'大魁天下'，为科举考试中最高荣誉。"① 古代社会中，走上仕途的人，有多种渠道，其中考中状元者走上仕途，是一个有趣的话题，现在我们探讨一下。

北宋有个名臣叫蔡齐。他的祖上虽然荣耀，但他在很小的时候就成为孤儿，于是在外祖父家长大。一般生活在这样家庭的人，都非常要强，试图通过个人努力学习，来找回家族的荣耀。年少的时候，蔡齐的表现就让人惊讶不已。"公（蔡齐）幼而神秀，眉目广耸，见者异之。"② 经过个人努力，终于考上了进士："举进士第一。"③ 他考中的这个进士不一般，是那一年科举考试的状元。与他是同榜进士的范仲淹后来在《祭蔡侍郎文》中说："初矫首于王庭，冠天下之英雄。"④ 这段话再现了蔡齐出色的才华，最终帮助他拿到了状元的佳绩。蔡齐参加科考的那一年，宋真宗非常重视。"真宗皇帝临轩，以文考天下之士，公（蔡齐）中第一。"⑤ 等到见了蔡齐以后，观其"堂堂英伟，进退有法"⑥，宋真宗非常高兴地对身边的寇准说：

---

① 冯天瑜：《中华文化辞典》，武汉大学出版社 2006 年版，第 206 页。

② （宋）范仲淹：《范仲淹全集》（全四册）第一册，中华书局 2020 年版，第 286 页。

③ 倪其心：《二十四史全译：宋史》（全十六册）第十册，汉语大词典出版社 2004 年版，第 6504 页。

④ （宋）范仲淹：《范仲淹全集》（全四册）第一册，中华书局 2020 年版，第 232 页。

⑤ （宋）范仲淹：《范仲淹全集》（全四册）第一册，中华书局 2020 年版，第 286 页。

⑥ （宋）范仲淹：《范仲淹全集》（全四册）第一册，中华书局 2020 年版，第 286 页。

"得人矣!"[①] 高兴之余的宋真宗，"诏金吾给七驺，传呼以宠之"[②]，给状元以骑从，在街上游走。给予这么高的礼遇，这种礼遇是从蔡齐开始的。在宋朝，如果想考中状元，难度是很大的。"宋代的科举考试分为解试（或曰乡试，地方上进行的选拔考试）、省试（传统上尚书省礼部负责的考试）、殿试（名义上皇帝主持的考试）三级。"[③] 经过层层选拔，能够在殿试之上，由皇帝亲自面试，被点为状元，实际上已经是考生中的佼佼者了。中了状元后，蔡齐走上仕途，为国家做出巨大贡献。"这些经由科举选拔出来的官员，对当时的国家制度、社会、天下有很强的认同感和责任感。"[④] 敢于直言、刚正不阿是蔡齐的为官本色。他在担任尚书礼部员外郎兼侍御史知杂事期间，看到镇守河阳的官员钱惟演因自己是皇家外戚原因，故请求朝廷赏赐给他镇兵钱，章献太后准备答应这个请求。蔡齐因此而上奏曰："上（皇帝）新即位，惟演（钱惟演）外戚，请偏党以示私恩，不可许。"[⑤] 蔡齐没有因为钱惟演与章献太后有亲戚关系、慑于章献太后权势而畏言禁言，而是敢于直言，中肯地提出意见，反映出他的为官之品。他被提拔为起居舍人后，恰逢章献太后出钱修建景德寺，且派内侍主持这件事，命令蔡齐写文章记录这个过程。章献太后的内侍派人劝诱蔡齐，你赶紧写文章记录修建寺庙过程，就可以因功得到参知政事这个高位了。"公（蔡齐）迟之不进，故被诬而出。"[⑥] 蔡齐因此而被罢出朝廷，在地方任职。这又反映了他刚毅正直的品性，不为权势、利益所动。范仲淹说："其（蔡齐）立朝也，能清其心，高其行，未尝取于人。"[⑦] 其言行举止为当时其他朝臣做了榜样。等到他再次被召回朝廷，任谏议大夫、御史中丞，仍然敢于直言，仍然坚持刚正的原则。章献太后去世后，在其遗诰中提到以杨太妃为皇太后，并

① （宋）范仲淹：《范仲淹全集》（全四册）第一册，中华书局2020年版，第286—287页。

② 倪其心：《二十四史全译：宋史》（全十六册）第十册，汉语大词典出版社2004年版，第6504页。

③ 甘阳、侯旭东：《新雅中国史八讲》，生活·读书·新知三联书店2021年版，第164页。

④ 甘阳、侯旭东：《新雅中国史八讲》，生活·读书·新知三联书店2021年版，第167页。

⑤ 倪其心：《二十四史全译：宋史》（全十六册）第十册，汉语大词典出版社2004年版，第6504页。

⑥ （宋）范仲淹：《范仲淹全集》（全四册）第一册，中华书局2020年版，第288页。

⑦ （宋）范仲淹：《范仲淹全集》（全四册）第一册，中华书局2020年版，第288页。

参与国事。当时，百官都去祝贺，唯有蔡齐建议官员不要去参与庆贺活动，且上疏曰："上（皇帝）春秋富，习知天下情伪，今始亲政事，岂宜使女后相踵称制乎！"① 顶住压力，向皇帝直言，为社稷着想，正是蔡齐品质的体现。当时蜀地王齐雄因犯杀人罪被除名，因与太后沾亲，未经赦免，便官复原职。此事被蔡齐所闻，面见皇帝："齐雄（王齐雄）恃势杀人，不死，又亟授以官，是以恩废法也。"② 面对蔡齐的逼问，皇帝回应说，要不就降他一等，给他一个小官做，可以吗？蔡齐回答说："以恩废法，如朝廷何！"③ 最后，皇帝被迫听从蔡齐的建议，让王齐雄去抵罪。如果不是刚正不阿的性格，谁又会冒着风险去做这件事呢？至于说，权臣丁谓想拉拢他，向他示好，他不为所动。蔡齐与发小刘颜关系很好，了解刘颜的品德，在刘颜被罢官后，他又能为刘颜说话，使其复官。面对权势，不屈从；面对困难，不低头，这是他赢得士大夫尊敬的地方。"在政府，浩然示至公于中外，以进贤为乐，以天下为忧，见佞色则疾，闻善言必谢，孜孜论道，以致君尧舜为心。"④ 范仲淹对蔡齐的这段评价，可谓准矣，深刻地概括出蔡齐作为儒臣的突出贡献和为官本色。

南宋有一个官员叫张孝祥。他在小的时候，就很聪明，喜欢读书，有过目不忘之能事，"读书一过目不忘，下笔顷刻数千言"⑤，"绍兴二十四年，廷试第一"⑥。宋高宗亲擢张孝祥为状元，且对他的才华赞叹不已："张孝祥词翰俱美。"⑦ 他因在科举考试中夺魁，使得早已内定为状元的秦桧的孙子

---

① 倪其心：《二十四史全译：宋史》（全十六册）第十册，汉语大词典出版社 2004 年版，第 6504 页。

② 倪其心：《二十四史全译：宋史》（全十六册）第十册，汉语大词典出版社 2004 年版，第 6505 页。

③ 倪其心：《二十四史全译：宋史》（全十六册）第十册，汉语大词典出版社 2004 年版，第 6505 页。

④ （宋）范仲淹：《范仲淹全集》（全四册）第一册，中华书局 2020 年版，第 288 页。

⑤ 倪其心：《二十四史全译：宋史》（全十六册）第十三册，汉语大词典出版社 2004 年版，第 8575 页。

⑥ 倪其心：《二十四史全译：宋史》（全十六册）第十三册，汉语大词典出版社 2004 年版，第 8575 页。

⑦ 倪其心：《二十四史全译：宋史》（全十六册）第十三册，汉语大词典出版社 2004 年版，第 8575 页。

秦埙名列后名，这让秦桧愤怒不已。秦桧及其同党对其进行压制。可是，等到秦桧死去，张孝祥终被朝廷所用。从中可以看出，张孝祥能够在秦桧把持的科举考试中脱颖而出，其才华更是卓越出众。“张孝祥是绍兴二十四年以第一名状元的身份登进士第的。这一年本是大奸大恶的宰相秦桧生前最后一次科举，为了控制和垄断此次考试，秦桧既把大部分主考官都换上他的党羽，还令他和奸党的子弟们以有官人身份参与考试，攫取功名。在这种情势之下，张孝祥能够首蒙亲擢，得冠多士，实大出秦桧亲党意料之外。”①

张孝祥无论是立身朝野，还是处于地方；无论是做官处世，还是为文修身，皆有突出之处。他在担任秘书省正字期间，积极地劝言皇帝，摆脱权臣所遗留的政治布局，善于谋新局、做新事、建新功。皇帝皆从之。这说明，他立论持正，从国家和大局的角度，对皇帝提出谏言，勇气可嘉。他在不到三十岁的时候，就担任了抚州知州，“莅事精确，老于州县者所不及”②，务实干练，解决基层问题十分有成效，连县衙老吏都比不上。他来到抚州后，当地农民苦于官府沉重的盘剥。“江西一路的农民平日深受暗合、斛面等各种名目苛赋的盘剥之苦，而历来守臣对此却不闻不问。”③ 来到抚州，看到此问题加重了百姓的负担。于是，张孝祥切实地进行改革，把不合理的做法废掉，减轻了百姓的负担，赢得了百姓的称赞。家居抚州的学者陆九渊对此大加赞赏：“某自省事以来五十年矣，不知几易太守，其可称者惟张安国（张孝祥）。”④ 张孝祥后来又当了平江府知府，面对繁杂的公务，决断及时，出现“庭无滞讼”⑤ 的现象。同时，他注意打击豪强，关注贫农利益，“在平江期间，他还注意到贫困农民出卖田产而产去税存的严

---

① （宋）张孝祥：《张孝祥集编年校注》（全五册）第一册，中华书局2016年版，第7—8页。

② 倪其心：《二十四史全译：宋史》（全十六册）第十三册，汉语大词典出版社2004年版，第8576页。

③ （宋）张孝祥：《张孝祥集编年校注》（全五册）第一册，中华书局2016年版，第5页。

④ （宋）张孝祥：《张孝祥集编年校注》（全五册）第一册，中华书局2016年版，第6页。

⑤ 倪其心：《二十四史全译：宋史》（全十六册）第十三册，汉语大词典出版社2004年版，第8576页。

重现象，提出相应的解决办法”[①]。老百姓非常敬重他、钦服他。“在他从事政治活动的十五年中，曾先后担任了六州郡的长吏，所到之处，‘为政平易，民咸思之’。”[②] 他做官处世，以豪爽著称，这当然有侠义精神之体现，亦会因直言而得罪同僚。他与汪澈同在朝中一个部门任职。汪澈老成持重，张孝祥年轻气盛，二人因性格和处事态度不一样，经常发生冲突之事。张孝祥由此得罪汪澈，为后来汪澈官居御史中丞弹劾他埋下了伏笔。每个人都有缺点，张孝祥亦是，他经常顶撞汪澈，可能就是他的缺点之一。但是，他没有私心，顶撞的原因也是为了工作。尤其是在大是大非面前，他是非常有底线有操守的。故真德秀对他有个评价：“于湖（张孝祥）平生虽跌宕，至于大纲大节处，直是不放过。”[③] 这个评价是非常准确的。所以，虽然张孝祥人生有起伏，但是最终还是朝廷离不开他。当他去世的时候，宋孝宗叹息，“有用才不尽之叹”[④]。他在为文修身方面，成效明显。张孝祥喜欢读书写文章，“文章过人，尤工翰墨”[⑤]，在士大夫中颇有文名。他创作的词，继承了苏东坡豪放之风格，“以抒写重大政治题材与反映爱国抗金思想而著称于世”[⑥]。他写词速度很快，“其平日为词，未尝著藁，笔酣兴健，顷刻即成”[⑦]。他写了许多词，在这些词中，可以感受到他深厚的爱国情感。他在《六州歌头》中写道：“闻道中原遗老，常南望翠葆霓旌，使行人到此，忠愤气填膺，有泪如倾。”[⑧] 从词的角度看，这首词成就很高。《朝野遗记》中评价道：“声调雄远，哀而不怨，于长短句中殊雅丽。”[⑨] 薛砺若在《宋词通论》中评价该词：“纵笔直书，如鹰隼临空，盘旋夭矫而下，词中

---

① （宋）张孝祥：《张孝祥集编年校注》（全五册）第一册，中华书局2016年版，第6页。

② （宋）张孝祥：《张孝祥集编年校注》（全五册）第一册，中华书局2016年版，第5页。

③ （宋）张孝祥：《张孝祥集编年校注》（全五册）第一册，中华书局2016年版，第1页。

④ 倪其心：《二十四史全译：宋史》（全十六册）第十三册，汉语大词典出版社2004年版，第8577页。

⑤ 倪其心：《二十四史全译：宋史》（全十六册）第十三册，汉语大词典出版社2004年版，第8577页。

⑥ 陶尔夫、刘敬圻：《南宋词史》，北方文艺出版社2014年版，第85页。

⑦ 薛砺若：《薛砺若宋词通论》，吉林人民出版社2012年版，第207页。

⑧ （宋）张孝祥：《张孝祥集编年校注》（全五册）第四册，中华书局2016年版，第1130页。

⑨ （宋）张孝祥：《张孝祥集编年校注》（全五册）第四册，中华书局2016年版，第1130页。

极少此种境界。”[1] 这首词激励了当时许多爱国人士。“这首词在当时无异是一声号角，它所能起到的感染力量固然无可替代，更重要的还在于这首词是作者用全部的生命力唱出的时代最强音。”[2] 从修身来讲，他之所以能够做出那么多政绩，得到老百姓的认可和赏赞，原因在于他思想中有着深刻的民本思想情结。他一生都在为了给老百姓办点实事而努力，以此自励，不断提高自己的为民办事修养。他在《棠阴阁记》中讲道：“君子之为政，去之久而犹见思者，必有恻怛爱民之诚心，感于民也深，故其来也，如慈父母之抚其子，其去也，如父母舍其子而去。”[3] 老百姓为什么会怀念主政一方的官员，就在于这个官员有为民服务之诚心。张孝祥葆有这份诚心，磨炼自己的诚心，最终成为民思之爱之的官员。张孝祥三十八岁因病去世，可谓英年早逝，可他曾辉煌过的状元之历，所做出的地方实绩，所传后世的诗文，永远被人铭记。

杨慎出身名门，其父杨廷和，权倾一时。在良好的家庭环境中，杨慎没有形成养尊处优的生活习惯，而是认真学习，颇有文名。当时文坛领袖、大学士李东阳非常欣赏他的才华，收其为自己的门生。家庭的熏陶、个人的努力、高人的栽培，在他二十四岁的时候，通过科试，“举正德六年殿试第一”[4]，成为状元。随后，他被授予翰林编修。当时，杨慎身怀才华，指摘时弊，慷慨陈词，具备了能臣的潜质。但是其父的失势、明世宗的打压、反对派的借机行事和自身棱角分明的性格，让杨慎失去了明世宗的信赖，被贬出朝廷。杨慎是状元，才华和能力毋庸置疑。他若置身于一个饱读儒家醇厚之学富有治世才华的明君主导的统治秩序中，凭着其父拥立新君的功勋和所树立的巨大勋望，以及自己的才华能力所构筑起的仕途发展图景，应该是能申其志、能展其图、能弘其德、能做其事的。可惜，朝政谲波云诡，十分复杂，“大礼议”事件又加剧了矛盾的复杂性。

---

① 薛砺若：《薛砺若宋词通论》，吉林人民出版社 2012 年版，第 208 页。

② （宋）张孝祥：《张孝祥集编年校注》（全五册）第一册，中华书局 2016 年版，第 3 页。

③ （宋）张孝祥：《张孝祥集编年校注》（全五册）第二册，中华书局 2016 年版，第 533 页。

④ 章培恒、喻遂生：《二十四史全译：明史》（全十册）第六册，汉语大词典出版社 2004 年版，第 3805 页。

明世宗由地方入京城，试图通过对其生父、生母在礼仪称号上的加封，完成对父母的孝道、对礼仪的构建和对皇权的彻底控制。然而，杨廷和从维护封建统治的角度，提出大宗、小宗之说。以明朝而言，明宪宗、明孝宗、明武宗归属于大宗，是帝系传承之所在；明世宗是旁支，属于小宗，以旁支继大统，走上大宗之路。所以，以旁支继大统，继而当了皇帝的明世宗应该遵循大宗规范，以大宗礼仪为尚，而不能以自身出身而论。因杨廷和一派力量很大，理论基础很扎实，在与刚即位的明世宗关于“大礼议”事件的较量中处于有利地位：“在这场争论中，嘉靖帝（明世宗）处于明显的劣势。无论从学识、还是从阅历、资历等方面，他都抗争不过这些廷臣们，他刚刚从安陆来到京城，朝廷中几乎没有支持者，在这种情况下，他只有先把事情压下，慢慢再想办法。而杨廷和这方面则人多势众，且都是做事练达、政治成熟的老臣，要想战胜他们，没有对古礼的深刻了解、找不到他们议论的破绽是不行的。于是，在经过三上三下之后，嘉靖帝决定将奏疏留中，等待事情的变化。”① 这个时候，观察时政多日的进士张璁借机向明世宗进言，引证古今、说理透彻，为明世宗的观点找到了充分的论据。张璁的介入，成为扭转局面的关键。明世宗非常高兴，大力擢升张璁，附和张璁的臣僚越来越多，加之皇权的支持，最终促成了明世宗加封其生父生母称号的事情：“追尊兴献帝曰本生皇考恭穆献皇帝，上兴国太后尊号曰本生皇母章圣皇太后。”② 随后，明世宗又将其中“本生”二字去掉，“大礼议”事件最终以明世宗胜利而结束。“更定大礼，称孝宗为皇伯考，昭圣皇太后为皇伯母，献皇帝为皇考，章圣皇太后为圣母，尊称自是遂定。”③

杨廷和一派和明世宗一派斗争是激烈甚至惨烈的，最终以杨廷和罢官，其（杨廷和）追随者非罢即斥，或者逐渐淡出政治舞台，其子杨慎亦受牵累而告终。杨慎当时为了维护其父的主张，即其心中正确的主张，表现出与反对派势不两立的态势。杨慎向百官表决心：“国家养士百五十年，仗节

① 胡凡：《嘉靖传》，人民出版社2004年版，第58页。
② 孟森：《明史讲义》，中国华侨出版社2020年版，第142页。
③ 孟森：《明史讲义》，中国华侨出版社2020年版，第143页。

死义，正在今日。”[①] 随后，杨慎与其主张相同的一派，跪伏在左顺门，向皇帝哭谏陈词，声势蔚为壮观。“于是九卿二十三人、翰林二十二人、给事二十一人、御史三十人、诸司郎官吏部十二人、户部三十六人、礼部十二人、兵部二十人、刑部二十七人、工部十五人、大理寺属十一人跪伏左顺门，有大呼高皇帝、孝宗皇帝者。”[②] 这一做法，激怒了明世宗。明世宗采取铁腕的手法，在劝说跪伏之臣无效的情况下，将其中为首者抓了起来，有的停俸，有的仗责，有的下狱，有的戍边，有的削职为民。杨慎是当时戍边之人，“得云南永昌卫”[③]，从此远离朝堂。“杨慎的戍地原本在山西雁门，后来嘉靖帝听到京师民谣‘宁充口外三千里，莫充云南碧鸡关’，以为云南比口外更苦，就将杨慎改配到云南永昌。”[④] 杨慎赶赴云南，路途艰辛，身遭摧折，其心怀天下却遭贬谪，其中忧苦，只能寄以诗存：“秋风萧萧发，驱车出郭东。问我今何适，窜身向南中。南中万余里，去去与谁同！亲交满京国，咫尺难相通。且喜脱幽絷，未暇悲道穷。矫首盼浮云，但羡高飞鸿。”[⑤] 杨慎此去云南，再也没有回到京城。“嘉靖时谪戍云南。投荒三十年，卒于戍所。”[⑥] 因为明世宗在位时间比较长，又因“大礼议”事件而十分痛恨杨廷和、杨慎父子。“世宗（明世宗）以议礼故，恶其父子（杨廷和、杨慎父子）特甚，每问慎（杨慎）作何状。阁臣以老病对，乃稍解。慎（杨慎）闻之，益纵酒自放。”[⑦] 杨慎听说归还无望，或有借酒消愁之意，却将重心放在云南政绩文教领域，且颇有成就。“他（杨慎）在云南一边努力写作，一边施教，为发展边疆地区的文化教育事业做出了积极的贡献。”[⑧]

① 孟森：《明史讲义》，中国华侨出版社 2020 年版，第 142 页。

② 孟森：《明史讲义》，中国华侨出版社 2020 年版，第 142—143 页。

③ 章培恒、喻遂生：《二十四史全译：明史》（全十册）第六册，汉语大词典出版社 2004 年版，第 3806 页。

④ 四川省廉政建设研究中心：《四川古代廉政故事》，四川人民出版社 2015 年版，第 116 页。

⑤ 四川省廉政建设研究中心：《四川古代廉政故事》，四川人民出版社 2015 年版，第 116—117 页。

⑥ 冯天瑜：《中华文化辞典》，武汉大学出版社 2006 年版，第 333 页。

⑦ 章培恒、喻遂生：《二十四史全译：明史》（全十册）第六册，汉语大词典出版社 2004 年版，第 3806 页。

⑧ 王离京：《大明状元》，齐鲁书社 2013 年版，第 125 页。

杨慎虽然遭到打压，但是他在云南却发奋读书创作，取得了显著成就。“既投荒多暇，书无所不览。”[①] 他一生创作颇多，成就斐然。“杨升庵（杨慎）强记博学，著述繁浩，所撰七十余种，所编纂亦不下百余。”[②] “明世记诵之博，著作之富，推慎（杨慎）为第一。”[③] 其中，许多著作都是杨慎在云南所著。

梁国治是学霸式的人物，年少成名，在科举考试中一路过关斩将。他在乾隆六年，成为举人；在乾隆七年，考中内阁中书；在乾隆十三年，成为“一甲一名进士”[④]，成了状元。梁国治颇受乾隆赏识，乾隆让他在朝中任职，培养其大局意识；外放地方，增加其基层工作经验，然后委以重任，出任要职，成为主政一方的地方大员。他能力突出，善于思考问题和解决问题。乾隆对其才干非常肯定。随后，梁国治“迁军机大臣，并入直南书房，后加户部尚书，东阁大学士等职”[⑤]，可见乾隆对他的信赖。梁国治去世后，乾隆非常悲痛，下谕：“梁国治学品端醇，小心勤慎。扬历中外，简直内廷，襄理机务。洊擢纶扉，方资倚毗。”[⑥] 清廉为官是他的一大特征。“他为官两袖清风，家庭生活很是俭朴，甚至是拮据。史料称他‘俸入随手即尽’，也就是个靠工薪吃饭的‘月光族’。”[⑦] 他的廉洁是出了名的。在俞蛟撰写的《梦厂杂著》中，记载了这样的一个典故：“京中某翰林，为巴结梁国治中堂，叫他的夫人拜先生为义父，拜毕出怀中珊瑚念珠，双手奉之。先生面发赤，疾趋而出。从梁国治的‘面发赤，疾趋而出’中，可以知道他为人的大概了。”[⑧]

---

① 章培恒、喻遂生：《二十四史全译：明史》（全十册）第六册，汉语大词典出版社 2004 年版，第 3806 页。

② （清）吴肃公：《明语林》，黄山书社 2014 年版，第 46 页。

③ 章培恒、喻遂生：《二十四史全译：明史》（全十册）第六册，汉语大词典出版社 2004 年版，第 3806 页。

④ 王钟翰点校：《清史列传》（全二十册）第六册，中华书局 1987 年版，第 1552 页。

⑤ 沈建乐：《绍兴历史名人》，宁夏人民出版社 2006 年版，第 121 页。

⑥ 王钟翰点校：《清史列传》（全二十册）第六册，中华书局 1987 年版，第 1557 页。

⑦ 王离京：《大清状元》，齐鲁书社 2014 年版，第 120 页。

⑧ 沈建乐：《绍兴历史名人》，宁夏人民出版社 2006 年版，第 121—122 页。

尊师篇

古人如何尊师

教师是知识的传播者、人格的塑造者、操守的示范者。古代社会，教师对于每个人的成长来说，是十分重要的。教师既然如此重要，尊师就显得更为迫切与重要。郑燮说："夫择师为难，敬师为要。"① 教师的恩情对个体成长成熟成功有着非常重要的影响。由此，古人对师恩看得非常重。报答恩师之情成为古人的一种自上而下、由内而外的情感流露。《吕氏春秋》中讲如何尊师："生则谨养，谨养之道，养心为贵；死则敬祭，敬祭之术，时节为务；此所以尊师也。"② 这段话将中国古人尊师之道阐释得非常充分。

尊重老师是本分，如果不尊重的话，则会背上一个忘恩负义的舆论包袱。个体的成才，离不开老师的点拨与培育，对老师的恩情不能忘记。精忠报国的岳飞，在年幼之时，因家贫而上不起学，只能在私塾窗外听课。他勤奋的学习态度，打动了私塾老师周侗，促使周侗免费收他为弟子，单日教习他学文，双日教习他习武。岳飞在周侗的教授之下，文能著辞，武能射箭。等到岳飞学有所成的时候，他的老师周侗却病故了。岳飞在周侗病逝后，披麻衣、驾马车、执子之礼，安葬了周侗。此后，在特定的日子中，岳飞无论是在外行军打仗，还是在内处理政务，都要抽出时间祭拜周侗，以尽尊师报恩之情。出身于书香门第的东汉名臣戴封，年轻的时候，赴京师太学深造，拜名士申君为师。在申君的培养之下，戴封刻苦钻研各类经典古籍，深入探索各种学问奥妙。等到戴封学业略有小成的时候，申君却突然病逝。申君无子，生前愿望是希望能够叶落归根、葬于祖坟。为报师恩，戴封亲自为申君遗体守灵三天，然后，亲自扶申君灵柩回恩师故里，为师治丧。从京师洛阳到恩师故里，有千里之遥，年轻的戴封不惧艰辛，长途跋涉，最终完成了申君的夙愿。

---

① （清）郑燮：《郑板桥诗词文选》，中华工商联合出版社 2018 年版，第 165 页。

② 关贤柱译注：《吕氏春秋全译》，贵州人民出版社 1997 年版，第 122 页。

《吕氏春秋》中指出，古之圣贤“未有不尊师者也”①。古代有作为的统治者，对待自己的老师，都是十分尊重的。唐太宗对有学问的师者十分尊重，而且还要自己的儿子养成尊师的习惯。当时，唐太宗为太子李承乾找了一名德高望重的老师叫李纲。唐太宗非常尊重李纲，知道其有脚疾，不能长时间穿鞋行走，特赐其小轿，命令宿卫抬着轿载着李纲入宫。唐太宗认为这样做还不够，特命李承乾在殿上隆重拜他为师。李纲受到如此礼遇，更加尽责地向李承乾传授治国之道。李纲去世后，唐太宗又为李承乾选派了许多饱读诗书的大学者担任他的老师。然而，李承乾沉浸在奢华生活中不能自拔，辜负了其父和老师们的期待，最终被贬，郁郁而终。唐太宗培养李承乾，营造尊师氛围，虽然结果不是很理想，但是其用心之良苦，颇可见也。经过权衡之后。唐太宗最终选任李治为自己的接班人，延聘名师，着重培养他。培养李治，唐太宗可谓煞费苦心，不仅选派了诸如长孙无忌、房玄龄、于志宁、马周、褚遂良等作为辅佐李治的班子成员，而且对这些德高望重的老臣尽以教师之礼。唐太宗规定了尊师的步骤和程序。他要求作为太子的李治见到老师后，要出殿门迎接，先进行拜师；进殿门后，老师坐定后，太子才能入座；给老师写信，要表恭敬之心，写上“惶恐再拜”之语。李治虽然性格较为温和内向，但是在唐太宗的精心培养之下，在老师们的精心培育之下，登临大位，继承了贞观遗风，开创了属于自己的永徽之治，没有辜负唐太宗的期待和用心。

学者对老师亦颇为尊重。在他们的学习生活中，最能感知一个好老师给他们的学业带来的福音。宋朝大学者朱熹，之所以能够博古通今、著述等身，很重要的原因在于不断地向老师学习，在与老师学习的过程中，汲取养料。他如何做到尊师呢？他以父为师、以师为师、以友为师，在这个过程中，通过心生敬畏、勤奋好学、不断追问、毕恭毕敬等方式，来完成对师长的尊敬。朱熹的父亲叫朱松，为人正直，为官正派，为学正路。深通儒家经典的朱松在教授朱熹的过程中，鼓励他多读儒家经典，且将自己领悟的道德原则，润物细无声地传递给朱熹，为朱熹成才奠定了扎实的基

① 关贤柱译注：《吕氏春秋全译》，贵州人民出版社 1997 年版，第 117 页。

础。父亲的言传身教，让幼小的朱熹懂得了对知识和学问的敬畏，养成了他勤奋好学的性格品质，此后终生未改。朱熹十四岁的时候，其父朱松离开人世。朱松临终前，对朱熹告诫道，自己有三个朋友，分别是籍溪胡原仲，白水刘致中，屏山刘彦冲，都很有学问，你可以向他们请教。朱松去世后，谨遵父言，朱熹以父亲之三友为师，丝毫不敢苟安一日，学问日益增长。这为他在功名路上大显身手奠定了基础。十八岁的朱熹参加乡贡，当时一个叫蔡兹的考官说："我取中一后生，三篇策论皆为朝廷措置大事。这真是一位杰出的人才。"这个"后生"就是朱熹。第二年，朱熹以十九岁的年纪考中了进士，走上了政坛。虽然步入政坛，开始尽阅世间之事，仍不忘刻苦钻研学习，且对学问的理解日益深刻，没有停留在知识表面，更多地试图追寻事物的本质，即对"义理"的探究。年轻的朱熹来到同安县任职，钻研学问的过程中，仍然不忘对名师的寻拜。朱松曾经跟朱熹提过一个叫李侗的大学者，在同安县居住。李侗曾经拜罗从彦为师，罗从彦的老师是二程弟子杨时。从这个脉络中，可以看出朱熹的思想源承。求教学问于李侗，对朱熹来说，是学问求知上的一次跨越和进步。李侗对儒家学说的持有，打破了朱熹对佛道思想的一己之见，并且被李侗的学问所折服。为了表示对李侗的尊敬，朱熹不惜多次拜访、长途拜访、心诚拜访，在不断追问中，信服于李侗的学识，最终亦得到了李侗学问的真传。朱熹交友广泛，与学问高深的朋友相处，有力地促进了他学问的增长。朱熹监管南岳庙的时候，拜访岳麓山下一个叫张栻的学者。二人切磋学问，但是见解相异，围绕《中庸》进行讨论，各自陈词，始终没有说服对方，但是仍然以朋友视对方。朱熹在这个过程中，将张栻作为良师益友，成为检验自己学说的试金石，通过共同砥砺学问来丰富自己的学问。

为了表示尊师，古代社会中，政府还会通过建立学校来吸纳名师，并通过提高薪酬待遇来进一步营造尊重知识尊重老师的社会氛围。明代从朱元璋开始，十分注重基层教育。在朱元璋的支持下，明朝正式设立了社学之制，"延师儒以教民间子弟"，目的是为了"导民为善，乐天下之乐"①。

① 陈宝良：《明代秀才的生活世界》，北京师范大学出版社 2020 年版，第 136 页。

当时，社学发展虽然经历了波折，但毕竟是获得了大的发展。《广西通志》中记载：“今社学之建，广西郡邑处处有之，大县十余所，小县一所。教读蒙师，官或给饷，以示作兴。”① 此后，基层的义学、乡学在民间逐渐发展起来，基层教育有了大的发展。社学、义学、乡学中有讲授课程的教师受到了百姓的尊重。在社学、义学、乡学当老师的地位较高，收入颇丰，回报丰厚，他们会收到俸银、聘银、粮食。如果功底扎实、学问深厚的老师，更是被优待。崇祯年间，陈舜系在一家塾中当老师，一年馆谷二十石，还有办月钱四千八百文。从中可见，名师待遇是比较优厚的。

父母的为师观

古代社会中，许多优秀人才的涌现，离不开自身的努力、名师的点悟、时代的际遇、职业的塑造、工作的磨砺，当然也离不开家庭培育，尤其是父母的言传身教。从某种程度上讲，父母是孩子最好的老师，是最重要的老师。他们对孩子性格的塑造、习惯的养成、思维的锻造，将产生非常重要的影响。

南宋大诗人陆游，出生于仕宦之家，其成长亦得益于家庭的熏陶。陆游的祖父陆佃，是北宋王安石的门生，仕途虽坎坷，却酷爱读书，以读书为乐，留下许多著作。陆游的父亲叫陆宰，为官多年，遭逢打压，志向未申。陆游出生于风雨飘零之际，自幼因战争而随父辗转多地，备尝艰辛。陆游在《三山杜门作歌》中回忆道：“我生学步逢丧乱，家在中原厌奔窜。”② 离乱没有消磨陆游少年时上进的心，而是磨砺了他坚强的品性。陆宰为官正直廉洁，却被腐朽的朝廷给免职，于是无心仕宦之事，全心选择回家乡山阴生活。陆宰对陆游寄予了十分高的期望，精心地栽培陆游，鼓励其认真读书，养成勤奋好学的良好习惯。后来，陆游在一首诗歌中写道：

① 陈宝良：《明代秀才的生活世界》，北京师范大学出版社 2020 年版，第 138 页。

② 金婷婷：《陆游》，辽海出版社 2016 年版，第 5 页。

“我生学语即耽书，万卷纵横眼欲枯。”① 陆游年幼勤奋苦读的情景在诗中得以再现。在陆宰看来，鼓励陆游多读经书，才是最重要的事情。陆游后来讲：“吾幼从父师，所患经不明，何尝效侯喜，欲取能诗声？”② 陆游自幼读书，生怕自己掌握不了经书内涵而遭受严师父亲的督促，可见其父作为人师之严。

陆宰的藏书是很多的，这与其家族喜欢读书藏书有关。可惜，遭逢战乱，许多藏书都在战乱中丢失了。陆宰在《京本家语》中说：“收书之富，独称江浙，继而胡骑南骛，州县悉遭焚劫，异时藏书之家，百不存一，纵有在者，又皆零落不全。”③ 陆宰所藏之书，遭战乱而受劫，怜惜之意，从中可见。当然，陆宰对于那些经战乱洗礼而留存的书籍，告诫后辈晚辈要珍惜读之待之，得之不易。陆游从父亲丰富的藏书中，广泛涉猎各方面的知识，遨游于知识的海洋，为其日后成才打下扎实的基础。

陆宰是一个有使命感的人。他关心国事，富有爱国情感，对于时局中流露出的投降倾向非常愤慨。在北方女真大军南下过程中，在浙江东阳县，有一个叫陈彦声的民众首领，组织民众，对北来女真大军进行顽强抗击，颇有效果。得闻此事的陆宰非常高兴地说：“是豪杰士，真可托死生者也。”④ 于是，陆宰赴东阳找陈彦声，受到陈彦声的热情欢迎和接待。在东阳待了三年，陆宰才回到山阴老家。他的爱国之意和光明磊落，在其交友中得以彰显。他的这种爱国素养，必然要传给陆游。长大后的陆游回忆归隐山阴后的陆宰的生活：“一时贤公卿与先君游者，每言及高庙盗环之寇，乾陵斧柏之忧，未尝不相与流涕哀恸，虽设食，率不下咽引去。先君归，亦不复食也。”⑤ 在主降派得势的气氛中，陆宰与政见相同者十分愤怒，展现出为国事而忧的态势。陆宰虽身不在朝，却仍然密切关注国事，其忧苦之心，日月可鉴。陆游深受其感，自壮爱国之胆。

① 金婷婷：《陆游》，辽海出版社 2016 年版，第 8 页。
② 朱东润：《陆游传》，华中科技大学出版社 2019 年版，第 16 页。
③ 朱东润：《陆游传》，华中科技大学出版社 2019 年版，第 11 页。
④ 朱东润：《陆游传》，华中科技大学出版社 2019 年版，第 10 页。
⑤ 朱东润：《陆游传》，华中科技大学出版社 2019 年版，第 14 页。

陆宰的视野是十分宽阔的。他不仅教授陆游知识，而且还通过自己的交游带给陆游更多的识见。陆宰通过自己的人际关系，为陆游转益多师、不断向名师学习提供了平台和机会。江西诗派代表人物曾几在罢官后，赴山阴拜访陆宰，由此结识了陆游。故陆游有“儿时闻公名，谓在千载前”①之追忆。在跟曾几学习的过程中，因曾几认真负责，陆游提高很快。“江西派的许多诗人已经死了，曾几是那时的最有成就的作家，在他和陆游的接触中间，他把他的所得传授给陆游。”② 陆游对曾几的学问十分推崇：“公（曾几）治经学道之余，发于文章，雅正纯粹，而诗尤工，以杜甫、黄庭坚为宗，推而上之，繇黄初、建安，以极于《离骚》、《雅》、《颂》、虞、夏之际。”③ 陆宰全方位地为陆游走上读书学习之路，清除了一切障碍，为陆游后来成名奠定了基础。

杨万里是南宋名臣。他的父亲叫杨芾，杨芾虽然努力读书，却没有取得功名，在乡村给人当私塾先生，以维持生计。杨芾家中积蓄不多，当塾师的薪资仅能维持温饱。“据墓志铭记载，杨芾当年的收入，除若干米、豆、油、盐、苎布等实物之外，以现金支付的部分每年都只有铜钱二十贯，仅能维持一家人的温饱。”④ 杨芾搭建茅屋，娶妻生子，杨万里随之降生。杨万里出生的时候，遭逢国家破碎，家庭贫困。生活虽然凄苦，但是杨芾在教育孩子方面非常有办法有思路有措施。骨子里，杨芾是一个读书人，面对贫困的境遇，他没有被压倒，而是选择迎难而上，乐观待之。尽管生活如此贫困，但杨芾保持了喜欢读书的习惯，通过节衣缩食，用省下来的钱买书，积累多年，家中藏书竟然多达数千卷。

杨万里的母亲毛氏在其八岁时就去世了。杨芾一直以来承担了教育杨万里的重任。杨芾是如何教育自己孩子的呢？首先，以私塾为基地进行教育。为了养家糊口，杨芾在乡村中走街串村，以需求为导向，开设私塾，教育付费子弟。在教育这些子弟的过程中，杨芾将杨万里安排在与这些子

① 朱东润：《陆游传》，华中科技大学出版社 2019 年版，第 18 页。
② 朱东润：《陆游传》，华中科技大学出版社 2019 年版，第 22 页。
③ 朱东润：《陆游传》，华中科技大学出版社 2019 年版，第 24 页。
④ 聂冷：《花红别样：杨万里传》，作家出版社 2014 年版，第 8 页。

弟相同的私塾中，共同受教。杨万里在私塾中，不仅学到了知识，而且与小学友结下了深厚的友谊，同时还领略了乡间的美景、陶冶了情操。其次，以家中藏书为基础进行教育。想必杨芾所藏之书，均是其认真删选后的经典，不光是自己珍爱的对象，也是传之后世的财富。杨芾利用自己在家的时间，将所藏之书，精心地讲给杨万里，杨万里从中吸收营养，不断地充实着自己。杨芾培养了杨万里一项十分重要的能力，即自学的能力。在教会杨万里读书方法后，杨万里可以在父亲不辅导的情况下，独自在书房，如饥似渴地阅读父亲所藏之书，有时竟忘了吃饭的时间。杨芾看到这样的情况，非常欣慰。只有让孩子主动地学习，找到学习的乐趣，才是最高的教育境界。

杨芾是一个有眼光的人。他看到杨万里的知识积累越来越丰富，自己逐渐开始教不了他了。于是，杨芾寻求名师，在更高的层次上，点悟杨万里。杨万里十四岁的时候，杨芾将他送到了名儒高守道的松下书院学习。高守道主讲四书五经之义理。杨万里在他的书院，苦读深思，学习也从单纯的兴趣转向治世方面。后来，杨万里写下了回忆自己在高守道门下读书的情形："忆年十四五，读书松下斋。寒夜耿难晓，孤吟悄无侪。虫语一灯寂，鬼啼万山哀。雨声正如此，壮心滴不灰。"① 经过刻苦的学习，高守道的知识已经不能满足杨万里了。

杨万里十七岁的时候，杨芾将杨万里送到隐居安福的大儒王庭珪门下就学。王庭珪是进士出身，曾走仕途，因为人正直，性格耿介，与上官不合，遂弃官还乡，隐居安福，授徒讲学。讲学之余，王庭珪勤于诗文，著作等身，名动天下。王庭珪对前来向他学习的杨万里十分看好，鼓励杨万里学习欧阳修、司马光、王安石、苏东坡等文章，培养他深邃的思想。得到高人的指点，杨万里进步很快，思想遂深，文章甚卓。在王庭珪的推荐下，杨万里又拜安福学者刘延直为师，深入地学习程颢、程颐之学和张载之学，深得其理。在王庭珪推荐下，杨万里又拜安福名士刘安世为师，深入地学习周敦颐之学，学问精进、蒸蒸日上。杨万里学成归来，终于考中

① 聂冷：《花红别样：杨万里传》，作家出版社 2014 年版，第 14 页。

进士，走上仕途。此后，杨万里为官声显，著文斐然，成为令人尊重的学者型官员。“万里（杨万里）精于诗，尝著《易传》行于世。”[①] 他写的诗歌，非常有韵味。“其（杨万里）诗自序，始学江西，既学后山五字律，又学半山七字绝句，晚乃学唐人绝句，后官荆溪，遂谢去前学，而自为诚斋体。”[②] 杨万里人生的成才亦得益于良好的家庭教育，尤其是其父的悉心教诲。

明末清初的王夫之，是一位思想巨人。他一生持义，勤奋撰述，以思想传于世。他在临终前，给自己提前写下了墓志铭：“抱刘越石之孤忠而命无从致，希张横渠之正学而力不能企。幸全归于兹丘，固衔恤以永世。”[③] 他希望自己做一个忠诚的人，做一个有学问的人。最终，他实现了这个目标。他之所以能够成为忠诚博学之人，离不开少时的家庭教育，这对他的思想和行为产生了极大的影响。他出身于儒学世家，曾祖父王雍曾用心于古典文献；祖父王惟恭用儒学教育子弟；父亲王朝聘精通儒家经典，精于春秋大义，擅长论辩之技。

王夫之自幼勤奋好学，“敏读强记，倜傥不羁，少负俊才”[④]。他在父兄的教导之下，迅速地在学术方面成长起来。“船山（王夫之）自幼跟从父兄学习‘春秋学’，有关《春秋》的学问，构成了船山历史哲学的重要基础。如果没有对‘春秋学’的把握，船山历史哲学思想的深刻与精湛，就会因为缺少必要的基础而难以期待。”[⑤] 父亲王朝聘初触阳明心学，后转攻朱熹之学，力求用程朱理学改造世界，并把这份信念传递给王夫之。王夫之遂在其后的人生中，致力于用所学之知来变革环境。王夫之的母亲谭氏，孝顺公婆、勤俭持家、扶贫济弱，尤其是在自家不富裕的情况下，看到贫困状况，仍然乐意施以援手，积极地进行帮助，对王夫之的行为亦产生了极大的影响。“船山（王夫之）母亲对钱的态度，给船山的影响也很大。船山

---

① 倪其心：《二十四史全译：宋史》（全十六册）第十五册，汉语大词典出版社 2004 年版，第 9424 页。

② 李维：《李维中国诗史》，吉林人民出版社 2014 年版，第 174 页。

③ 王立新：《船山大传》，岳麓书社 2019 年版，第 233 页。

④ 刘泽华：《中国政治思想史·隋唐宋元明清卷》，浙江人民出版社 2020 年版，第 604 页。

⑤ 王立新：《船山大传》，岳麓书社 2019 年版，第 13—14 页。

只要有钱，从来都和兄弟们一起花，剩余的就送给族中和邻里困难的人，也曾把全部积蓄拿出来筹兵起义，挽救国家于危难。船山这种对钱的态度，赢得了人们的敬重和爱戴。”①

王朝聘是一个懂教育的书生，对王夫之的教育是十分成功的。首先，以严要之。据王夫之后来回忆：“先君（王朝聘）教两兄及夫之，以方严闻于族党。”② 王朝聘的严格是远近闻名的，亲戚乡邻都比较了解这一点。当时，王夫之因口无遮拦，说错了话，受到王朝聘的严格责罚。王朝聘表情严肃地对待王夫之，让王夫之冷静地进行反省。王夫之从内心深处通过反省后认识到自身的缺点和错误，才被其父王朝聘原谅，继而给他进行深刻的道理阐释。有人会想，是不是王朝聘说教的味道重一些？其实不是。王朝聘是在王夫之自省基础上进行教导教育，效果非常明显。其次，不算旧账。“船山（王夫之）父亲教育子弟，从来不算旧账，也不把所有的罪错加在一起算总账。一笔是一笔，一笔算完，就购销一笔，而不是说你昨天犯了个什么错误，今天又犯了个什么错误，这次我给你数罪并罚。”③ 认识到错误，经过教育后，改正错误，在改正之后不再追究曾经犯过的错误，这是何等高尚的教育！这种教育可以让孩子在健康的环境中平顺茁壮地成长。

王夫之在少年之时，得到了家庭完整系统的教育，对其之后的人生之路产生了较大影响。他用功考取功名，积极组织抗清，在颠沛流离的生活状态中，坚持读书著述，为世立言，传之不朽。家庭教育为他持续学习奠定了基础。此后，“他（王夫之）留心时务，志在经世，对历代制度、江山险要、士马食货，皆悉意研究。”④ 等到他看清形势，发现清朝统治已成定局，于是隐居僻壤，着力著书。王夫之“知事无可为，乃漫游湘桂间，而卒归隐于衡之石船山，晨夕著书，凡四十年。自署其堂曰：‘六经责我开生面，七尺从天乞活埋。’”⑤ 心中有学，就会坚定地做下去，不管外在环境如

① 王立新：《船山大传》，岳麓书社 2019 年版，第 20 页。
② 王立新：《船山大传》，岳麓书社 2019 年版，第 15 页。
③ 王立新：《船山大传》，岳麓书社 2019 年版，第 16 页。
④ 刘泽华：《中国政治思想史 · 隋唐宋元明清卷》，浙江人民出版社 2020 年版，第 604 页。
⑤ 萧公权：《中国政治思想史》，商务印书馆 2017 年版，第 610 页。

何变化，不管生活条件如何恶劣。他写书时，条件不好，“到处拾些破纸或烂帐簿之类充著作稿纸”①。在他辛勤耕耘之下，大量的著作被撰写出来，经人整理，面之于世。“王夫之的著作，见于记载的约有一百余种、八百余万字，其中传世至今者有七十三种、四百零一卷、四百七十余万字。主要政治、哲学著作有：《张子正蒙注》《周易外传》《尚书引义》《读四书大全说》《四书训义》《诗广传》《思问录》《读通鉴论》《俟解》《黄书》《噩梦》等，大都收入《船山遗书》。”② 没有其父母的教育和栽培，哪有其后来的学术成就呢？

严师的品行观

自古有严师出高徒的说法。所谓严师，是老师对学生的严格要求，这种严格要求体现在对学生的学业、道德、为人、处世、交友等方面。作为严师，自身的学识要高，情怀要深，操行要好，对社会有独特的认识和判断，用自己独立的、不随俗的价值判断来影响学生。严师对其培养的学生来说，是一座灯塔，照亮学生前行的道路。

作为严师，要有明确的教育思路，对所教弟子给予全方位的指点和教诲，以使其快速成才。唐代诗人李商隐在少年时期，遇到了严师处士叔，处士叔是李商隐本家的亲戚，李商隐在处士叔的严格教育之下，学到了大量的知识。处士叔是一个道德和文章兼具的人，自幼熟读经书，凭着卓越的才华，进入了京师的太学，前景本来是十分光明的。可惜，处士叔的父亲在京师得了重病，只能返乡养病。处士叔为了尽孝道，从太学退了学，陪同父亲回到了家乡，一心照顾父亲，直到父亲去世。处士叔本可以凭着才华在年轻的时候大展宏图，却为了尽孝道，用青春陪伴了患病之父，且在父亲去世后，亲自为父守丧。守丧过后，处士叔已无意仕途，于是专心

① 梁启超：《中国近三百年学术史（新校本）》，商务印书馆2016年版，第94页。

② 刘泽华：《中国政治思想史·隋唐宋元明清卷》，浙江人民出版社2020年版，第604页。

授徒讲学著述。处士叔淡泊名利，安心撰写著作，代表作是《别疏》，对古代经典进行阐释。在阐释过程中，处士叔往往能独出己意，其言高妙精深，“遗略章句，总会指归”①。处士叔学识深藏，告诫本家子弟和亲朋好友，不要将自己的思想和撰述外露。

处士叔是个多面手，通诗赋，擅长文字学，也是一个小有名气的书法家。处士叔擅长诗赋，“注撰之暇，联为赋论歌诗，合数百首，莫不鼓吹经实，根本化源，味醇道正，词古义奥，自弱冠至于梦奠，未尝一为今体诗。”② 处士叔的书法，亦有独特特征，“正楷散隶，咸造其妙”③。拜在处士叔门下，李商隐学习十分用功，进步很快。因处士叔知识广博，在传授李商隐知识的过程中，亦注意培养他多方面的技艺和能力。李商隐向处士叔学习作古文，文中颇有儒家经世济弱之思。在处士叔严格要求、精心辅导之下，李商隐在其十六岁的时候，就能写出《才论》《圣论》这样高妙的尚古之文。成人后的李商隐颇自豪地讲：“樊南生（李商隐）十六能著《才论》《圣论》，以古文出诸公间。”④ 在处士叔的教导之下，李商隐在古诗、小学、书法等方面学业日益突进。当然，处士叔的刚直正毅、耿介独立之品性，亦深深地影响了李商隐的性格形成。“李商隐熟读儒家经典和史部书籍，学写古文古诗，练习书法，养成正直耿介的性格乃至爱憎分明、嫉恶如仇的脾气，显然都与处士叔的言传身教有关。”⑤

在打下扎实的学识底子后，李商隐成功考取了进士，走上了仕途。他虽有才华，却遭逢当时党争之祸，受其牵累，一生沉落下僚，志向未能实现。但李商隐的文才没有被淹没，越是遭逢磨难，其文学才华愈是得以彰显。李商隐“博学强记，下笔不能自休，尤善为诔奠之辞”⑥。他一生著述丰富，留下了大量的诗文。他的诗歌尤被人称道。“商隐诗尚故实，务词

---

① 郑在瀛：《李商隐诗全集》，崇文书局 2018 年版，第 2 页。

② 郑在瀛：《李商隐诗全集》，崇文书局 2018 年版，第 2 页。

③ 郑在瀛：《李商隐诗全集》，崇文书局 2018 年版，第 2 页。

④ 董乃斌：《锦瑟哀弦：李商隐传》，作家出版社 2015 年版，第 22 页。

⑤ 董乃斌：《锦瑟哀弦：李商隐传》，作家出版社 2015 年版，第 21 页。

⑥ 黄永年：《二十四史全译：旧唐书》（全六册）第六册，汉语大词典出版社 2004 年版，第 4367 页。

华。故有时失之隐僻，《冷斋夜话》且诋为诗之一厄，至其典丽深婉，高情厚意，莫能及也。”① 李商隐创作中典雅隐僻，不正是与处士叔的传授内容与风格有高度的一致性吗？在宦海中沉浮，敏感的李商隐将才华寄托到诗歌中，为后人留下了宝贵的精神财富。

作为严师，要有高超的技艺，这是传授技艺知识的基础。如果只有严，没有“师”的资本，所教的效果会大打折扣；当然还要对所教弟子倾心以授，毫无保留，才会教有所成。清初画家王石谷出身于丹青世家，自幼习画，颇有所成。直到遇到绘画名家王鉴和王时敏这二位名师兼严师，其绘画技艺才逐渐提高，“从此名益起”②。王鉴精通画理，其画沉雄古朴，有古哲之风。“画法皴染兼长，其临摹董、巨，尤为精诣。盖家藏名迹甚富，不减南面百城，鉴（王鉴）披览既久，心领神会，所得益深。”③ 王鉴看到二十岁的王石谷所作扇面，非常欣赏，遂有收徒之意。王石谷向王鉴虚心学画，王鉴亦毫无保留地进行技法传授。王鉴之严，体现在辅导王石谷作画过程中，他要求王石谷有坐冷板凳的精神，“先让石谷学古法书数月，然后亲自授古人名迹稿本”④，先研习画理，然后去践行画理，循序渐进，“遂大进”⑤。

王鉴教授王石谷技法，另外一名绘画大师王时敏则侧重于教授王石谷画学思想。王时敏出身于仕宦之家，长大后转历各地，阅历丰富，尤喜绘画，“癖好绘事，于宋、元诸家，无不精研兼擅，尤于痴翁称出蓝妙手”⑥。王时敏对王石谷的传授是十分认真的，不断提高王石谷的绘画底蕴。“王时敏是董其昌画学思想的传人，他对石谷的指导重在开阔眼界，丰富画理画派知识，提高鉴赏能力，建立文人画的审美理想。”⑦ 王时敏对王石谷学画寄予厚望，将自己所藏古人名画真迹拿出来，供王石谷临摹。王鉴、王时

① 李维：《李维中国诗史》，吉林人民出版社 2014 年版，第 141 页。
② 赵平：《王石谷》，江苏人民出版社 2015 年版，第 20 页。
③ 郑午昌：《郑午昌中国画学全史》，吉林人民出版社 2013 年版，第 310 页。
④ 赵平：《王石谷》，江苏人民出版社 2014 年版，第 24 页。
⑤ 赵平：《王石谷》，江苏人民出版社 2014 年版，第 24 页。
⑥ 郑午昌：《郑午昌中国画学全史》，吉林人民出版社 2013 年版，第 310 页。
⑦ 赵平：《王石谷》，江苏人民出版社 2014 年版，第 24 页。

敏以大家风范，严格要求王石谷学画作画，加上王石谷个人勤奋好学、精进画理、琢磨画事，成就了一代名家。王石谷“亲受二王——奉常（王时敏）、园照（王鉴）指受，天分人工，俱臻绝顶，汇合南北两宗，而自成一家”①。如果没有王鉴、王时敏以严要求、悉心传授，恐怕王石谷的绘画成就会降低一点。王石谷的绘画取得了重大成就，“时人重其画，号为画圣云”②。

经师易得　人师难求

老师是知识的传播者、讲授者，一直以来受人尊重。古代社会，能够讲解四书五经等内容且被称为老师的人，有许多，但是能够充分地理解古代经典，以精辟的观点、独特的视角讲出来的老师，则不多。故古人云：“经师易得，人师难求。”这里的“人师”，是老师中的佼佼者，既能传道授业，又能以德育之，还能以身教之。

传道授业

孔子是伟大的思想家、教育家。在孔子之前，教育资源被贵族垄断，普通百姓没有接受教育的机会和资源。春秋末期，礼崩乐坏，官学没落，典籍遗落民间，文化下沉基层。通过个人勤奋的学习，出身没落贵族之家的孔子积累了大量知识，成为一个博学多识的人。当时，出身贫寒却爱学好学的人很多。这些人如果生活的时代再早一些，虽有心成才，却没有机会走向成功。孔子为他们的成才提供了资源和平台。孔子授徒设教、创办私学，为广大弟子传道授业解惑，尽了“人师”的责任。

孔子的学生有三千余人，其中杰出的人物有七十二人。孔子将自己学到的丰富的知识，无私地传授给自己的这些学生。孔子掌握的知识有很多，

① 郑午昌：《郑午昌中国画学全史》，吉林人民出版社 2013 年版，第 310 页。
② 郑午昌：《郑午昌中国画学全史》，吉林人民出版社 2013 年版，第 310 页。

后来成为儒家思想的重要组成部分。孔子将仁、礼、忠、信等思想，润物细无声地传授给自己的学生，让学生能够深入地学习、领悟甚至运用。以“仁”为例。在《论语》中，孔子提到的最多的一个概念就是“仁”。在孔子看来，所谓仁，就是识仁德、做仁者、行仁事。所谓识仁德，即要做一个在政治上有建树的人。作为个体，参与政治生活，要作好表率，能够以身作则，通过自己的良好行为带动整个社会氛围的转变。孔子的弟子子路，孔武有力，粗陋无礼。子路就学于孔子后，在孔子的悉心教导之下，改变了自己只有武力的状况，真正做到施政以德、以义为上。孔子在教导子路的过程中，没有回避子路的缺点，而是直言不讳地指出子路身上存在的鲁莽、少智等缺点。但孔子仍然十分钟爱子路，经常给子路讲道理。在这个过程中，子路学习领悟孔子的思想，并且逐渐成熟起来。子路后来做了大官，以孔子的教导为依循，成为一名讲政德的官员。子路替大夫孔悝管理封地，得知孔悝谋反后，大骂孔悝背叛之行为，最终被杀。所谓做仁者，要做一个热爱学习、有品德操行的人。作为个体，要养成积极学习的习惯，要有自省反思的操行。孔子的弟子颜回，生活虽然十分贫困，但是仍然刻苦学习，不断涵养自身的品德，能够做到“好学，不迁怒，不贰过”①，受到孔子的称赞。颜回个人修养非常深厚，长久地不背离仁义，经常自省，能够做到“闻一知十”。后世将颜回作为最能代表孔子言行的形象加以铭记和追思。所谓行仁事，就是要在面对他人受苦受难之时，能够有济弱扶贫之公义的想法和胸襟，及时伸出援助之手。孔子的弟子子贡，有远大的政治志向，追求“博施于民而能济众”② 的目标，能够在别人处于危难之际伸出援助之手，显示出独特的人格魅力。孔子对弟子们传道授业，赢得了弟子们的尊敬和赞赏。颜回说“仰之弥高，钻之弥坚”③，形容孔子学问之深、品德之高。孔子也赢得了后辈的尊敬和钦慕。

---

① 安平秋：《二十四史全译：史记》（全二册）第二册，汉语大词典出版社 2004 年版，第 913—914 页。

② 杨伯峻译注：《论语译注》，中华书局 2012 年版，第 90 页。

③ 杨伯峻译注：《论语译注》，中华书局 2012 年版，第 127 页。

以德润之

王阳明的大名，已经被许多人所熟悉。他精通文史，自幼立志做圣人，不断钻研学问、提出思想、创建理论、建立事功，实现了知行合一，实现了进则封将立功，退则书院讲学，成为人们追捧和学习的对象。他的名号有许多，是著名的政治家、军事家、思想家、哲学家、教育家等。其中，作为教育家的王阳明倡导的教学理念，以及在书院的讲学实践，推动了他所生活的那个时代教育风气的转变。他的教育实践特征有许多，其中之一就是非常重视德育。

王阳明在不同地方创办、修复书院，依托书院，倡导独特的教育主张。他在这些书院提过许多教育主张，其中一个重要方向就是强调道德的作用。王阳明谪居贵州龙场后，创办了龙冈书院。在龙冈书院的教育活动是充实的、令人难忘的。他在一首诗中写道："嗟我二三子，吾道有真趣。"① 虽然教学场所偏僻简陋，但是充满讲学后获得知识的快乐。在龙冈书院，王阳明培养学生朝着"君子"这个目标而努力奋斗。龙冈书院地处夷地，被误解为不能有"典章礼乐"，结果出现了君子居夷思想不陋的现象。在龙冈书院，他写下了《君子亭记》，提出了居夷君子的四大品格，分别是"有君子之德""有君子之操""有君子之时""有君子之容"。他希望在书院培养更多的"君子"人才。对于龙冈书院的管理，王阳明是十分认真且严格的。为此，他制定了龙岗书院学规《教条示龙场诸生》，定下了立志、勤学、改过、责善四大教条，进一步夯实了培养君子人才的基础。所谓立志，王阳明说："志不立，天下无可成之事。"② 所谓勤学，王阳明说："已立志为君子，自当从事于学。"③ 所谓改过，王阳明说："夫过者，自大贤所不免，然不害其卒为大贤者，为其能改也。"④ 所谓责善，王阳明说："责善，朋友之

① 王勉三：《王阳明生活》，中州古籍出版社 2017 年版，第 50 页。
② （明）王守仁：《王阳明全集》（全四册）第三册，上海古籍出版社 2014 年版，第 1073 页。
③ （明）王守仁：《王阳明全集》（全四册）第三册，上海古籍出版社 2014 年版，第 1073 页。
④ （明）王守仁：《王阳明全集》（全四册）第三册，上海古籍出版社 2014 年版，第 1074 页。

道，然须忠告而善道之。”[①] 道德教诲在这里没有变成抽象的说教，而是成了有所指的内容，明确了学生努力的方向。王阳明贯穿于立志、勤学、改过、责善的一条主线是守义，这在《龙场生问答》中有所说明：“贤者之用于世也，行其义而已。”[②] 王阳明在龙冈书院传授知识、切磋学问、育人以德，与学生相处非常融洽，成为他美好的回忆，故其在诗中这样描述道：“讲习有真乐，谈笑无俗流。”[③]

此后，王阳明在不同地方为官，兴建书院、修复书院，不仅丰富了自己的哲学观点，而且以丰厚的道德内容进行充实，培养了大批人才，取得了显著成效。王畿、刘邦采等人都是王阳明的学生。青少年时期立志于科举考试的王畿选择王阳明作为授业恩师，最终放弃举业，致力于传播王阳明的道德文章。刘邦采是布衣书生，受教于王阳明，行洁品高，名重乡里，中举后被迁嘉兴府同知，尽心做事。等到王阳明去世时，刘邦采虽公务在身，仍急赴南安奔丧，随后辞官回故里著书讲学，传播王阳明的学问。王阳明的学生遍天下，这些学生来自不同行业、从事不同职业，但均服膺阳明之学。同时，他的思想影响了后代许多为官者的主政行为，他的隆德言行亦随其宝贵的思想泽被后人。

以身教之

林则徐的老师郑光策在福建鳌峰书院当山长，培养了众多优秀的人才。郑光策之所以能够培养出那么多优秀的人才，很重要的原因之一在于他能够以身教之，以自己的言行举止，润物细无声地给学习者做了良好的示范和榜样，让学习者得以快速地成长。

郑光策是福建人，出身贫苦，却十分努力学习。1780 年，他通过勤奋读书，在其二十五岁的时候考中了进士。他立志回乡讲学，于是在中了进士后返回闽地在泉州开始讲学。他不畏权贵，主张治学为国，开晚清经世

① （明）王守仁：《王阳明全集》（全四册）第三册，上海古籍出版社 2014 年版，第 1074 页。
② （明）王守仁：《王阳明全集》（全四册）第三册，上海古籍出版社 2014 年版，第 1005 页。
③ 束景南：《阳明大传：“心”的救赎之路》（全三册）上卷，复旦大学出版社 2020 年版，第 388 页。

治学用于国之先河。先说他不畏权贵，1784 年乾隆游江南，荟萃闽浙学子会试于杭州，权臣和珅为献媚皇帝，在御座下面收试卷，迫使交卷的学者"屈膝"于皇帝之下，以显示皇帝的尊贵。郑光策是一个品性正直之人，因看不惯和珅的做法，"侧目之，愤形于色"①，邀约数位闽籍士子，"以长揖退"②，引起和珅的不悦和怨恨。和珅于是"束闽卷不阅"③。郑光策"洒然返里，不以为意，益肆力于学"④。再说他主张治学为国，因他平常喜欢阅读"经世有用之书"⑤，熟稔《通鉴》《通考》及陆贽、李纲、真德秀等名臣著作和顾炎武这样的学者著作，真正做到了"靡不贯串，如数家珍"⑥。他用学到的知识，分析时政、思考解决问题之对策，以期取得显著成效。1788 年，福建巡抚徐嗣曾赴台湾省解决相关问题。郑光策向徐嗣曾提出八条改革台湾省吏治的建议，这些建议在随后的台湾省治理过程中发挥了应有的作用。

郑光策在福清书院、龙岩书院当过负责人，整顿学风，提倡实学。1797 年，郑光策主讲鳌峰书院，其治学思想渐趋成熟。当时，士子们因惧怕文字狱的迫害，只能闷头读书，开口闭口程朱理学，钻研故纸堆，回避现实政治问题，导致学术研究缺乏活力和创新，所言之内容空洞无物，呈现出腐朽之态。对这个问题看得非常透彻的郑光策，直言"近日学者，气习污下，奔竞卑鄙"⑦，大力提倡经世之学，要求学生"明达体用"⑧，展示出鲜明的进取意识。在鳌峰书院，郑光策鼓励学生要在学之前进行立志："诲人宗旨，以立志为先，谓定志而后教育所施"⑨，志向明确了，才有奋斗的方向和目标。郑光策在管理鳌峰书院过程中，"严而有法"⑩，要所有学生统一遵

---

① 萧忠生：《林则徐研究文集》，海峡文艺出版社 2017 年版，第 269 页。
② 萧忠生：《林则徐研究文集》，海峡文艺出版社 2017 年版，第 270 页。
③ 萧忠生：《林则徐研究文集》，海峡文艺出版社 2017 年版，第 270 页。
④ 萧忠生：《林则徐研究文集》，海峡文艺出版社 2017 年版，第 270 页。
⑤ 萧忠生：《林则徐研究文集》，海峡文艺出版社 2017 年版，第 270 页。
⑥ 郭雪波：《山之巍峨：林则徐传》，作家出版社 2016 年版，第 17 页。
⑦ 郭雪波：《山之巍峨：林则徐传》，作家出版社 2016 年版，第 18 页。
⑧ 郭雪波：《山之巍峨：林则徐传》，作家出版社 2016 年版，第 18 页。
⑨ 萧忠生：《林则徐研究文集》，海峡文艺出版社 2017 年版，第 270 页。
⑩ 萧忠生：《林则徐研究文集》，海峡文艺出版社 2017 年版，第 270 页。

守学习纪律制度。在书院开设课程方面，郑光策亦十分有眼光，既有制义诗赋的内容，还有对时政有用的经史典籍讲解的内容，其倡导的“经邦济世”思想进一步发扬光大。他主张“立纲纪，明法度”①，“重内治而略远图，开诚以任贤，知人而知使”②，且针对现实中存在的盐政、漕政等弊端，提出了富有改革的举措。他在书院向学生积极地讲授传播这些思想，且著十余册《西霞丛稿》，为学生和后人保留了他的讲学治国之思。

在鳌峰书院，郑光策培养了一大批优秀人才，其中杰出的代表如林则徐、梁章钜、廖鸿荃、杨庆琛等。林则徐在鳌峰书院学了七年，广泛地学习古代经世之学，尤敬古代历史中的爱国主义英雄如岳飞、李纲、文天祥等，对其之后考上进士、走上仕途及在为官中所施行的政治决策和参加的政治活动产生了重要的影响。梁章钜就学于鳌峰书院，接受郑光策的教诲，有志于学，讲究经世致用，希望建立勋业。随后的日子中，梁章钜考上了进士，进入了翰林，开启了为官生涯。梁章钜在不同的岗位上，忧国忧民，实心任事，做出了卓越的政绩。梁章钜日夜操劳，在两江总督任上积劳成疾、旧病复发，于1842年辞官回乡。廖鸿荃在鳌峰书院学成之后，考上进士，入了翰林，居官稳重、生活俭朴、办事干练，能够慧眼识人，拔擢了一大批优秀的人才。杨庆琛亦在鳌峰书院学习过，塑造了他务实的为政风格。杨庆琛用心整顿吏治、为官清廉、政绩突出，尤其是在审判案件中，能够做到公平公正。郑光策的这批学生，在当时的政坛，以不同形式，尽自己最大努力，兢兢业业，做出了赢得民心的政绩。

---

① 萧忠生：《林则徐研究文集》，海峡文艺出版社2017年版，第270页。
② 萧忠生：《林则徐研究文集》，海峡文艺出版社2017年版，第270页。

家书篇

家书中的财富观

财富非常重要，有了财富，往大了说，可以用于公共支出，提供公共产品，造福于民；往小了说，可以改善个人生活，满足个体的物质需求。如果没有财富，英雄好汉亦寸步难行；如果掌握大量财富，且运用不当，亦将被其所累，遭遇人生灾难。古代家书中有许多关于财富的论述，这些论述，反映了古人对财富的态度和看法，当然也包括使用财富的经验和教训。

陆一亭在《家庭讲话》中说："人生在世，第一讲财，无论士农工商，大小事业，非财不可，非财不行。"① 北宋著名诗人梅尧臣，虽富有诗名，却历经宦海，但始终沉落下僚，没有真正得到统治者的重用。梅尧臣因没有过多的钱财，日子过得很艰辛。在欧阳修等朋友的帮助、接济之下，梅尧臣方能维持生计。虽然，苦难会磨砺诗人的才华，锻造诗人的诗品，但是亦会消磨诗人的锐气。梅尧臣的少年英气与年老之态相差甚多，可见财富是很重要的。陆一亭在《家庭讲话》中也谈到了对待财富，要看其来源："但要得之有道，取之以义。"② 梅尧臣虽然困于一时，但他坚守道义，在自己任职的官位上没有贪污敛财，没有鱼肉百姓。至于好朋友对他的慷慨赠予，显示出梅尧臣的良好人缘。

明代刘良臣在《凤川子克己示儿编》中指出："财不可不积也，积多必思所以散之，以济不足，毋专利以伤吾之义。"③ 陈良谟在《见闻纪训》中记载了一个富翁因未及时散财而得祸的故事。梅溪有一个富翁，"最贪而吝之极，银币钱谷，日益充积"④，钱财越积越多，这就离遭遇奇祸不远了，

---

① 楼含松：《中国历代家训集成》（全十二册）第九册，浙江古籍出版社 2017 年版，第 5470 页。
② 楼含松：《中国历代家训集成》（全十二册）第九册，浙江古籍出版社 2017 年版，第 5470 页。
③ 楼含松：《中国历代家训集成》（全十二册）第三册，浙江古籍出版社 2017 年版，第 1939 页。
④ 楼含松：《中国历代家训集成》（全十二册）第三册，浙江古籍出版社 2017 年版，第 1967 页。

原因在于“财积不散，又无一善状”，加之“渐骄横”[①]。没过多久，该富翁“为贼刺杀之”[②]。春秋时期越国名臣范蠡，可以说谋国经商之能手。为越王勾践实现复仇计划、称霸一时，范蠡贡献了自己的智慧。范蠡深通人性，对政治感悟力极强，明白鸟尽弓藏的哲理。所以，他在帮助勾践打败吴王夫差后，劝说大夫文种不要居功自傲，要早日离开勾践。文种不幸让范蠡言中，被勾践杀害。范蠡坚定决心，带上细软珠宝，乘舟泛海而行，离开了勾践。在这里，我们可以清晰地看到，范蠡可以拒绝勾践所许之地位名利，但当他离开勾践的时候，细软珠宝则成为必带之物，应了那句话“财不可不积也”。当范蠡来到齐国后，经过一番改名换姓的行动后，通过耕田煮盐、努力生产、积极地治理产业，不久，就获得了数十万财富。齐国人听说他本领这么大，希望他能出任齐国宰相。范蠡感慨地说了一番话：“居家则致千金，居官则至卿相，此布衣之极也。久受尊名，不祥。”[③] 如同帮助勾践建立霸业后辞官远去一样，在积累巨额财富之后的范蠡，认为财多不祥，一定要散财。于是，范蠡推掉齐国国相好意，“尽散其财”[④]，做到了“以济不足”。范蠡悄悄地离开了齐国，来到了一个叫陶的地方，这个地方交通便利，便于做生意。在此地居住下来后，范蠡放养牲畜、贩运物资、薄利多销，最终积累了巨大的财富。他仍然选择散财。司马迁在《货殖列传》中讲：“十九年之中三致千金，再分散与贫交疏昆弟。此所谓富好行其德者也。”[⑤] 说的正是范蠡。范蠡对财富，看得非常透彻，既能良好地把握经济规律，赚很多钱财；又能置身钱外，将钱财赈济贫困。

清代潘宗洛在《诚一堂家训》中强调：“士农工商，能专其一者，必先贫而后富。”[⑥] 无论是从事任何职业，只要能够始终如一地去做，终究会干出一番大成就来。“士农工商”中的“商”，如果执着于此业，不断积累经

① 楼含松：《中国历代家训集成》（全十二册）第三册，浙江古籍出版社2017年版，第1967页。
② 楼含松：《中国历代家训集成》（全十二册）第三册，浙江古籍出版社2017年版，第1967页。
③ 安平秋：《二十四史全译：史记》（全二册）第一册，汉语大词典出版社2004年版，第663页。
④ 安平秋：《二十四史全译：史记》（全二册）第一册，汉语大词典出版社2004年版，第663页。
⑤ 安平秋：《二十四史全译：史记》（全二册）第二册，汉语大词典出版社2004年版，第1541页。
⑥ 楼含松：《中国历代家训集成》（全十二册）第七册，浙江古籍出版社2017年版，第4205页。

验，探索创新，亦会有大的成就。晋商在中国历史上非常有名，在晚清的代表人物当属乔致庸。乔致庸出生时，乔家的家境已经比较殷实。但他在面对双亲离世、乔家面临新的危机中，主动挑起了经商的重担，从此走上经商之路，职业再也没有变换过。富有商业头脑的乔致庸，在商海中大胆探索，创新经营思路，最终获得了成功。第一，乔致庸能够扩大店铺经营范围。道咸年间，乔致庸在包头已有店铺复盛公的基础上，增设复盛全、复盛西、复盛菜园、复盛协、复盛锦、复盛兴、复盛和、复盛油坊等生意字号。依托包头便利的水陆交通条件以及良好的经济发展态势，这些“复”字号在生产和经营上各有侧重，互相还能支持扶助，很快就成为包头重要的商号品牌。第二，乔致庸积极拓展票号生意。山西票号是非常有名的，为经济往来提供了便利。乔致庸因常年在不同的地方经商，不可避免地要频繁进行汇兑，这使得他能够敏锐地意识到票号的重要性。于是，乔致庸创办了大德通、大德恒两家票号，这两家票号分号遍设全国重要的节点城市、水旱码头。因乔致庸管理有方、信誉卓著，票号生意非常火爆。乔致庸利用充足的资本，在全国很多地方投资兴业，财富不断累积，成为巨商富甲。第三，乔致庸经商坚持诚信原则。深受儒家文化影响的乔致庸非常重视诚信经商。他在包头经商时，打出了“以勤俭诚信为本”“人弃我取，薄利广销，维护信誉，不弄虚伪”的口号，以信誉赢得顾客，以信义征服顾客。生意场上，缺斤短两等不讲诚信的事情时有发生，然而，乔致庸在经商中不仅不存在这种情况，而且还让利于民。在包头的复盛油坊，乔致庸发现一个伙计为了谋利，在发往山西的一批胡麻油中掺了假，当即严厉惩罚了这个伙计，还连夜贴出告示，说明掺假情况，并作出退全款的保证，以示其赔罪的诚意。他在店铺中使用的斗秤都会故意放大，让顾客得到更多的实惠。他赴武夷山贩茶叶，因所带银两不够，便向茶场主承诺来年购茶时一并带来，第二年，他如约而至。他到恰克图卖茶叶，为了防止路途中有所损耗，更为了让利于民，将一包一斤一两的茶叶只当一斤来销售。第四，乔致庸用心培养人才。人才是事业的基础。乔致庸认识到了人才的重要性，将挖掘和培养人才作为一项特别重要的事情加以对待。年纪轻轻就在蔚长厚票号当学徒的阎维藩，因聪明好学、胆识过人，进入票号管理层。后因处置票号事宜不当被查，阎维藩一气之下，辞职还故里，打算另谋他职。乔致庸得知此事，对阎维藩做事风格颇为欣赏，认为他是一个有胆识懂经商的奇才，礼聘他为大德恒票号总经理，且对他始终不疑。阎维藩感激乔致庸的知遇之恩，推动大德恒票号事业走向兴隆。乔致庸在用人过程中，能够逆向思维，打破常规，且能做到充分信任、大胆授权、用人不疑。作为晋商的优秀代表，乔致庸的生意做得很大，财富积累很多，声名闻于一时，没有他一生对经商事业的倾情投入、研究、分析、摸索、创新，就不可能有他在生意场上的成功。

清代关陇学派代表人物牛作麟在《牛氏家言》中告诫自己的孩子："坐享豪华，一人所用，常兼数人；一家所费，常兼数家，则自以为福者，乃其所以为祸也，可不惧乎？"[①] 且不说财富来源是否合理正当，单说在使用财富过程中，要注意将其用在有价值的地方，还要养成节俭朴素的生活习惯，否则，祸患是逃不过的。西晋巨富石崇，在历史上以炫富铺张闻名，就是一个典型的例子。石崇出身名门。其父石苞，"雅旷有智局，容仪伟丽，不修小节"[②]，职位很高，成为西晋开国元勋。石崇继承了父亲的才智，走上了仕途，刚开始的时候，官声还是不错的。不知是对官场规则的熟稔，还是对财富运转的熟稔，凭借为官的资源、人脉、影响力，他积累了巨额财富，过上了奢华的生活。石崇建造了供他享乐的金谷园，依托有利地形，打造奢侈盛宴。在石崇的屋子里，珠宝堆积，美食众多，美女陪伴在旁，好一幅追求奢华之图景。不止于此，石崇还喜欢炫富斗富。他与皇亲贵胄王恺的斗富故事，流传久矣。不管是比什么物品，结局都是石崇用得奢华用得昂贵，最终胜出。财富来源不正当、使用又过于奢华，加之喜好炫富斗富，石崇离遭殃的日子就不远了。石崇的仇家孙秀爱上石崇身边的一个叫绿珠的女人，被石崇拒绝，为他引来了杀身之祸。孙秀劝说司马伦杀掉石崇，紧接着诈称皇帝诏书逮捕了石崇。当石崇被拉到东市要行刑时，叹

① 楼含松：《中国历代家训集成》（全十二册）第十册，浙江古籍出版社 2017 年版，第 6104 页。

② 许嘉璐：《二十四史全译：晋书》（全四册）第二册，汉语大词典出版社 2004 年版，第 785 页。

了口气说："奴辈利吾家财。"① 捉石崇的人对他说："知财致害，何不早散之？"② 石崇无话以对，最终被杀。他临死之前仍然在谈财，被捉拿他的人所取笑，感叹他不会散财。石崇的财富比普通人的财富多数倍，然其不思正道，不用财富去做正事，而是忙于用财富来享乐、炫耀、斗富，引致嫉妒、报复乃至杀身之祸，不可不为之戒。

家书中的身教观

古人非常有智慧，他们不仅有着精辟的人生见解，还能够以身作则地教育晚辈，对晚辈成长起到了很重要的作用。家书中，对至亲之人，古人没有丝毫掩饰和保留，且将最有效的成长办法和智慧法则传授给晚辈。

唐初名臣房玄龄之所以能够做出那么大的政绩，很重要的原因在于其父房彦谦的谆谆教导和身教影响。房彦谦自幼聪敏好学，勤俭懂礼。房彦谦成了孤儿后，他对待继母超过亲生母亲，为人所赞叹。房彦谦的继母过世后，房彦谦为继母亲自守丧，且不进食有五天之久。等到房彦谦走上仕途后，多余的财物用来接济亲朋好友，自己尽量保持素俭的生活本色。房彦谦待人谦虚有礼，有的时候自己吃点儿亏，也怡然自得；对工作非常尽责，指出朝政的弊端一语中的，并进行深刻论述，受到有识之士的赞赏。房彦谦对其子房玄龄说："人皆因禄富，我独以官贫。所遗子孙，在于清白耳。"③ 房玄龄不仅聆听父亲教诲，而且长期在房彦谦身教影响之下，潜移默化地接受着其父的优良品行和卓越才华。房玄龄自幼酷爱学习，博览经史，能够写出一手好文章，为其日后成才奠定了基础。在家中，房玄龄孝敬父亲。房彦谦卧病在床百天，房玄龄能够一直陪伴在旁，精心侍奉，百

---

① 许嘉璐：《二十四史全译：晋书》（全四册）第二册，汉语大词典出版社2004年版，第792页。

② 许嘉璐：《二十四史全译：晋书》（全四册）第二册，汉语大词典出版社2004年版，第792—793页。

③ 孙雍长：《二十四史全译：隋书》（全二册）第二册，汉语大词典出版社2004年版，第1410页。

天当中不曾脱衣睡觉。房彦谦去世后，房玄龄好几天不吃不喝，以尽哀悼之意。房彦谦对房玄龄孝心的影响，可见一斑。房玄龄遇到李世民，千里马遇到伯乐，互相欣赏，互相成就对方。房玄龄有着过人的谋略，不仅帮助李世民平定天下，且帮助李世民登上了帝位，成为唐太宗开创贞观之治的重要幕僚和勋臣。和平时期，房玄龄的治国才华更加显露无疑。身居要职的房玄龄总理朝政，处置政务，非常娴熟，让唐王朝稳步向前发展，被称为一代贤相。为国，他为官正直，颇具官品；为人，他谦虚低调、戒骄戒躁，时常反省自己的为政失误，多次上表请求辞掉宰相之职；为文，他能够监修国史，文笔稳健客观；为父，他多次告诫自己的孩子不要追求奢华的生活，不要用地位声望去欺凌他人，常搜集名人家训，写在屏风上，对孩子们说："若能留意，足以保身成名。"① 房玄龄所呈现出的个人品行和所创造的事功，难道不是其父房彦谦身教的结果吗？

北宋大文豪苏东坡，自幼从母亲那里了解到了东汉名臣范滂的正直之品，誓言要做像范滂一样的人。等到苏东坡考中进士、走上仕途后，在不同岗位上都做出了政绩，真正做到了爱国泽民可忘躯。苏东坡对孩子的教育，充满了情怀和理想寄托。苏东坡的长子苏迈，在二十四岁的时候，被朝廷任命为饶州德兴县县尉。在苏迈赴任前，苏东坡赠送给苏迈一方砚台，砚底上有一段话："以此进道常若渴，以此求进常若惊，以此治财常思予，以此书狱常思生。"② 苏迈深知其父的良苦用心，这是对他走上仕途的期待，是苏家家风传承的重要内容。苏迈不仅能够体悟其父寄语的深刻内涵，而且还能时常想到苏东坡日常为官的所作所为。苏东坡的言语和身教，让苏迈迅速地成熟起来。苏迈没有辜负苏东坡的期待，走上仕途后，为官清正，爱民如子，为百姓做了大量的工作。苏东坡对苏迈能够继承苏家家风，做一个官声不错的人，是充分肯定的。

清人刘德新在《馀庆堂十二戒》中指出："盖吾人之道德品谊，当向胜于我者思之，则希圣齐贤，而奋励之心自起。吾人之居处服食，当向不如

① 黄永年：《二十四史全译：旧唐书》（全六册）第三册，汉语大词典出版社 2004 年版，第 1973 页。

② 曾枣庄、舒大刚：《苏东坡全集》（全八册）第六册，中华书局 2021 年版，第 3068 页。

我者思之，则随缘安分，而觊觎之念自消。”① 明代的章懋身居乡里，以读书讲学为主职，还要侍奉双亲、从事农业劳动，虽生活清贫但亦怡然自得。不知底细的乡里人判断他是一个乡间贫儒，没想到他是一个致仕还乡的高官。章懋在年轻的时候就中了进士，后来走上仕途。他为官以圣贤为榜样严格要求自己。他看到皇帝要大办元宵节灯会，于是谏言皇帝，陈述当时朝廷面临严峻的执政挑战，“今川东未靖，辽左多虞，江西、湖广赤地数千里，万姓嗷嗷，张口待哺”②，应该以尧舜为榜样，“伏乞将烟火停止，移此视听以明目达聪，省此赀财以振饥恤困，则灾祲可销，太平可致”③。因其忧国爱民之举，被誉为“翰林四谏”④ 之一。

章懋四十一岁的时候，正当高升之时，他选择了急流勇退，回到自己老家，过着清贫的讲学生活。“四方学士大夫高其风，称为枫山先生”⑤。他以自己的身教勉诲自家子弟，要谦逊待人、勤于农业、低调做事。章懋的三个儿子，“兼令农业”，“县令过之，诸子释耒跪迎，人不知其贵公子也”⑥。在家乡待了二十年，声名震动于朝野，再次被推选出来当官，他仍能坚持原则，在不同岗位上做出政绩。他的一个儿子去南京看望他，半途中被巡检官员鞭打，打后才知是章懋的儿子。该巡检官员向章懋负荆请罪，“懋（章懋）慰遣之”⑦。从这件事中，既可以看到章懋平易近人、不事苛责的高尚风范，也可以看到其子不事张扬、低调行事的做人本色。章懋把正直、低调、谦虚的为官品德传递给了自家子弟，成为无形的政治遗产，

① 楼含松：《中国历代家训集成》（全十二册）第六册，浙江古籍出版社 2017 年版，第 3461 页。

② 章培恒、喻遂生：《二十四史全译：明史》（全十册）第六册，汉语大词典出版社 2004 年版，第 3503 页。

③ 章培恒、喻遂生：《二十四史全译：明史》（全十册）第六册，汉语大词典出版社 2004 年版，第 3504 页。

④ 章培恒、喻遂生：《二十四史全译：明史》（全十册）第六册，汉语大词典出版社 2004 年版，第 3504 页。

⑤ 章培恒、喻遂生：《二十四史全译：明史》（全十册）第六册，汉语大词典出版社 2004 年版，第 3504 页。

⑥ 章培恒、喻遂生：《二十四史全译：明史》（全十册）第六册，汉语大词典出版社 2004 年版，第 3505 页。

⑦ 章培恒、喻遂生：《二十四史全译：明史》（全十册）第六册，汉语大词典出版社 2004 年版，第 3505 页。

让后代受用不尽。

家书中的婚姻观

婚姻对男女来说都是人生的大事，不能马虎对待，需谨慎为之。婚姻生活中，道不尽的情长理短，说不完的喜怒哀乐。然而，从人生的阅历、历史的经验、阶层的力量和特定时期的习俗，似乎可以梳理出一些可贵的有关婚姻的宝贵经验。这些宝贵经验在古人的家书中有所体现，为今人提供镜鉴。

《硕范胡氏家训》中深刻地指出："假使趋财附势，苟且相就，贪一时之小利，忘日之至忧，妇必傲其舅姑，女必非其配偶，求荣反辱患。"① 男女相识，始于相知、才华，必会为人称道。唐代的卢储早年以诗投于高官李翱。李翱将其作品置于案头，自己出去办事。恰逢李翱之女经过李翱案头，看到卢储的作品，为作品所展示出的才华而生钦佩之意。李翱之女对婢女说，此人未来一定会高中状元。正好李翱办完事回到家中，惊闻此言，大为触动。李翱经过认真思考和分析后，断言卢储未来一定会成事。于是，李翱做主，将其女许配给卢储。第二年，卢储果然不负众望，中了状元，随即与李翱之女完婚。婚礼前，卢储给李翱之女写了一首《催妆》诗，表达对李翱之女欣赏自己才华的知遇之恩。

《石泉、汉阴冯氏家训》中强调："婚姻者，合二姓之好，成百年之缘。故凡娶妇必择门户相当，然后观家法整肃，风气若正，子女必端，自无反唇狂泼之习，必能敬夫礼姑，温柔贤德，家道必昌。不可慕富图财以求一时之快，妇若富必欺夫，而不敬公姑。"② 此家训对门第的强调，在古人来看，是经验和教训的总结。这里所强调的门第，不能以今人平等自由婚姻的眼光视之，而是古代社会中家庭经验、社会习俗的客观反映。此家训强

① 刘鑫：《金华名人与家训》，河海大学出版社2020年版，第86页。

② 戴承元：《安康优秀传统家训注译》，陕西人民出版社2017年版，第43页。

调的门第，实际上是在说平等观念，如果财力相当、趣味相投、思想认识一致，就能够结合，这是美满婚姻的基本形式。当然，如果拘泥于门第，没有看到贫穷小伙的能力和发展前景，贸然破坏其择偶行为，可能会造成时代悲剧。江苏靖江有一个叫陆奉贤的男子，虽然祖上门庭高贵，但到他这一辈已经没落。陆奉贤却仍坚持门第观念，意欲为其所珍爱的女儿找一个门第相当的男子。由于眼光过高，一大批前来求婚的人被陆奉贤因门第不符拒绝。1836 年，陆奉贤过世。此时，已经年逾三十的女儿仍然待字闺中，且求婚的人越来越少，最终“守贞不字，纺织自养”。

《刘氏家规十二款》中指出：“凡嫁娶要择气味攸同、家事清白者。”[①] 此家训中的“气味攸同”成为男女走到一起，并且能够持久的重要因素。春秋时期，晋国有一个叫郤缺的人，在田地耕耘，其妻在家中做饭。夫妻二人“气味攸同”，想通过勤劳耕种、共同努力，过上好的生活。郤缺非常辛苦，在农忙时节，没有时间回家，其妻就将做好的饭菜送到田地里，双手捧着饭菜递给丈夫。郤缺亦和颜悦色地接受。比夫唱妇随境界更高一个层面的“相敬如宾”之景被晋国一位大夫路过此地看到了。结果，这位晋国大夫向晋国国君推荐了郤缺。为什么推荐郤缺？原因在于夫妻关系非常和谐，由此判断郤缺必定是一个有德行和才华的人。郤缺不负重托，逐渐成为晋国重臣。

《卢氏家训》中指出：“夫妇乃人伦之大端，夫义妇贤，家昌之本。所受所识，原本有异；既经结合，须同心同德，互敬互爱，同商互谅，相济而为。”[②] 此家训强调的“夫义妇贤”，在汉代鲍宣身上体现得非常明显。鲍宣出身贫寒，却饱读诗书、讲究气节、富有大义。当时有一个女子叫桓氏，出身富贵，却聪慧有礼。桓氏的父亲颇有眼光，对鲍宣的才华十分欣赏，于是将桓氏许配给鲍宣。桓氏的父亲了解到鲍宣家境贫寒，厚重的嫁妆也随之带去。鲍宣看到厚重的嫁妆，对此非常敏感，再三拒绝接受这些礼物。聪慧的桓氏敏锐地发现鲍宣可能会认为自己过惯了奢华生活，不会习惯于

---

① 刘鑫：《金华名人与家训》，河海大学出版社 2020 年版，第 138 页。

② 刘鑫：《金华名人与家训》，河海大学出版社 2020 年版，第 147 页。

贫寒的生活。对此，桓氏耐心地做鲍宣工作，允诺自己能够习惯过俭朴的生活，并且承担起一个女子应该有的责任。等到入了鲍宣家后，桓氏脱下华美的服饰，穿上粗布短褂，步入厨房干活，成为人人赞叹的一名贤妇。鲍宣看到了桓氏的“贤”，桓氏看到了鲍宣的“义”。二人步入婚姻殿堂后，能够“同心同德”“互敬互爱”“同商互谅”“相济而为”，成为令人羡慕的一对夫妻。

家书中的立志观

立志很重要。志向是人的思想开关，关乎人的成长、选择和未来。志向立得好，前程无量；反之，则人毁身败。古人很重视立志。凡是那些敢于立志，且为了自己的人生目标而努力拼搏的人，人生活得很精彩，对国家也有贡献。反之，志向没立起，迷失了方向，在仕宦生涯中走入歧途，对个人、社会、国家都是灾难。杨继盛在《杨椒山家训》中指出：“人须要立志。初时立志为君子，后来多有变为小人的。若初时不先立下一个定志，则中无定向，便无所不为，便为天下之小人，众人皆贱恶你。你发愤立志要做个君子，则不拘做官不做官，人人都敬重你。故我要你第一先立起定志来。”① 杨继盛的这段话讲得很深刻，把不立志的危害、立志的益处及守志的功效阐释得清晰明了，为后人提供了镜鉴。

人如果没有及时立志，或者选择一条邪路作为奋斗动力和目标，对社会和国家来讲，无疑是一场灾难。蔡攸是蔡京之长子。蔡京欺下媚上、擅权专权、鱼肉百姓的行为影响着蔡攸。蔡攸凭着父亲的权势和自己讨好端王的伎俩，在端王成为宋徽宗后被重用。身为臣僚，本应该立定志向，如果做不到报效国家服务百姓，也不要做败坏社会风气的不良分子。蔡攸却将不良的习气全部占有，败坏了吏治、影响了社会风气。他担任了龙图阁

---

① 楼含松：《中国历代家训集成》（全十二册）第四册，浙江古籍出版社 2017 年版，第 2286 页。

学士之后，自己不学无术，结果成为多方才俊的领导，遭致士大夫阶层的抵制。

思想上没有为官身正的理念，行动上不能持道守义，为官必会走入歧途。蔡攸因受皇帝宠信，故擅权宫中事务。为了个人的享乐，参与宫中奢华宴会、组织违背礼法的娱乐活动，败坏了宫中规矩和风气。为了应和皇帝喜欢道家学说的癖好，蔡攸更是制造异闻和谬论，营造神仙之事，为皇帝喜好找到实践依据，败乱了朝纲。为了在皇帝面前争功，即使是父子关系，蔡攸亦诡计迭出，表面和善，内心充满了对蔡京的不满和陷害。虽然蔡京亦是奸佞，然二人权势熏天，互相倾轧对方，各自立门户，成为仇敌，断裂了父子亲情。

在家不能尽孝，为国不能尽忠，不孝不忠的印记在蔡攸的身上体现得最为明显。蔡攸在为官中，追求个人权势，追逐个人享乐，追捧至上皇权，一旦德不配位，国家出现变故或灾难，自己亦会落得一个难堪的下场。蔡攸最终被朝廷所杀，落下一个人毁家败的结局，岂不悔哉！

立志非常重要，决定了一个人今后的发展方向。西汉著名史学家司马迁出身于史学世家。司马迁的父亲司马谈是当时非常有名的历史学家。司马谈学问渊博，转益多师，积累了丰富的知识，尤其是精通黄老之学、易学、天文学等。汉初统治者奉行黄老学说。司马谈在探究黄老之道方面有自己独到的见解。他撰写的《论六家要旨》，从阴阳、儒、墨、名、法、道六家入手进行全面剖析，尤其强调了道家的思想价值。由于司马谈知识渊博，被选为太史令，参与当时礼仪制度的完善。

司马谈对儿子司马迁抱有很高的期望，在对司马迁立志方面起了非常重要的作用。司马迁很小的时候，司马谈就为司马迁制订学习计划，专门开发司马迁在史学方面的潜能，以继自己的志向。司马迁回忆中说，自己十岁的时候就开始学习古文，为史学研究打下了扎实的基础。司马迁经常去司马谈的太史府读书楼阅读大量书籍，达到废寝忘食的境界。司马谈不仅为司马迁答疑解惑，提高司马迁的理解能力，而且还鼓励司马迁去名山大川实地考察，来印证学到的知识。二十岁的时候，司马迁走出书斋，到江淮一带游览，考察名人故居、访求旧闻轶事。

司马迁游历归来后，司马谈为他延聘名师，开阔他的眼界。司马谈为司马迁延请的第一位老师是孔安国。孔安国精通古文经学，为司马迁讲解《古文尚书》，启发司马迁考证历史的意识。司马谈为司马迁聘请的第二位老师是董仲舒。董仲舒学问高深，尤精“春秋公羊学”。董仲舒将政治、历史、哲学知识融为一体，完整充分地对《春秋》进行阐释，成为汉代今文经学的重要权威。董仲舒在为学中倡导大一统思想、崇让尚耻之义、有道伐无道等理念深深地影响了司马迁的史学观。

正当司马迁成长成熟的时候，其父司马谈病重，司马谈将其唤到身边，留下了临终嘱托。在这份沉重的嘱托中，司马谈谈到了司马家族的史官传统，希望司马迁继承这个良好传统，写出无愧于时代的伟大史学作品。含着热泪的司马迁接过父亲的重托，此后撰写一部伟大的史学作品，成为司马迁人生的目标，也是其立志要实现的目标。司马迁如愿地当上了太史令后，这为他实现写史创造了良好的条件。他舍弃家庭琐务、断绝一切应酬，全身心地投入太史令应承担的工作中。他以海绵吸水的方式阅读藏于宫中的大量古代文献和皇家档案，知识有了极大的储备。同时，司马迁还要陪侍汉武帝巡游天下，自己在这个过程中进一步丰富了阅历、开拓了眼界。太初元年，司马迁参与了太初历的制定工作，同时，开启了《史记》的撰写工作。人生是一场大戏，充满了起伏不定的各种可能性。因替李陵辩护，受到汉武帝的责难，司马迁由此被关进监狱，并处以死刑。根据当时的法律，判决死刑的人可以通过钱财来赎罪，或者接受腐刑来赎罪。没有过多钱财的司马迁为了完成自己的史学创作，忍辱负重，选择了腐刑，这是他经过深思后的伟大选择。

古代社会中，如果一个人遭受了腐刑，不仅是对他身体的损坏，更是对他思想精神的打击。出身于史学世家的司马迁从情理上亦不能忍受此等刑罚，但是他之所以能够接受这种刑罚主要是为了争取时间和生命来完成《史记》的创作，可见他对志向实现的维护和用心。出狱后的司马迁忍受巨大的屈辱和痛苦，以极大的毅力，终于完成了《史记》这部可藏于山川之名作。司马迁所创作的《史记》，是中国古代第一部纪传体通史，记载了从传说中的黄帝起到汉武帝时期约三千年历史。这部史书将人类社会所涉及的政治、经济、文化、科技、交通、民族等内容及站在这些内容背后的帝王、将相、官吏、学者、游侠、卜者、农工、商贾等进行了全景式展现。得益于司马谈的培养、自己的勤奋、周游天下的经历及正确的史观，司马迁才能够写出这部史料扎实、内容丰富、求是求实、见解独特的伟大史书。这部史书既是司马迁志向完成的重要证据，也是留给后人的巨大精神财富。

立志之后，还需要有耐心去守志。如果守志成功，既是对自己始终坚持的一种鼓励，也是摒弃各种杂念的一种理念升华。魏晋时期的嵇康，出身于名门，自幼受到了良好的教育。他天赋极高，加之勤奋好学、博览群书，被誉为“奇才”，成为受人尊重的人。嵇康在众多学问中尤其喜欢老子、庄子的思想，故其在《与山巨源绝交书》中说：“老子、庄周，吾之师也。”① 家庭的变故、亲戚的宽容、个人的选择，促使嵇康从思想到行为，都要选择一种恬淡简静的思维方式和生活方式，这种追求成为他自觉不自觉的一种人生志向。

为了这种志向的实现、坚守，他在创作、思想、生活、交友等方面，都显示出独特的追求特征。在创作上，他撰写了《养生论》《声无哀乐论》等，从养生、音乐的角度，为自己追求无欲无求、恬淡自简、贴近自然、纵情山水的生活提供了新的理解视角。在思想上，他以古圣贤为榜样，以老庄哲学为基础，公开反对束缚人思想的礼教文化，倡导回归自然、本性的生活状态。在生活上，他守陋巷，养子孙、弹曲琴、喝杯酒、吃野菜，去深山采药、去大湖赏鱼、去洞穴唱歌，淡泊名利、不要功名、回归本真状态。在交友上，他喜欢结交磊落之人、愚笨之人、性情之人，只有这样，才能不拘形式，与对方赤诚地进行交流，达到思想上的交融。

嵇康是当时那个社会的一股清流，在士大夫中享有声誉。然而，他抨击名教、抵制功利思想、追求恬淡自然的生活方式，对那时的社会造成了深刻的影响。这种影响体现在两个方面：一方面是对统治阶级的影响。统治阶级为了维护自身的统治，以名教为护身之法。嵇康的思想和行为无疑冒犯了统治阶级执政意志，二者通过各种形式发生摩擦和矛盾。当这种摩

① 卫绍生辑校：《〈竹林七贤集〉辑校》，中州古籍出版社2018年版，第159页。

擦和矛盾不可调和的时候，就出现了对他的批评声音、断交的现象、被抓的情形。嵇康在这个过程中，对自己志向的坚持和守护，显得尤为突出，展示出他刚毅的品性。另一方面是士大夫的影响。在当时高压统治之下，为了才华得以彰显和性情得以释放，嵇康的价值被无限放大，这也加剧了嵇康与司马氏家族的冲突，最终引来了杀身之祸。然而嵇康立志守志是独特的，具有永恒性。

家书中的诚信观

古人非常重视诚信。古人认为，一个人不讲诚信，都不知道这个人还能干什么。人总是处于社会网络当中，总会与其他人打交道，在打交道过程中，一定要讲诚信，才能建立信任关系，才能更好地发展、提高和成就自己。孟子说："是故诚者，天之道也；思诚者，人之道也。"① 为人为官，遵循诚信这个"道"，才能赢得大家的信任和敬佩。古人在家书中，经常谈到诚信这个话题，视角非常新颖，所阐释的主旨又非常深刻。

明代刘良臣在《凤川子克己示儿编》中指出："人虽有等，接之之道，无逾于诚。诚能动物，四海万姓，可为兄弟，夷狄异类，视如家人，乃何用不臧矣。"② 刘良臣认为，诚信是人的"道"，要走这个"道"，才能感动别人，甚至将敌对关系的人转化为莫逆之交。身历四朝的唐朝名臣裴度，以诚为本，以诚待人，以诚立世界，赢得朝野一致赞赏。当时，地方叛乱时常发生。唐王朝讨伐蔡州过程中一再失利。好多臣僚态度坚决，主张罢兵而撤。有这样言论的臣僚认为有可能是打不了胜仗，或者为一己之私而考虑。但裴度则不然，他向皇帝谏言，如果不及时平叛，将会留下大患、酿成大害，其他地方势力也会因此选择作乱。皇帝仍然在犹豫之中，没有作出决断。当时恰逢高霞寓战败退却，窥测圣意的人猜测皇帝可能厌倦用

① 刘兆伟：《孟子译评》，中华书局2011年版，第194页。

② 楼含松：《中国历代家训集成》（全十二册）第三册，浙江古籍出版社2017年版，1942页。

兵，劝说皇帝不要考虑战争结局，胜败乃兵家常事，退兵之言又起。此时，裴度请求皇帝派他前去督战。这就促使皇帝下定决心，要尽快平叛蔡州。当裴度流着眼泪说："臣誓不与此贼偕全。"① 裴度心中没有杂念，也没有从个人利益考虑，更多的是为国家考虑。他的这份诚意，打动了皇帝。皇帝任命裴度为彰义军节度使，派他去平叛蔡州。裴度率军进入蔡州后，让蔡州的牙兵在帐下侍候。有人建议裴度要有防备之心，裴度却开诚布公地讲："我是彰义军节度使，这里的首恶已被我活捉，蔡州人都是我的人啊。"他的诚意又打动了蔡州人。作为一代名臣，上对皇帝，下对百姓，都无愧于一个"诚"字，裴度做到了。当朝廷出现诬蔑他的言论，皇帝不予理会，大概也是因裴度的诚所致吧。

清代名臣汪辉祖在教育子孙的家训《双节堂庸训》中指出："以身涉世，莫要于信。此事非可袭取，一事失信，便无事不使人疑。果能事事取信于人，即偶有错误，人亦谅之。"由诚信而建立的信任关系，对于两个人的发展与合作来说，至关重要。有了这层信任关系，即使出现纠纷、摩擦甚至个人缺点、缺失，都没有关系。明初名将汤和之所以能够得到朱元璋的信任、赏识，之所以能够在淮西勋贵中得以善终，在于他这个人身上的诚。他与朱元璋是老乡，为人豪爽洒脱，多谋略、善骑射。他虽然比朱元璋大三岁，但是很早就佩服朱元璋的才华，以下侍朱元璋，得到朱元璋的赏识。汤和的这种对朱元璋的佩服，是发自本性的诚，是真情流露，不能遮盖。在朱元璋的重用下，汤和发挥自己能征善战的作用，为明朝建立创下了累累军功。他对朱元璋的听令，亦是他诚之本性流露。他与朱元璋的信任关系建立后，尽管他做事有糊涂的时候，也做过错事，但是朱元璋仍然原谅他，待他如初。汤和释放陈友定残部，导致八郡作乱，加上作战失利，酒后失言，故朱元璋未在平定中原后第一时间封他为公爵。但汤和仍然能够得到朱元璋的信任、赏识、重用，就是因为二人信任关系之牢固。汤和偶有错误，朱元璋亦选择谅解他。

---

① 黄永年：《二十四史全译：旧唐书》（全六册）第五册，汉语大词典出版社 2004 年版，第 3772 页。

魏晋时期的名臣羊祜对其家人说："若言行无信，身受大谤，自入刑论，岂复惜汝，耻及祖考！"① 言行不一、不讲诚信的人，可能会被宠一时、得势于一时，但终究会被人发现，事情终究会暴露，落得一个身败名裂的下场。北宋末年的蔡京，虽以进士之身进入仕途，但他不讲诚信、见风使舵、随意变色。诚信的最高境界在于始终能保持自己的观点，为了实现某个正确主张，不断地加以努力。蔡京则不然。他在担任开封府知府期间，支持变法改革，但是当反对改革的保守派上台后，又投靠保守派，以期保持官位、获得赏识。当时，司马光要求在五日之内废除免役法，恢复差役法。当时，人们还在争论当中，蔡京就率先在规定时间内完成开封府恢复差役法的任务。完成后，蔡京跑到政事堂告诉司马光。司马光听了之后大加赞赏："使人人奉法如君，何不可行之有！"② 蔡京反对变法的态度非常明显。可是，等到蔡京掌握大权后，以王安石变法继承者自居，出台政策禁止司马光等保守派后人做官，以变法之名打击保守派力量。其实，蔡京既不是真正的改革派，也不是真正的保守派，他是真正的投机派。在政治上的这种投机，使得他为人做官中将不讲诚信作为自己的特色和专长，给国家带来巨大的灾难。宋徽宗喜欢声色犬马的生活。作为臣僚，蔡京应该谏言皇帝不要做这样的事情，尽管他做不到这个境界，如果选择沉默，最多被批个不作为。但是，蔡京劝导、引诱宋徽宗过奢华生活。蔡京鼓励宋徽宗"当享天下之奉"，促使宋徽宗骄奢淫逸、大兴土木。当时一个叫陈朝老的太学生上疏批评蔡京干了十四件坏事，其中就有"广费用""喜导谀"，自己追求奢华腐化的生活，还鼓励皇帝也过这样的生活，同时，对上阿谀奉承。他虽然权势煊赫一时，但最终被流放，在流放途中凄凉死去。他死后，百姓对他非常痛恨，把没有正法他视为遗憾。蔡京及其一家人，名声都不好，给整个家族声望带来了巨大的负面影响。

---

① 徐少锦、陈延斌：《中国家训史》，人民出版社 2011 年版，第 264 页。

② 倪其心：《二十四史全译：宋史》（全十六册）第十六册，汉语大词典出版社 2004 年版，第 10143 页。

品格篇

善拒请托的官员

古代社会中，官员作为有地位有身份有影响的阶层，对社会发展有着非常重要的影响作用。人们正是因为看重官员的地位和影响，千方百计地托关系找到这些有实权的官员，提出自己的需求，希望这些官员能够予以满足。作为官员而言，要有为官之定力，要保持头脑清醒，要善于拒绝这些请托。嵇康在《家诫》中说："其立身当清远。若有烦辱，欲人之尽命，讬（托）人之请求，当谦言辞谢：其素不豫此辈事，当相亮耳。"① 面对各种请托，嵇康在家书中告诫晚辈要"谦言辞谢"。

唐代名臣崔知温，了解民间疾苦，在地方为官过程中，做了大量的实事。同时，他还品行方正，善拒请托。他在担任兰州刺史的时候，三万余党项人侵犯兰州。名叫权善才的将军率兵前来救援，将来犯之敌三万余党项人打败。权善才有自己的小心思，他想借着被打败的党项人投降之机，"欲尽坑之，以绝后患"②。崔知温了解了权善才的想法后，对权善才晓之以理："弗逆克奔，古人之善战。诛无噍类，祸及后昆。又豀谷峥嵘，草木幽蔚，万一变生，悔之何及。"③ 权善才听取了崔知温的建议，做到了善待降者。权善才对崔知温讲，将降者中的五百人送与崔知温。从表面上来看，权善才的此番行为，虽然没有直接的利益往来和输送，也可能谈不上所谓请托，但是他拿着此事送人情，似有讨好崔知温之嫌。崔知温正色拒绝："向论安危之策，乃公事也，岂图私利哉！"④ 崔知温以不图私利为名拒绝了权善才的赠与。崔知温有理有据的分析与回应，是对那些拿着国家名器去

---

① 卫绍生辑校：《〈竹林七贤集〉辑校》，中州古籍出版社 2018 年版，第 252 页。

② 黄永年：《二十四史全译：旧唐书》（全六册）第六册，汉语大词典出版社 2004 年版，第 4118 页。

③ 黄永年：《二十四史全译：旧唐书》（全六册）第六册，汉语大词典出版社 2004 年版，第 4118 页。

④ 黄永年：《二十四史全译：旧唐书》（全六册）第六册，汉语大词典出版社 2004 年版，第 4118 页。

做交易甚至请托行为的一种反对与拒绝。

宋武帝时期有一位名臣叫王惠，骨子中流淌着不尚繁华、追求质朴、崇尚简静的血液。因为他“幼儿夷简”“恬静不交游”“未尝有杂事”[①]，塑造了他较为独立的性格和廉洁的品性。宋武帝听闻王惠的名声，随即任用他为行参军。为官中，王惠言行独特却富有睿智之语，能够在庸常之论中展现出自己的判断，赢得了官场舆论的欣赏。宋少帝即位后，任命王惠为吏部尚书。吏部的权力非常大，“掌管文职官员的任免、考课、升降和调动等事务”[②]，而吏部尚书负责整个吏部工作。吏部工作非常考验人的能力和品性，既需要执行王朝的政策，又需要以公平之心待之，还要能够选出优秀的人才。其中，公平性是干好吏部工作的关键要素。王惠当了吏部尚书后，经常收到求官之人的请托。这种请托分两类：一类是写信来求官，王惠将这类书信堆积在阁上，“及去职，印封如初”[③]；另一类是登门求官，当了吏部尚书后的王惠，登门求官的人应该不少，为了杜绝这种情况，王惠干脆选择拒绝接待各种客人：“未尝接客。”[④] 当然，客人中也有不为求官而来的。但是，为了拒绝有可能前来登门求官之人提出的请托，王惠就搞了“一刀切”，拒绝接客。王惠的堂弟王球，也当过吏部尚书，对自己要求非常严格。王球年少之时，就与王惠齐名，信奉简静之念，经常说一些见地高深的话语，给人以启迪。宋武帝命令王球与自己宠爱的中书舍人徐爰结交认识，王球婉拒道：“士庶区别，国之章也。臣不敢奉诏。”[⑤] 王球虽然与朝中重臣有姻亲之联系，但是却做到了“未尝往来”[⑥]，保持了自己独立的政治判断和操守。王球的操守和品格能够促使他在担任重要岗位的时候，保持清醒，拒绝请托。他在吏部任职的时候，做事十分公平：“居选职，接客甚稀，不视求官书疏，而铨衡有序。”[⑦] 王球的作风与王惠非常相似，赢

---

① 杨忠：《二十四史全译：南史》（全二册）第一册，汉语大词典出版社 2004 年版，第 531 页。
② 白钢：《中国政治制度史：全二册》上卷，天津人民出版社 2016 年版，第 314 页。
③ 杨忠：《二十四史全译：南史》（全二册）第一册，汉语大词典出版社 2004 年版，第 532 页。
④ 杨忠：《二十四史全译：南史》（全二册）第一册，汉语大词典出版社 2004 年版，第 532 页。
⑤ 杨忠：《二十四史全译：南史》（全二册）第一册，汉语大词典出版社 2004 年版，第 532 页。
⑥ 杨忠：《二十四史全译：南史》（全二册）第一册，汉语大词典出版社 2004 年版，第 533 页。
⑦ 杨忠：《二十四史全译：南史》（全二册）第一册，汉语大词典出版社 2004 年版，第 533 页。

得了其他臣僚的敬佩。

宋初名将曹彬，之所以能够受到宋太祖的青睐和重用，就在于他身上的儒者气质，对己要求甚严，对上级又非常恭谨，对下属有宽容之心。儒者的气质铸就了曹彬成为宋朝第一良将的美誉："宋朝有很多著名的武将，如杨业、狄青、岳飞、韩世忠、余玠等。然而宋代享有最高声誉的武将却是曹彬，他被誉为'勋业最隆、功冠群雄'的'本朝第一良将'。"[①] 曹彬在为将为官期间，尽自己所能，最大限度做到拒绝别人请托，这是其儒者气质显现的重要方面。曹彬在后周世宗手下任职，在一次奉命出使吴越的过程中，以拒吴越善意的馈赠而知名："私觌之礼，一无所受。"[②] 吴越之人仍不放弃，"以轻舟追遗之"[③]，曹彬"犹不受"[④]。最终，拗不过吴越人送礼的真诚，曹彬接受下了礼物，但是他把礼物带回去全部交给官府。后周世宗又将这些礼物全部归还给曹彬。曹彬谢后，将这些礼物全部赠给亲旧之人，自己没有留下一分钱。曹彬在这个过程中，尽自己所能，做到了无私。同为后周世宗服务的赵匡胤千方百计地找机会想亲近曹彬，却遭到了疏远。等到赵匡胤当了皇帝后，还以此事问过曹彬："我畴昔常欲亲汝，汝何故疏我？"[⑤] 曹彬回答："臣为周室近亲，复忝内职，靖恭守位，犹恐获过，安敢妄有交结？"[⑥] 赵匡胤听了之后，心生敬佩之意。曹彬为什么要拒绝吴越之人的馈赠，又为什么要拒绝赵匡胤的亲近，就是他看透了在馈赠、亲近之后的请托之意，而这份请托，是自己不能、不愿、不想承受的。

---

① 吴铮强：《北宋的十一张面孔》，浙江大学出版社 2021 年版，第 70 页。

② 倪其心：《二十四史全译：宋史》（全十六册）第九册，汉语大词典出版社 2004 年版，第 5931 页。

③ 倪其心：《二十四史全译：宋史》（全十六册）第九册，汉语大词典出版社 2004 年版，第 5931 页。

④ 倪其心：《二十四史全译：宋史》（全十六册）第九册，汉语大词典出版社 2004 年版，第 5931 页。

⑤ 倪其心：《二十四史全译：宋史》（全十六册）第九册，汉语大词典出版社 2004 年版，第 5932 页。

⑥ 倪其心：《二十四史全译：宋史》（全十六册）第九册，汉语大词典出版社 2004 年版，第 5932 页。

为民解难的官员

古代社会，基于出身贫苦的原因，或是儒家思想的浸渍熏陶，或是维护封建统治的需要，一些官员身上有着浓厚的民本思想情结。他们同情百姓，心忧百姓之事；他们深入百姓，了解百姓疾苦；他们筹谋划策，解决百姓难题。滚滚历史长河中，他们留下了为民解难的事迹，为后世百姓所缅怀。

唐代名臣李德裕，历经数朝，在建功立业、解民难题方面做出巨大贡献，被人称道："公之智决，利若青萍。"① 李德裕自幼好学，"苦心力学，尤精《西汉书》《左氏春秋》"②，"器业自负，特达不群"③，"好著书为文，奖善嫉恶，虽位及台辅，而读书不辍"④。他在《和张相公太原山亭怀古诗》中说："朝霞铺座右，虚白贮清风。"⑤ 李德裕在这首诗中表达了他追求廉洁的用心之情。在《郊外即事奉寄侍郎大尹》中，李德裕表达了希望过这样一种生活的愿望："老农争席坐，稚子带经锄。"⑥ 如果没有与百姓非常亲密的接触与观察，不可能盼望过一种百姓般的生活。李德裕见识高远，他希望百姓过上富足安定的生活，其前提在于有一个稳定的执政团队。对执政团队的高标准要求，其实就是李德裕关心民事、解决民忧的根本体现。他献给皇帝的《丹扆箴》，告诫君王要敬业，做到"寸阴为贵"⑦；告诫君王

---

① 黄永年：《二十四史全译：旧唐书》（全六册）第五册，汉语大词典出版社 2004 年版，第 3886 页。

② 黄永年：《二十四史全译：旧唐书》（全六册）第五册，汉语大词典出版社 2004 年版，第 3863 页。

③ 黄永年：《二十四史全译：旧唐书》（全六册）第五册，汉语大词典出版社 2004 年版，第 3884 页。

④ 黄永年：《二十四史全译：旧唐书》（全六册）第五册，汉语大词典出版社 2004 年版，第 3884 页。

⑤ （唐）李德裕：《李德裕文集校笺》（全三册）中册，中华书局 2018 年版，第 545 页。

⑥ （唐）李德裕：《李德裕文集校笺》（全三册）下册，中华书局 2018 年版，第 713 页。

⑦ （唐）李德裕：《李德裕文集校笺》（全三册）下册，中华书局 2018 年版，第 668 页。

要有自省精神，做到“虽在宴游，尚不怀安”①；告诫君王要以德自修：“道德为丽，慈俭为美”②；告诫君王要胸怀广阔，善于纳谏：“从善如流，乃能成功”③；告诫君王要明贤远佞：“居上处深，在察微萌”④；告诫君王要居安思危、未雨绸缪：“安必思危，乃无遗虑”⑤。

李德裕在担任浙西观察使时，以对百姓负责的态度，“锐于布政，凡旧俗之害民者，悉革其弊”⑥。当地陋习之一是民众崇信占卜，如有患上传染病之事，不是选择就医治疗，而是选择相信占卜之言，抛弃所患病之人。李德裕双手抓，一手抓法条，清除占卜的生存空间；一手抓德治，选用有学识的人对百姓进行劝谕，“数年之间，弊风顿革”⑦。清理了诸多陋习，李德裕的政绩由此作出，“人乐其政，优诏嘉之”⑧。李德裕是有识见的优秀官员，不仅能够察民于细微，为百姓做出极大政绩，还能为民反映问题，向皇帝和朝廷提出建议甚至是意见，来维护百姓的合法权益。唐敬宗当了皇帝后，“颇事奢华”⑨，下诏要求浙西制造二十件银质藏香器，这无疑会加重浙西百姓的负担。得知这个消息后，李德裕大胆谏言，言辞恳切地劝说唐敬宗要守节俭之道、爱惜民力，“不困疲人，不敛物怨”⑩。李德裕的上奏没有得到皇帝和朝廷的答复。唐敬宗又下诏，要求浙西进献一千匹有一定宽度的彩色丝织绳带和上等丝织品。敢言的李德裕再次上奏，表达惶恐之意：

---

① （唐）李德裕：《李德裕文集校笺》（全三册）下册，中华书局2018年版，第668页。
② （唐）李德裕：《李德裕文集校笺》（全三册）下册，中华书局2018年版，第668页。
③ （唐）李德裕：《李德裕文集校笺》（全三册）下册，中华书局2018年版，第668页。
④ （唐）李德裕：《李德裕文集校笺》（全三册）下册，中华书局2018年版，第669页。
⑤ （唐）李德裕：《李德裕文集校笺》（全三册）下册，中华书局2018年版，第669页。
⑥ 黄永年：《二十四史全译：旧唐书》（全六册）第五册，汉语大词典出版社2004年版，第3865页。
⑦ 黄永年：《二十四史全译：旧唐书》（全六册）第五册，汉语大词典出版社2004年版，第3865页。
⑧ 黄永年：《二十四史全译：旧唐书》（全六册）第五册，汉语大词典出版社2004年版，第3865页。
⑨ 黄永年：《二十四史全译：旧唐书》（全六册）第五册，汉语大词典出版社2004年版，第3865页。
⑩ 黄永年：《二十四史全译：旧唐书》（全六册）第五册，汉语大词典出版社2004年版，第3866页。

"伏读诏书，倍增惶灼。"[①] 李德裕用唐太宗、唐玄宗大胆表扬敢于直言、善拒征收的臣僚来启发皇帝。唐敬宗十分受触动，下诏答复、称赞他，遂罢进献精致的丝织品，减轻了浙西百姓的负担。当时在亳州出现了所谓圣水，"饮之者愈疾"[②]。妖僧欺骗百姓，抬高圣水价格，牟取暴利。浙西百姓中的许多人为了治病，前去花重金买圣水，结果喝了之后病情更严重。李德裕上疏皇帝，希望查清实情、封锁圣水、消灭谣言、拘捕妖僧，否则百姓亏了钱又赔上了身体。皇帝采纳了他的建议。李德裕后来去了蜀地主政，治理颇见功效，"数年之内，夜犬不惊，疮痏之民，粗以完复"[③]。李德裕一生出将入相，建立巨大功业，为维护王朝稳定、解决民生问题，虽千死万难，仍向往之。其仕宦生涯几经浮沉而不改为民本色、不改忠诚之心，难矣。李德裕进能谏言建功显达，退则读书以修德业自静，这是需要功力、定力、耐力的。正如他所言："士之有气志而思富贵者，必能建功业；有志气而轻爵禄者，必能立名节。"[④] 有志向、建功业、轻爵禄，不正是李德裕的人生写照吗？

宋代名臣文彦博历经四朝，"任将相五十年，名闻四夷"[⑤]，功勋卓著，其为民解难的态度和举措，深得朝野和百姓赞可。文彦博在诗歌中、在政论中、在实干中，均能体现其为民而忧、替民解难的思想。文彦博在守卫边关过程中，既能豪情万丈地展现自己保家卫国的爱国情感，亦能深刻地呈现出边关之人的离别之苦。他在《从军行》中写道："汉马出长城，横行十万兵。晨驱左贤阵，夕掩亚夫营。雪压龙沙白，云遮瀚海平。燕山纪功后，麟阁耀鸿名。"[⑥] 建功边塞、保家卫国的豪情在作者笔下毫不掩饰地流

---

① 黄永年：《二十四史全译：旧唐书》（全六册）第五册，汉语大词典出版社 2004 年版，第 3867 页。

② 黄永年：《二十四史全译：旧唐书》（全六册）第五册，汉语大词典出版社 2004 年版，第 3871 页。

③ 黄永年：《二十四史全译：旧唐书》（全六册）第五册，汉语大词典出版社 2004 年版，第 3875 页。

④ （唐）李德裕：《李德裕文集校笺》（全三册）下册，中华书局 2018 年版，第 778 页。

⑤ 倪其心：《二十四史全译：宋史》（全十六册）第十一册，汉语大词典出版社 2004 年版，第 7056 页。

⑥ 申利校注：《文彦博集校注》（全二册）上册，中华书局 2016 年版，第 174 页。

露出来。他在《关山月》中写道："宕子久行役，辽西戍未还。佳人怨遥夜，清泪裛（浥）朱颜。薜晦兰闺寂，尘昏宝鉴闲。相思不相见，明月下关山。"① 为了守卫边疆，需要忍受与家人的离别之苦。在陕甘一带为官的文彦博看到当地有许多人私铸铁钱："陕西私铸铁钱，虽严行禁捕，抵法者甚众，终不能止绝。"② 为什么会产生这种现象呢？原因在于铁的成本很低，制铁钱又很容易完成，所制铁钱又能获利颇丰。文彦博在《奏陕西铁钱事》中提出建议，"增起铁价"③，增加民间制铁成本。私铸铁钱之人看到铁价涨起来后，成本太高，制铁无利，就不会去制铁了。这样就能维护公平的市场秩序。文彦博在主政河南府时，恰逢当地遭受严重的洪涝灾害，致使农业生产受到极大影响，他在《奏西京灾伤事》中说："大雨频併，继日不止，遂至颇损麦苗。"④ 麦苗受损、百姓遭难，文彦博希望朝廷早日制定政策、进行赈灾，最大程度减少百姓损失。苏轼曾高度评价文彦博："使者见其容，未闻其语。其综理庶务，虽精练少年有不如；其贯穿古今，虽专门名家有不逮。"⑤ 宋史对他也有很高的评价："至于公忠直亮，临事果断，皆有大臣之风，又皆享高寿于承平之秋。"⑥

清代名臣陶澍，作为经世派的代表人物，他将自己学习到的知识用到实践中，希望能够实现国富民强的目标。他肃吏治、拔人才、办河务、救灾民、主盐政、强边防，在各领域均能做出政绩。他之所以能够做出政绩，很重要的原因在于他有着浓厚的民本思想情结，这在他的诗文中均有体现。陶澍在给安徽施粥厂题词中写道："同是肚皮，饱者不知饥者苦；一般面目，得时休笑失时人。"⑦ 面对百姓疾苦，面对人间苦难，采取嘲笑、轻视、放任的态度，还是同情、重视、支持的态度去迎接挑战、分析困难、解决

① 申利校注：《文彦博集校注》（全二册）上册，中华书局2016年版，第115页。

② 申利校注：《文彦博集校注》（全二册）下册，中华书局2016年版，第627页。

③ 申利校注：《文彦博集校注》（全二册）下册，中华书局2016年版，第627页。

④ 申利校注：《文彦博集校注》（全二册）下册，中华书局2016年版，第740页。

⑤ 倪其心：《二十四史全译：宋史》（全十六册）第十一册，汉语大词典出版社2004年版，第7056页。

⑥ 倪其心：《二十四史全译：宋史》（全十六册）第十一册，汉语大词典出版社2004年版，第7057页。

⑦ （清）陶澍：《陶澍全集》（修订版）（全八册）第七册，岳麓书社2017年版，第376页。

问题，这是一个非常重大的课题。陶澍选择了后者。他希望所有官员能够有一颗同情心，同情弱小之人，同情受苦之人，同情落难之人。他重视农业，做到劝课农桑：“欲识为邦本，须观比户封。”[①] 他热爱百姓，穿梭于田间地头：“事向田间问，人怀陌上逢。”[②] 他希望丰收，百姓安居乐业：“甲帐斋心切，丁田望泽肥。”[③] 他希望百姓免受各种疾苦，安享欣荣之成果：“人皆欣饮醴，户已息催科。”[④] 他希望百姓能够得到很好的文教：“知依廑圣念，设教在观民。”[⑤] 一个关心农事、关爱百姓、关注民生的循吏形象由此跃然纸上。有了浓厚的民本思想情结，就可以将更多的精力放在为民办事上。道光六年，江宁、淮安、扬州、徐州等地发生洪灾，给老百姓带来了巨大灾难，“当被灾之初，闸坝齐开，雨水交灌，田庐淹没”[⑥]，“灾民数十万，同时失业，纷纷出避”[⑦]。担任江苏巡抚一职的陶澍积极地赈灾，“指陈积弊，议定章程，谆谕各属，倍矢天良，实心经理，毋稍遗滥”[⑧]，筹措经费、治理河道、安置流民、设局留养、减价米石、资助灾民，并且与其他下属官员一道为灾区百姓捐钱三万余两，以期应对洪灾。担任两江总督后的陶澍，仍然兢兢业业，为民办实事。当时在江苏仪征这个地区，毒枭、土匪经常出入：“私枭、侉匪杂出其间，往往推其黠者为大哥，邀约党羽，争占马头，无恶不作。”[⑨] 当地百姓首当其冲，受到毒枭、土匪的威胁和残害。暗中查访该地情形后，陶澍精细制订捕捉毒枭、土匪方案，根据线人提供情报，派下属改装易服，深入毒枭、土匪之地，趁其熟睡之机，“出其不意，四面围住”[⑩]，一举消除了毒枭、土匪势力。陶澍为了当地百姓的平安，竭尽全力，消除了枭患、匪患。

---

① （清）陶澍：《陶澍全集》（修订版）（全八册）第七册，岳麓书社2017年版，第335页。
② （清）陶澍：《陶澍全集》（修订版）（全八册）第七册，岳麓书社2017年版，第335页。
③ （清）陶澍：《陶澍全集》（修订版）（全八册）第七册，岳麓书社2017年版，第336页。
④ （清）陶澍：《陶澍全集》（修订版）（全八册）第七册，岳麓书社2017年版，第343页。
⑤ （清）陶澍：《陶澍全集》（修订版）（全八册）第七册，岳麓书社2017年版，第348页。
⑥ （清）陶澍：《陶澍全集》（修订版）（全八册）第二册，岳麓书社2017年版，第27页。
⑦ （清）陶澍：《陶澍全集》（修订版）（全八册）第二册，岳麓书社2017年版，第27页。
⑧ （清）陶澍：《陶澍全集》（修订版）（全八册）第二册，岳麓书社2017年版，第27页。
⑨ （清）陶澍：《陶澍全集》（修订版）（全八册）第二册，岳麓书社2017年版，第365页。
⑩ （清）陶澍：《陶澍全集》（修订版）（全八册）第二册，岳麓书社2017年版，第366页。

外柔内刚的官员

古代社会中，有一批官员，信礼崇学，为人处世为官均有自己的行为准则。外柔内刚在他们身上体现得非常明显。为了工作的顺利推进，他们外表谦和、态度恭顺、文质彬彬，甚至有的时候还会选择退让和妥协，这就是外柔。但是他们立身朝野，持论公道，守正爱国，为了稳固秩序和坚持原则，他们不允许触碰底线、违反原则的事情发生，在一定程度上体现了刚毅的一面。

东晋名臣温峤“性聪敏，有识量，博学能属文”①，“风仪秀整，美于谈论，见者皆爱悦之”②。温峤与当时的名将刘琨互相欣赏推崇对方。温峤与刘琨相约，各行其是，共同致力于恢复王室的工作。到了江南后的温峤劝言司马睿建立事功，与王导、庾亮等人交好。晋元帝让他担任太子中庶子，辅佐太子司马绍，“及在东宫，深见宠遇，太子与为布衣之交”③。司马绍即位后，成为历史上的晋明帝，重用温峤，由此遭到权臣王敦的嫉恨。温峤看到王敦拥兵自重，常有凌越纵肆的举动。温峤与王敦的关系是非常紧张的，甚至是对立的。但是为了大局安稳，温峤还是耐心地去劝言王敦，希望他能向古代圣贤舜、禹、周文王、周公旦等人学习，遵守礼仪、忠心治政、勤于事业。可是王敦终究没有接受温峤中肯的建议。温峤看到王敦不接受建议，“知其终不悟，于是谬为设敬，综其府事，干说密谋，以附其欲”④。温峤没有选择与王敦搞对立、闹矛盾、制造分裂，而是采取柔顺的

① 许嘉璐：《二十四史全译：晋书》（全四册）第三册，汉语大词典出版社 2004 年版，第 1503 页。

② 许嘉璐：《二十四史全译：晋书》（全四册）第三册，汉语大词典出版社 2004 年版，第 1503 页。

③ 许嘉璐：《二十四史全译：晋书》（全四册）第三册，汉语大词典出版社 2004 年版，第 1504 页。

④ 许嘉璐：《二十四史全译：晋书》（全四册）第三册，汉语大词典出版社 2004 年版，第 1505 页。

态度与王敦虚与委蛇，这是温峤外柔之处。等到合适的机会，温峤回到京都，将王敦的阴谋全部上奏朝廷，请求朝廷做好准备，这又体现了他坚守正义、反对阴谋的刚毅的一面。

王敦发动叛乱时，朝廷派出温峤去征讨。文人出身的温峤带兵作战，征讨逆臣，十分勇敢，这又是他刚毅精神彰显的一面。在兵少力弱的情况下，温峤当机立断，下令烧毁了一座桥梁，受到皇帝的诘问。温峤回答说："今宿卫寡弱，征兵未至，若贼豕突，危及社稷，陛下何惜一桥。"① 当时，乱军因桥断而未能过河。温峤率部队与乱军隔水而战，最终打败乱军。温峤因功被封公赏钱。温峤看到苏峻有反叛之心，建议朝廷做好防备工作。他的建议没有受到朝廷重视，为后来苏峻作乱造成朝廷失措被动埋下伏笔。等到苏峻发动叛乱，凭借一颗刚毅之心，在被动局面下，温峤仍然独扛大任，团结力量，共同反击叛乱。他推崇庾亮，分兵给败逃中的庾亮，并邀约陶侃共赴国难。温峤发出文告，以明讨伐苏峻叛乱之心："贼臣祖约、苏峻同恶相济，用生邪心。天夺其魄，死期将至。"② 温峤当即表态："今躬率所统，为士卒先，催进诸军，一时电击。"③ 当时，陶侃部队犹豫不前，温峤写信劝言陶侃勇敢一点，共同成就大业："仆与仁公（陶侃）并受方岳之任，安危休戚，理既同之。"④ 陶侃因温峤之言而深受感动，又因苏峻杀了陶侃之子陶瞻，遂率军与温峤、庾亮共赴京都，决战叛军。"江州刺史温峤联合荆州刺史陶侃，并推陶侃为盟主，与庾亮等共同举兵进攻苏峻。"⑤ 在这个过程中，温峤、庾亮、陶侃的部队又遭受了许多磨难，最终一鼓作气，平定苏峻叛乱。温峤之名更显。正当他事业如日中天之时，突因中风而去世，时年四十二岁。晋成帝颁发册书，高度评价温峤挽狂澜于既倒的作用：

---

① 许嘉璐：《二十四史全译：晋书》（全四册）第三册，汉语大词典出版社 2004 年版，第 1506 页。

② 许嘉璐：《二十四史全译：晋书》（全四册）第三册，汉语大词典出版社 2004 年版，第 1508 页。

③ 许嘉璐：《二十四史全译：晋书》（全四册）第三册，汉语大词典出版社 2004 年版，第 1509 页。

④ 许嘉璐：《二十四史全译：晋书》（全四册）第三册，汉语大词典出版社 2004 年版，第 1510 页。

⑤ 张鹤泉：《魏晋南北朝史：分裂与融合的时代》，中信出版社 2019 年版，第 126 页。

“王室危而复安，三光幽而复明，功格宇宙，勋著八表。”① 与温峤共事多年的陶侃，亦是当时名将，对温峤十分钦佩，在温峤去世后，说了一番感人肺腑的话：“故大将军峤（温峤）忠诚著于圣世，勋义感于人神，非臣笔墨所能称陈。”② 陶侃是智慧的、聪明的，也是富有战略眼光的人。陶侃希望朝廷能够将温峤身上提炼出来的精神传承下来，成为克敌制胜、光复祖业的法宝：“伏惟陛下既垂御省，伤其情旨，死不忘忠，身没黄泉，追恨国耻，将臣勠力，救济艰难，使亡而有知，抱恨结草，岂乐今日劳费之事。”③

北宋名臣王曾自幼聪明好学，“善为文辞”④，被称有“王佐器也”⑤。通过选拔，王曾被当时宰相寇准欣赏提拔，由此走上仕途。宋真宗颇欣赏他的才干。当时，祥瑞之事接连发生，宋真宗就此事召他入宫进行交流谈论。王曾的外柔内刚之特征开始显现。所谓外柔，王曾没有否定祥瑞之事是国家太平所导致的，因古人有天人感应之说，如果统治者德匹其能，推行善政，就会出现祥瑞现象。此说虽然有迷信之味或不可深信，但王曾没有深究此事的原委，而是应付性地进行肯定。这种应付性的肯定是为了接下来的话语更好地让宋真宗理解和接受。王曾说：“然愿推而弗居，异日或有灾沴（灾害），则免舆议。”⑥ 王曾长远的战略眼光在这番言语中有了清晰的表达。他告诫宋真宗，不要因为有了祥瑞之事而过于兴奋，要保持一颗居安思危的警惕之心，继续推行善政；否则，如果发生各种灾害之事，弊政无德的舆论就会出现。王曾的落脚点在于居安思危、常行善政、褒有敬畏之心，这种认识是正确的，是需要通过直言的方式、刚毅的方式，传递

① 许嘉璐：《二十四史全译：晋书》（全四册）第三册，汉语大词典出版社 2004 年版，第 1513 页。

② 许嘉璐：《二十四史全译：晋书》（全四册）第三册，汉语大词典出版社 2004 年版，第 1513 页。

③ 许嘉璐：《二十四史全译：晋书》（全四册）第三册，汉语大词典出版社 2004 年版，第 1513—1514 页。

④ 倪其心：《二十四史全译：宋史》（全十六册）第十一册，汉语大词典出版社 2004 年版，第 6984 页。

⑤ 倪其心：《二十四史全译：宋史》（全十六册）第十一册，汉语大词典出版社 2004 年版，第 6984 页。

⑥ 倪其心：《二十四史全译：宋史》（全十六册）第十一册，汉语大词典出版社 2004 年版，第 6985 页。

给皇帝。

王曾在与当时权相丁谓关系的处理中，表面上采取了服从、柔顺的态度，以减少因摩擦而导致自己被迫害。“还记得王曾刚参政时对丁谓的态度吗？宋人笔记用‘谄事谓甚至’五个字来形容，李迪也以为王曾是丁谓的亲信。”① 宋人的笔记似乎有些夸张，但是恭谨、顺从丁谓的言行举止，想必在王曾身上是存在的。这样做的好处就在于暂时隐蔽自己的真实意图和想法，避免与丁谓发生直接冲突，最大限度地保存自己的实力，为之后翻身或者说为正义伸张做韬光养晦似的储备和准备，这是非常有必要的。外柔的表面之下，内心是王曾的刚毅，这份刚毅用来守护他所坚持的正义和朝堂的公平。“但实际上，王曾并不是（献媚之人）。甚至可以说，王曾其实是寇准、李迪的同情者与同盟者，他的良苦用心，就是在权争的刀光剑影中尽力维护皇太子周全。”②

宋真宗去世后，王曾奉命入殿起草遗诏：“以明肃皇后（章献太后）辅立皇太子，权听断军国大事。”③“权”在这里是暂且之意。丁谓看到王曾写有“权”字，建议去掉，遭到王曾的拒绝：“政出房闼，斯已国家否运，称权尚足示后，且言犹在耳，何可改也？”④ 丁谓无奈，只好听从王曾的建议。“权”字有无，意义不同。“带‘权’字，即表示皇太后原本没有处分国事的权责，只是因为新君年幼，暂且从权，由太后暂时代行君权；不带‘权’字，则表示认同皇太后具有处分国事的正式权力。”⑤ 王曾考虑的是大局，不希望形成太后长久控制朝政的局面，所以坚持原则，拒绝了丁谓。丁谓作为权臣，勾结内侍、控制朝政、权倾朝野，对统治秩序构成极大威胁。王曾一时的顺从是为了更好地选择时机来扳倒丁谓，扳倒之时，亦是其刚毅精神彰显之时：“他（王曾）对丁谓的依附，是审时度势之后的忍辱负

---

① 吴钩：《宋仁宗：共治时代》，广西师范大学出版社 2020 年版，第 56 页。

② 吴钩：《宋仁宗：共治时代》，广西师范大学出版社 2020 年版，第 56 页。

③ 倪其心：《二十四史全译：宋史》（全十六册）第十一册，汉语大词典出版社 2004 年版，第 6986 页。

④ 吴钩：《宋仁宗：共治时代》，广西师范大学出版社 2020 年版，第 46 页。

⑤ 吴钩：《宋仁宗：共治时代》，广西师范大学出版社 2020 年版，第 46 页。

重，是一时的权宜之计，他在等待反戈一击的时机。”[①] 王曾终于瞅准机会，面见章献太后，极言丁谓盗权奸私：“丁谓阴谋诡谲多智数，变乱在顷刻，太后（章献太后）、陛下若不亟行，不惟臣身齑粉，恐社稷危矣！”[②] 由此，丁谓被贬出朝堂，流放崖州。权臣之势得以铲除，朝堂秩序得以恢复，王曾的作用不可忽视。王曾“资质端厚，眉目如画”[③]，这与其外柔的表现是一致的；“在朝廷，进止皆有常处，平居寡言笑，人莫敢干以私”[④]，这与其内刚的神韵是一致的。

态度谦和的官员

古代社会中，有一批官员，他们通过自身的努力和时代的际遇，走上了更高的政治平台，得以施展他们的抱负。虽然他们位极人臣，地位尊贵，但是没有助长他们的骄傲之气，没有让他们要官威，逞一时之能而做出有违官德的事情。反而，随着地位的提升、荣誉的增多，他们的态度更加谦和，为人更加低调，处世更加小心。这样做，一方面可以消除异己力量的打压和侵蚀；另一方面可以保护自己的政治生命安全。

唐代名臣郭子仪，“长六尺余，体貌秀杰”[⑤]。他既能了解古代典籍中的兴亡规律，还能在军事造诣方面取得极高的成就，更是在取得位极人臣的地位后，谦虚待人、谦和示外、谦逊处世，这些宝贵的经验帮助他受尽礼遇、尊崇。

武则天创办武举，试图选拔优秀的军事人才。武则天在《搜访贤良诏》

---

① 吴钩：《宋仁宗：共治时代》，广西师范大学出版社 2020 年版，第 57 页。

② 吴钩：《宋仁宗：共治时代》，广西师范大学出版社 2020 年版，第 58 页。

③ 倪其心：《二十四史全译：宋史》（全十六册）第十一册，汉语大词典出版社 2004 年版，第 6988 页。

④ 倪其心：《二十四史全译：宋史》（全十六册）第十一册，汉语大词典出版社 2004 年版，第 6988 页。

⑤ 黄永年：《二十四史全译：旧唐书》（全六册）第四册，汉语大词典出版社 2004 年版，第 2875 页。

中提出对武举的要求："或英谋冠代，雄略过人，总韩（韩信）白（白起）以先驱，掩孙（孙武）吴（吴起）而得隽；或力能拔钜，勇绝蒙轮，冒白刃其如归，扫苍壁而不顾。"① 郭子仪的成才得益于武则天开创的武举，他在武举中考出了好成绩，走上了仕途。经过几个军事岗位的历练，郭子仪积累了丰富的指挥经验。时光荏苒，郭子仪的年纪越来越大。唐玄宗天宝十四年（755 年），安禄山发动叛乱，被任命为朔方节度使的郭子仪已经是五十九岁的老人了。但他奉命平定叛乱，在平乱过程中，充分发挥了其杰出的军事才能，奠定了其在唐朝名臣中的历史地位。

郭子仪成了救时将军，哪里最为困难，就被派到哪里收复失地。他不负众望，屡建奇功。皇帝和朝廷对他的恩遇和赏赐越来越多，让他生惶恐之心，一方面多次上疏请求辞掉，另一方面更加用心地参与平叛战乱工作。当时有一个宦官叫鱼朝恩，嫉妒郭子仪的功劳，经常在皇帝面前说他的坏话。一次回京之后，郭子仪因鱼朝恩告状，被剥夺兵权："子仪（郭子仪）虽失兵柄，乃心王室，以祸难未平，不遑寝息。"② 自己功勋卓著，却因小人告状被冷落，郭子仪面对这样的情况仍然没有抱怨，心中装的还是国家安危。在平定叛乱中因缺乏名将指挥，唐朝军队处于守势。此时，朝廷又想起了战功赫赫的郭子仪，随即启用了他。郭子仪身负重任，没有任权威主，反而以忠示上。"忠诚"这两个字说起来容易，如果要切实做到的话就比较难了。"事父能孝，故可以事君；谋身必忠，而况于谋国。然而言之虽易，听之实难，论者虽切，闻者多惑。"③ 郭子仪不可能走到忠诚的对立面，而是谨守忠诚之道，克服君主怀疑、小人作乱、敌军冒犯的危险，做到了对国家忠诚。郭子仪请见唐肃宗："老臣受命，将死于外，不见陛下，目不瞑矣。"④ 表达忠诚之心后，唐肃宗全权委托他战场之事，并赏赐许多财物。郭子仪出征，取得了又一次胜利。此时，唐肃宗去世，唐代宗即位。宦官

---

① 韩振远：《郭子仪传》，北岳文艺出版社 2018 年版，第 14 页。

② 黄永年：《二十四史全译：旧唐书》（全六册）第四册，汉语大词典出版社 2004 年版，第 2879 页。

③ 曾枣庄、舒大刚：《苏东坡全集》（全八册）第三册，中华书局 2021 年版，第 1094 页。

④ 黄永年：《二十四史全译：旧唐书》（全六册）第四册，汉语大词典出版社 2004 年版，第 2880 页。

程元振擅权，嫉恨郭子仪功高，向皇帝进谗言，“巧行离间”[①]，促使郭子仪被架空。郭子仪没有怨恨之意，而是谢恩之后，上表进献唐肃宗赐给他的各种诏敕，且能适时地向皇帝表明心迹。郭子仪非常谦虚，在上表中言道，自己是“德薄蝉翼，命轻鸿毛”[②]，是因为皇恩和时代际遇，让自己有所成就；感恩唐肃宗的赏识，检讨了自己除了忠心之外，有愚浅、言多、直率的缺点，可能会给朝廷造成一些误会，但是“皇天后土，察臣无私”[③]；回顾了自己十年征讨历程，“天寒剑折，溅血沾衣；野宿魂惊，饮冰伤骨”[④]，身经百战、百死千难，幸有今日之生还，先皇赏赐给自己的诏书有一千多篇，感恩于此，特忠孝报国，以明心志。唐代宗看了郭子仪的上疏后，作了自我检讨：“朕不德不明，俾大臣忧疑，朕之过也。朕甚自愧，公勿以为虑。”[⑤] 于是，唐代宗对郭子仪更加敬重。此时，吐蕃部队进逼京师，京师震动，郭子仪再被重用，吐蕃部队“惶骇而去”[⑥]。程元振非常嫉恨郭子仪的功劳，又建议唐代宗迁都洛阳，被批准。郭子仪呈上奏章给皇帝，从历史讲到现实，从地理讲到供应，均在强调京师的优越性重要性，希望唐代宗能够回到京师，整顿吏治、改善民生、平息盗寇，自己则“死无所恨”[⑦]。唐代宗看了郭子仪的奏表后，非常感动，感于郭子仪的忠诚报国、直抒胸臆，流着眼泪对左右人讲：“子仪（郭子仪）用心，真社稷臣也。可亟还京

① 黄永年：《二十四史全译：旧唐书》（全六册）第四册，汉语大词典出版社 2004 年版，第 2880 页。

② 黄永年：《二十四史全译：旧唐书》（全六册）第四册，汉语大词典出版社 2004 年版，第 2880 页。

③ 黄永年：《二十四史全译：旧唐书》（全六册）第四册，汉语大词典出版社 2004 年版，第 2881 页。

④ 黄永年：《二十四史全译：旧唐书》（全六册）第四册，汉语大词典出版社 2004 年版，第 2881 页。

⑤ 黄永年：《二十四史全译：旧唐书》（全六册）第四册，汉语大词典出版社 2004 年版，第 2881 页。

⑥ 黄永年：《二十四史全译：旧唐书》（全六册）第四册，汉语大词典出版社 2004 年版，第 2882 页。

⑦ 黄永年：《二十四史全译：旧唐书》（全六册）第四册，汉语大词典出版社 2004 年版，第 2884 页。

师。”[①] 回到京师后的唐代宗对郭子仪说：“朕用卿不早，故及于此。”[②] 当时，曾经的郭子仪下属，河北副元帅仆固怀恩在汾州驻军，因误会、误解、摩擦，导致其与唐王朝离心离德，走上了叛乱的道路。郭子仪披上战衣，再次出征。唐代宗和朝廷给予了郭子仪更高的职位和荣誉，任郭子仪为太尉。郭子仪考虑到仆固怀恩叛乱未平，自己已是位极人臣，便坚决辞掉太尉之职：“太尉职雄任重，窃忧非据，辄敢上闻。”[③] 郭子仪深情地说：“恩宠已极，功业已成，寻合乞骸，保全余齿。”[④] 希望学习古代贤良，在此次征战回来后，“必当追踪范蠡，继迹留侯”[⑤]。唐代宗非常感动，授予其太尉一事于是作罢。出征后的郭子仪取得了对仆固怀恩作战的先期胜利，被召回京师，予以重奖，任命其为尚书令，被郭子仪拒绝。郭子仪在上表中谦虚地讲自己“功微赏厚，任重恩深”[⑥]，“安可谬职南宫，当兹大任”[⑦]。唐代宗没有同意。郭子仪再次上表，力陈自己不敢接受尚书令这个职位。唐代宗下诏说：“卿入居台铉，出统戎旃，爰自先朝，累匡多难，靖群氛于海表，凝庶绩于天阶。”[⑧] 唐代宗的意思是郭子仪担得起尚书令这个职务，让他放心任职。郭子仪没有再拒绝。郭子仪说服回鹘退兵，大败吐蕃部队。仆固怀恩暴死在鸣沙后，郭子仪取得了战役胜利。唐德宗即位后，召回郭子仪，赐号“尚父”，地位显于一时。活到八十五岁高龄的郭子仪因病去

---

① 黄永年：《二十四史全译：旧唐书》（全六册）第四册，汉语大词典出版社 2004 年版，第 2884 页。

② 黄永年：《二十四史全译：旧唐书》（全六册）第四册，汉语大词典出版社 2004 年版，第 2884 页。

③ 黄永年：《二十四史全译：旧唐书》（全六册）第四册，汉语大词典出版社 2004 年版，第 2884 页。

④ 黄永年：《二十四史全译：旧唐书》（全六册）第四册，汉语大词典出版社 2004 年版，第 2885 页。

⑤ 黄永年：《二十四史全译：旧唐书》（全六册）第四册，汉语大词典出版社 2004 年版，第 2885 页。

⑥ 黄永年：《二十四史全译：旧唐书》（全六册）第四册，汉语大词典出版社 2004 年版，第 2885 页。

⑦ 黄永年：《二十四史全译：旧唐书》（全六册）第四册，汉语大词典出版社 2004 年版，第 2886 页。

⑧ 黄永年：《二十四史全译：旧唐书》（全六册）第四册，汉语大词典出版社 2004 年版，第 2887 页。

世。唐德宗听到这个消息后，为之“震悼”①，发诏书予以高度评价：“功至大而不伐，身处高而更安。”② 皇帝认为郭子仪功高而谦虚低调，这成为其高尚品德的重要组成部分。北宋名臣范仲淹写了一首题为《赞汾阳王像》的诗，对郭子仪的功勋称赞不绝：“国像凌烟为第一，名镌金石永难磨。”③北宋理学名家周敦颐在《汾阳王赞》中对郭子仪的官品修为高度评价：“将吏智谋遵德化，官僚听命肃朝纲。”④

明代名臣杨廷和，内外兼修，“为人美风姿，性沉静详审，为文简畅有法”⑤。他年轻的时候，就被许多人看好。《明语林》中记载一段典故：“杨文忠（杨廷和）才器恢廓，早已见推。余肃敏是其乡先达，归老之日，独持《大明律》与别，曰：‘介夫异日，当相天下。为我熟此，以助谋断。’”⑥ 十九岁的杨廷和在考中进士后，走上仕途。在他的仕宦生涯中可以看出，越是身居要职，越是态度谦和，越是如临深渊、如履薄冰，兢兢业业地做好本职工作。这成为他官运亨通、一生成就斐然的重要原因。

杨廷和是一个做实事的人。他因为做实事，受到皇帝赏识，被委以重任。他年轻的时候，在朝廷参与编写《宪宗实录》《孝宗实录》，卓有成效，被升迁为吏部尚书、武英殿大学士。杨廷和是一个正直的人。他因看不惯朝中奸佞之人被重用，遂向皇帝提建议，得罪了宦官刘瑾，被暂时打压。杨廷和是一个成熟稳重的人，能够娴熟地处理复杂的官场关系，最终得到皇帝推崇，成为内阁首辅，位极人臣。看到张永因除掉刘瑾，自恃有功，逐渐开始骄傲自大，邀功请赏，杨廷和及时点醒、制止了他。杨廷和是一个有抱负的人。他借乾清宫发生火灾之机，劝言明武宗行德政，“劝帝早朝宴罢，躬九庙祭祀，崇两宫孝养，勤日讲。复面奏开言路，达下情，还边

① 黄永年：《二十四史全译：旧唐书》（全六册）第四册，汉语大词典出版社 2004 年版，第 2891 页。

② 黄永年：《二十四史全译：旧唐书》（全六册）第四册，汉语大词典出版社 2004 年版，第 2891 页。

③ 韩振远：《郭子仪传》，北岳文艺出版社 2018 年版，第 251 页。

④ 韩振远：《郭子仪传》，北岳文艺出版社 2018 年版，第 256 页。

⑤ 章培恒、喻遂生：《二十四史全译：明史》（全十册）第六册，汉语大词典出版社 2004 年版，第 3761 页。

⑥ （清）吴肃公：《明语林》，黄山书社 2014 年版，第 88 页。

兵，革宫市，罢皇店，出西僧，省工作，减织造，凡十余条，皆切至”[①]。然而，明武宗没有很好地思考和采纳这些建议。

他被皇帝和朝廷重用，没有因职位高而颐指气使、欺上瞒下、鱼肉百姓，而是更加勤业、敬业，态度亦更加和善谦虚。他以成熟的政治经验对明武宗之后的人事安排和政治走向起了决定性作用，政权得以平稳交接。杨廷和又通过智谋，除掉了拥有兵权的江彬。这就为明世宗主政创造了稳定的外部环境。杨廷和为明世宗起草的登基诏书，包含了他过去提过的政治建议，终于得以实施。“中外称新天子圣人，且颂廷和（杨廷和）功。”[②]然而，被杨廷和罢黜的官员怀恨在心，被杨廷和久在中枢形成的巨大威势所裹挟的官员心生不满，加之相权和皇权之间的固有矛盾，让杨廷和的忠诚敬业更显吃力。杨廷和与明世宗的分歧和矛盾也越来越大。杨廷和多次请辞，最终得以离开朝廷。尽管包括明世宗在内的人，试图给杨廷和安一个罪名，但没有找到合适的借口，最终只能以“自诡门生天子、定策国老”[③]为名，给了杨廷和一个“削职为民”[④]的惩罚。杨廷和功劳很大，但仍能忠心任事，实属难得。杨廷和去世后，明世宗德政被赞赏，继而发出感慨：“此杨廷和功，不可没也。”[⑤]终杨廷和一生，加官晋爵、荣誉等身，虽然以削职为民的结局淡出朝野，但因其谦和之德加上出众才华，不仅做出实绩，而且还能免祸，避免历史上功高震主而遭毒手的下场。

---

① 章培恒、喻遂生：《二十四史全译：明史》（全十册）第六册，汉语大词典出版社 2004 年版，第 3762 页。

② 章培恒、喻遂生：《二十四史全译：明史》（全十册）第六册，汉语大词典出版社 2004 年版，第 3765 页。

③ 章培恒、喻遂生：《二十四史全译：明史》（全十册）第六册，汉语大词典出版社 2004 年版，第 3769 页。

④ 章培恒、喻遂生：《二十四史全译：明史》（全十册）第六册，汉语大词典出版社 2004 年版，第 3769 页。

⑤ 章培恒、喻遂生：《二十四史全译：明史》（全十册）第六册，汉语大词典出版社 2004 年版，第 3769 页。

廉洁篇

以廉传家的官员

古人认为，廉洁是可贵的品质，在官场中，面对不良风气，能够坚决抵御；面对陋习弊端，能够筑牢防线，做到廉洁从政，是对官员的基本要求。在我国古代，一些优秀的官员，将学习到的关于廉洁的体会及为官中总结的廉洁经验，以言教身教的方式，传递给家中孩子和晚辈。这些体会和经验，对于其家中孩子和晚辈来说，弥足珍贵，影响深远，真正做到了以廉传后。

汉代名臣韦贤，“为人质朴少欲，笃志于学，兼通《礼》《尚书》，以《诗》教授，号称邹鲁大儒”①。韦贤立志于做学问，通过努力，终于成了远近闻名的大儒。古代中国有“学而优则仕”之说，将学到的知识用到为官中，为更多的人办事，不失为一种人生志向、伟大抱负。然上升渠道有许多，皆若走读书做官这条路，形成社会风尚，会加剧竞争程度，必会出现落榜之人，其终生徘徊于仕宦之门前，无所作为。通过刻苦学习，最终突破藩篱，成功走上仕途，固然令人钦羡。如若不然，不妨潜心治学，以固学问为基，待到学问大增、名声大显、能力大长之后，聘请之人亦会络绎不绝。韦贤就是这样的人。他本无意于仕宦，专心治学，结果被朝廷闻之而聘为博士，给汉昭帝讲解《诗》，他因此不断得到升迁。自身非常有才华，再赶上时代的际遇，韦贤可谓仕宦生涯顺矣。

因参与拥立汉宣帝有功，在安宗庙、稳国家方面做出极大贡献，韦贤被汉宣帝委以重任，后来当了宰相。位居要职，而遭嫉恨，受尊重如始；位居要职，因病向朝廷请求辞官，被批荣耀回故里。在机诈多变的官场，韦贤轻松进仕途，随欲出仕途，成为古代臣僚达穷之意贯彻得非常好的一位。学问、事业如此成功，想必其在教子方面亦与众不同。其治学之勤，

① 安平秋、张传玺：《二十四史全译：汉书》（全三册）第三册，汉语大词典出版社 2004 年版，第 1505 页。

待人之和，为官之谦，被他的儿子们所继承。他有四个儿子，其中次子韦弘官至东海太守，第四子韦玄成官至宰相。邹鲁一带有民谚曰："遗子黄金满籯，不如一经。"[①] 韦贤传给孩子们的是良好家风、廉洁家风。良好家风、廉洁家风比什么都重要。韦贤的四子韦玄成继承父亲的优秀品格，持守官道，在士大夫群体中官声很好，这是韦贤没有留给子孙后代雄厚资产而是正气廉洁家风的缘故。韦玄成在写给晚辈的诗文中，亦流露出希望大家继承良好家风："于肃君子，既令厥德，仪服此恭，棣棣其则。"[②] 韦玄成从上一辈的家风学习汲取和自身为官感悟中提炼出的经验，希望真挚地传递给自己的子孙。

南朝名臣傅琰，为官颇有治绩，其子傅翙"为官亦有能名"[③]，颇有父风。"琰（傅琰）父子并著奇绩，时云诸传有《理县谱》，子孙相传，不以示人。"[④] 傅琰、傅翙父子二人皆有官声，外人非常好奇，传闻他们有为官"秘诀"。当然，父亲给儿子进行指导、教诲，传承好的家风，让儿子继承并发扬光大，这也是人之常情。傅翙在地方为官的时候，建康县令孙廉请教傅翙为什么能够"发奸擿伏，惠化如神，何以至此"[⑤]？傅翙回答："无他也，唯勤而清。"[⑥] 勤勉和清廉是傅翙事业成功的两大法宝。对廉的尊重和持有，一定是其父言传身教的结果。他之所以敢于指出官场陋习、民间凋敝，就在于其自身清廉无私；如若有私不廉，哪有底气提出质疑，恐怕亦会选择退避三尺、回避矛盾和问题。傅翙善于从其他优秀官员身上学习。当时，有一名能干的官员叫刘玄明，"政（治政）常为天下第一"[⑦]。当傅翙向刘玄明请教为官之道时，刘玄明说："作县令唯日食一升饭而莫饮酒，

① 安平秋、张传玺：《二十四史全译：汉书》（全三册）第三册，汉语大词典出版社2004年版，第1506页。

② 安平秋、张传玺：《二十四史全译：汉书》（全三册）第三册，汉语大词典出版社2004年版，第1509页。

③ 杨忠：《二十四史全译：南史》（全二册）第二册，汉语大词典出版社2004年版，第1445页。

④ 杨忠：《二十四史全译：南史》（全二册）第二册，汉语大词典出版社2004年版，第1443页。

⑤ 杨忠：《二十四史全译：南史》（全二册）第二册，汉语大词典出版社2004年版，第1445页。

⑥ 杨忠：《二十四史全译：南史》（全二册）第二册，汉语大词典出版社2004年版，第1445页。

⑦ 杨忠：《二十四史全译：南史》（全二册）第二册，汉语大词典出版社2004年版，第1445页。

此第一策也。”[①] 从饮食简单莫饮酒的律求中，可见对官员廉洁从政的期许。傅翙能够按照刘玄明提出的建议去做官，做到了廉洁从政。

清代名臣陆陇其，自幼苦读书籍，积累了丰富的知识。他立志高远，希望自己的才华能够对政道建立有所帮助。从廉的角度看，他有不为名利所囿的廉思，有不求讨好之嫌的廉名，有不为谋财的廉能。从廉思来看，他生性清高，喜欢过恬淡的生活，自己著书立说，亦是不为名利所拘泥，曾讲：“大丈夫生斯世，揽辔澄清，非异人任，今日之忧为温饱哉?”[②] 从廉名来看，他拒绝向上级官员行贿，做到以廉洁自守。他在担任嘉定知县时，为官清廉，因无钱向江宁巡抚慕天颜献上贺寿重礼，得罪了慕天颜。当时，其他官员为慕天颜贺寿，“皆献珍物，惟恐不丰盛”[③]，唯有陆陇其从袖中取出一匹布、两双履，对慕天颜说：“此非取诸民者，为公寿。”[④] 慕天颜对此笑而不纳，怀恨在心。得罪了地方大员慕天颜，陆陇其受到排挤欺负在所难免。慕天颜以陆陇其所辖嘉兴县“政务甚烦，赋多逋尔，才干实非肆应”[⑤] 为由，建议将其降级调用。嘉兴县民闻讯后十分气愤，以罢市的方式声援陆陇其。陆陇其明知是报复，仍不以为意，淡然处之，离开嘉兴官署时，“不持一官物，惟纺织数具，及绳床竹儿，皆向所携以来者，又破簏所贮旧读书数千卷而已”[⑥]。从廉能来讲，他在直隶灵寿县当知县，用行动践行廉洁理念，取得成效，“自身守约持俭，务以德化民，使治所内风气为之一变”[⑦]。他对晚辈教育非常认真，言道：“子女二三岁至十五六岁，虽极爱之，却要严声厉色，训之戒之。切勿少假颜色，习成骄奢淫佚，不知孝弟、忠信、礼义、廉耻、谦卑、逊慎。及长成，莫能禁止，此当责成父母。”[⑧] 其中“廉耻”之意就是要让晚辈守廉洁底线。陆陇其的父亲叫陆元，长年

---

① 杨忠:《二十四史全译：南史》（全二册）第二册，汉语大词典出版社 2004 年版，第 1445 页。
② 王思治:《清代人物传稿》（上编）第五卷，中华书局 1988 年版，第 218—219 页。
③ 王思治:《清代人物传稿》（上编）第五卷，中华书局 1988 年版，第 219 页。
④ 王思治:《清代人物传稿》（上编）第五卷，中华书局 1988 年版，第 219 页。
⑤ 王思治:《清代人物传稿》（上编）第五卷，中华书局 1988 年版，第 219 页。
⑥ 王思治:《清代人物传稿》（上编）第五卷，中华书局 1988 年版，第 220 页。
⑦ 王思治:《清代人物传稿》（上编）第五卷，中华书局 1988 年版，第 220 页。
⑧ （清）陆陇其:《陆陇其家训译注》（全二册）上册，上海古籍出版社 2019 年版，第 160 页。

在私塾当先生，经常教导陆陇其，对陆陇其说："贪与酷皆居官大戒。"① 陆陇其亦对家人要求极严，试图将廉洁之训传承下去。

以廉示人的风尚

古代社会中，有一批官员学识渊博，身上有一股浩然正气，在为官中能做到廉洁自持。他们面对诱惑、围猎，能够不为所动；他们面对歪风邪气，能够坚决抵制；他们面对生活工作，能够俭朴从事。他们自身的廉洁品性和在仕宦生涯中营造的廉洁风尚，让无数人为之倾倒。他们的廉洁之风成为中华民族的宝贵精神遗产，对后世产生了深远的影响。

出身于仕宦之家的寇儁自幼博学多闻、见识不凡。作为北朝的名臣，他始终将廉洁自持作为为人做官的基本原则。他的家人曾经卖物与人，赚了五匹绢的利润。寇儁发现这个事情后，对家人讲："恶木之阴，不可暂息；盗泉之水，无容误饮。得财失行，吾所不取。"② 在教育家人且得到家人认同的基础上，寇儁又费尽千辛万苦找到之前买物之人，将五匹绢还给这个人。史书记载，"其雅志如此"③，说他廉洁一向如此。他走上仕途后，兢兢业业，一向以公平法则处理政事，同时，还能够以廉洁的要求约束自己。他在担任梁州刺史期间，生活非常清俭，"不治产业"④。等到他在梁州刺史任职期满后，他的儿子都是步行离开，可见其家风中亦强调不要奢华、低调从事。当地老百姓因其为官廉洁，为他送行，都不舍得他走。等到他年纪大了，廉洁的品性仍然保持，且能教授子孙，传之以礼。他廉洁的品性不仅为执政者所推崇，而且还吸引了许多志同道合的人。寇儁年少之时，司徒崔光非常赏识他，要求自己的儿子与之结交，自己亦经常与他切磋交

① （清）陆陇其：《陆陇其家训译注》（全二册）上册，上海古籍出版社 2019 年版，第 2 页。
② 孙雍长：《二十四史全译：周书》（全一册），汉语大词典出版社 2004 年版，第 465 页。
③ 孙雍长：《二十四史全译：周书》（全一册），汉语大词典出版社 2004 年版，第 465 页。
④ 孙雍长：《二十四史全译：周书》（全一册），汉语大词典出版社 2004 年版，第 466 页。

流。卢辩非常敬服寇儁的操行，“待以师友之礼”①，二人经常交流聊天。寇儁虽然经历朝代更迭，但不变的是他的廉洁为官底色，成为朝廷倚重的股肱，成为百姓学习的楷模。

唐朝名臣杨绾出身于儒学世家。其祖父、父亲都是以儒学品行著称的官员。杨绾自幼勤奋好学，显示出与众不同的气场。长大之后，杨绾仍然好学不倦，“博通经史，九流七略，无不该览，尤工文辞，藻思清赡”②。他经常一个人在书屋，身处堆满经书的环境中，思考着书中的道理，过着坐冷板凳的生活。他追求一种至高的人生境界，不以清贫为耻，淡泊名利。他通过勤奋苦读，最终以很好的成绩考中了进士。他走上仕途后，恰逢安史之乱，国家遭受重创，吏治逐渐衰微，但他仍能保持清廉之名，立足自己岗位，兢兢业业地工作，成为当时朝廷和公众瞩目的人物。当时，权臣元载主持大局，公卿大多数都依附于他。杨绾却我行我素，“孤立中道，清贞自守，未尝私谒”③，赢得了很好的官声。经过不同岗位的历练，杨绾最终位居宰相高位，仍然以廉自守，保持了一贯的清廉之风：“素以德行著闻，质性贞廉，车服俭朴，居庙堂未数月，人心自化。”④ 古代中国政治讲究以身作则，以上率下，通过发挥榜样的作用，净化政治生态，营造良好的从政环境。在杨绾的廉洁示范作用之下，大部分官员能减少应酬、撤掉奢华之物品，以响应杨绾。御史中丞崔宽，家境富裕，在京城别墅中建有池塘馆舍亭台楼榭，听闻杨绾当了宰相，派人暗中拆毁了池塘馆舍亭台楼榭；中书令郭子仪在邠州行营，听说杨绾当了宰相，立即减少了座内音乐；京兆尹黎幹因皇帝恩准，每次出入京城，所带骑士达一百多人，听说杨绾当了宰相，立即减少车骑，只留下十名骑士。“其余望风变奢从俭者，不可胜数，其镇俗

---

① 孙雍长：《二十四史全译：周书》（全一册），汉语大词典出版社 2004 年版，第 467 页。

② 黄永年：《二十四史全译：旧唐书》（全六册）第四册，汉语大词典出版社 2004 年版，第 2857 页。

③ 黄永年：《二十四史全译：旧唐书》（全六册）第四册，汉语大词典出版社 2004 年版，第 2862 页。

④ 黄永年：《二十四史全译：旧唐书》（全六册）第四册，汉语大词典出版社 2004 年版，第 2863 页。

移风若此。”[①] 杨绾生活非常俭朴，“未尝留意家产，口不问生计，累任清要，无宅一区，所得俸禄，随月分给亲故”[②]。杨绾去世后，唐代宗高度评价了他，尤其是着重缅怀他的廉洁：“居家无匹帛之馀”，“清而晦名”[③]。

苏轼在《六事廉为本赋》中指出：“功废于贪，行成于廉。”[④] 这句话意思是说，功业往往毁于贪婪，德行往往成就于清廉。苏轼在为官期间，为自己树立了一条红线，那就是坚守廉洁从政的底线。1086 年，苏轼在京城侍奉皇帝，一位朋友给他送来五两黄金，一百五十两白银，他坚决不要，又还不得，在征得友人同意后，以友人的名义将此钱捐赠给了杭州安乐药坊。苏轼在从政中追求一种君子情怀。“廉贞故为君子” 成为苏轼经常吟诵的座右铭。为了拥有君子人格，哪怕是好朋友给自己送的礼物，苏轼亦拒之。苏轼不占他物，从更高层面去思考，是与万物各有所主的自然之道相吻合的，也正如他在《赤壁赋》中所说：“且夫天地之间，物各有主，苟非吾之所有，虽一毫而莫取。”[⑤] 因此，你就能够理解苏轼拒人之理了。1088 年，苏轼主持贡举考试，过去的弟子托人给他送来贵重的金丝猴皮之礼，被他完璧归赵。1100 年，苏轼北归，经过广西合浦石康县，该县县令以馈赠来表达敬意，被他以“一路俱不受”为由婉言拒绝。始终如一地坚守廉洁底线，最终成就了他的德行。

明朝有一个大臣叫杨继宗，为官任事，考辨情形、分析原因、作出判断，其策往往能救活许多无辜的人。同时，他还以廉自守，做到清廉示人。他当了嘉兴知府后，“以一仆自随，署斋萧然”[⑥]，“性刚廉孤峭，人莫敢犯”[⑦]。

---

① 黄永年：《二十四史全译：旧唐书》（全六册）第四册，汉语大词典出版社 2004 年版，第 2863 页。

② 黄永年：《二十四史全译：旧唐书》（全六册）第四册，汉语大词典出版社 2004 年版，第 2865 页。

③ 黄永年：《二十四史全译：旧唐书》（全六册）第四册，汉语大词典出版社 2004 年版，第 2864 页。

④ 曾枣庄、舒大刚：《苏东坡全集》（全八册）第三册，中华书局 2021 年版，第 1097 页。

⑤ 曾枣庄、舒大刚：《苏东坡全集》（全八册）第三册，中华书局 2021 年版，第 1083 页。

⑥ 章培恒、喻遂生：《二十四史全译：明史》（全十册）第五册，汉语大词典出版社 2004 年版，第 3136 页。

⑦ 章培恒、喻遂生：《二十四史全译：明史》（全十册）第五册，汉语大词典出版社 2004 年版，第 3136 页。

杨继宗是一块无瑕的美玉，经得起考验。杨继宗因为为民做主，得罪了鞭打百姓的御史孔儒。孔儒在一次行动前，突然闯入杨继宗的官署，试图找到杨继宗敛财之证据。可是，孔儒打开箱子看，“敝衣数袭而已”①，只能非常惭愧地离开了。朝中宦官经过他管辖的地域，对他公开索贿，被杨继宗委婉拒绝。明宪宗问汪直来朝觐见的官员谁最廉洁。汪直回答说：“天下不爱钱者，惟杨继宗一人耳。”② 杨继宗的廉洁之名，连皇帝都十分了解。宦官张庆与杨继宗关系不好。张庆的哥哥张敏在司礼监，常在皇帝面前诋毁杨继宗。皇帝非常惊讶地说：“得非不私一钱之杨继宗乎？”③ 张敏听到皇帝有保护杨继宗的意思，赶忙派使者去给张庆送信，信中说：“善遇之，上已知其人矣。”④ 尽管因为刚毅廉洁，触碰了许多权贵人物，杨继宗也因此多次受到处分，但他始终不改廉洁本色，一到新的岗位上，就严格约束自己、约束下属，做到问心无愧。

受民景仰的廉官

古代社会中，一批又一批清廉之官，不仅做出了扎实的政绩，而且以廉洁之风净化了所在地域的政治生态，进而赢得了百姓的尊敬甚至景仰。当他们离世的时候，当地百姓悲痛欲绝，以不同的方式来表达对这些官员的哀悼和追思之情。

“据《续资治通鉴长编》记载，嘉祐七年‘庚午，枢密副使、给事中包拯卒’，庚午，为五月二十四日。包拯逝世消息一发布，举国震惊，百姓哀

---

① 章培恒、喻遂生：《二十四史全译：明史》（全十册）第五册，汉语大词典出版社 2004 年版，第 3136 页。

② 章培恒、喻遂生：《二十四史全译：明史》（全十册）第五册，汉语大词典出版社 2004 年版，第 3136 页。

③ 章培恒、喻遂生：《二十四史全译：明史》（全十册）第五册，汉语大词典出版社 2004 年版，第 3136 页。

④ 章培恒、喻遂生：《二十四史全译：明史》（全十册）第五册，汉语大词典出版社 2004 年版，第 3136 页。

哭一片：从此再没有包青天了。”[①] 为什么老百姓十分缅怀包拯呢？一个十分重要的原因在于他的廉洁自持。他自幼勤奋好学，广泛阅读古代经史子集，积累了丰富的学识，树立了崇高的志向，养成了廉洁的品质。包拯年轻的时候，遇到一个贵人刘筠，品格刚正，学识渊博，为官清廉，有很好的官声。因为表达对在朝奸佞的不满，外放地方，在庐州任职。他十分欣赏青年包拯的才华：“包拯少时，颇为筠（刘筠）所知。”[②] 包拯跟着刘筠不仅学到了丰富的知识，而且还从刘筠的品性、思想中得到许多养料，为包拯后来廉洁从政产生了重要影响。

包拯考中进士后，以廉治政，致力于营造良好的从政环境。“久之，赴调，知天长县。”[③] 当时宰相吕夷简听说包拯既孝顺又有才，想见一下这个人。当时，赴外地为官的年轻人，在京师一般有向宰相辞行的惯例。但是，包拯没有拜谒他，而是直接去了天水县，显示出他不巴结权贵的高贵品格。在长水县任职期间，包拯治理水患、发展生产、处理诉状，使得长水县的百姓能够更好地安居乐业。在天水县，包拯处理的牛舌案最为有名。有一个农民叫刘石，养了一头牛，有一天突然发现自己这头牛的舌头被割掉且牛也活不长了，非常痛惜，来官府告状。包拯经过询问后，发现村中财主王大有这个嫌疑。包拯设了一个计策，打算惩罚王大。为了避免受惩罚，王大带上银子来找包拯疏通。包拯要王大拿携带之银去给刘石进行补偿。最终，财主受到惩罚，农民得以被补偿，这个案子圆满地解决了。明代《嘉靖天长县志》中记载，当地人为了缅怀包拯的事迹，在天水县东门外建了一座二贤祠，其中一贤就是包拯，且留诗一首：“花城峨峨谁建祠，二贤风雅后人师。犹道神宰割牛事，笃孝还怜刺血诗。”[④]

由于包拯在天水县干出了政绩，被提拔升迁为端州知府。当时端州地处广东，比较荒凉，属于未开化之地。来到端州后，包拯治理水患、扩大

---

① 许高彬：《包拯传》，安徽人民出版社 2018 年版，第 259 页。

② 倪其心：《二十四史全译：宋史》（全十六册）第十一册，汉语大词典出版社 2004 年版，第 6902 页。

③ 倪其心：《二十四史全译：宋史》（全十六册）第十一册，汉语大词典出版社 2004 年版，第 7103 页。

④ 许高彬：《包拯传》，安徽人民出版社 2018 年版，第 45 页。

耕地、兴修水利，让贫困的端州面貌发生巨大变化。端州盛产砚台，有端砚之称，居中国四大名砚之首。端砚石坚实、润滑、细腻，被喜欢书法的士大夫所推崇。因端砚出名，入选朝廷贡物，每年都要。过去在端州为官的官员，除了给朝廷呈送端砚外，自己还索要端砚，用来结交权贵。包拯了解到这些情况后，下达命令：除了给朝廷上交端砚外，不得额外定制挪用端砚。因其清廉，做事公平，当地百姓亲切地称他为“包青天”。

此后，包拯又在不同地方、不同岗位进行历练。在开封府任职期间，因他依法惩办权贵，抑制府衙之吏骄蛮之气，打击无赖刁民，赢得了百姓拥戴。在过去，开封府有一条规定，凡是平民要告状，不能直接来府衙向知府申诉，而是要遵守严格的制度，需要将状纸递给守门之吏，再转交给知府。对于百姓的申诉，是否审理、如何审理，再由守门之吏通知百姓。守门之吏被称为“门牌司”。当时，百姓为了使自己的官司能尽快审理，只能被“门牌司”索贿。如果百姓冤情很大，这层关节没打通，有可能会出现冤情状告无门的结果。包拯了解到这个情况后，当即宣布：“开正门，径使至庭，自言曲直。”① 这样一来，百姓的状纸能够直接递到知府手中，知府地能更好地为百姓伸冤。故京师百姓说：“关节不到，有阎罗包老。”② 包拯的清廉之名由此更加显露。

“海瑞是中国历史上有名的‘清官’，他一生刚直不阿，敢于犯颜进谏，冒死上疏；他极力反对贪污和奢侈，挫抑豪强，体恤贫弱，不畏权势，秉公办事；他为官清廉，生活简朴，清苦其行，刚直其性，时人称之海刚峰，百姓呼为海青天。”③ 海瑞清廉之名闻于一时，他去世时，百姓对其廉洁之品十分景仰。“海忠介（海瑞）卒于官，士大夫以醵金以敛，士民罢市，恸哭者累日。丧出江上，白衣冠而送者弥望原野，雨泣动天，箪食壶浆之祭，千里不绝。”④ 老百姓为什么缅怀海瑞？从廉洁的角度看，他不仅做到了以

① 许高彬：《包拯传》，安徽人民出版社 2018 年版，第 202 页。

② 倪其心：《二十四史全译：宋史》（全十六册）第十一册，汉语大词典出版社 2004 年版，第 7105 页。

③ 兰喜并：《中国古代传记精选读本》，中国国际广播出版社 2010 年版，第 311 页。

④ （清）吴肃公：《明语林》，黄山书社 2014 年版，第 197 页。

廉治政，而且还能以廉约束要求自己。在淳安当知县的海瑞，听闻胡宗宪的儿子经过淳安时对驿站的官员发脾气且将这些官员倒挂起来，于是派人去调查在淳安县的胡宗宪的儿子，发现其行李中“橐金数千”，全部“纳之库”①。海瑞以廉治政之名由此传开。后来，他以右佥都御史巡抚应天十府。当地一些贪官听闻他的到来，均辞职而去，地方豪强亦为之收敛。任职期间，海瑞打击豪强，治理不法之徒，裁减驿站多余的经费，要求废除设宴招待过往的士大夫之旧习。海瑞此举虽遭既得利益集团反对、诬蔑、打压，仍然不改其志。当他被调离吴地的时候，“小民闻当去，号泣载道，家绘像祀之”②。海瑞对自己要求很严格，真正做到了廉洁修身、俭朴自持。海瑞在淳安县为官的时候，“布袍脱粟，令老仆艺蔬自给”③。万历初年，张居正掌握国柄，派人去调查海瑞。调查的人去了海瑞家查看，房屋简陋、饮食简单，叹了一口气就离开了。等到海瑞去世后，佥都御史王用汲去海家探视，“葛帏敝籯，有寒士所不堪者”④，最后流着眼泪，筹措资金，为海瑞办了丧事。海瑞心中装有百姓，没有自己，能够始终以俭要求自己，一直到去世，非常难得。“海瑞一生积极反对贪污，反对奢侈，主张节俭，生活朴素，是言行一致的极少见的清官。”⑤

皇帝眼中的廉官

古代社会，皇帝是最高统治者。他们接触信息渠道比较多、比较广，对群臣的认识比较全面深刻。如果他们判断一个臣僚是廉洁的，那是对这

① 章培恒、喻遂生：《二十四史全译：明史》（全十册）第七册，汉语大词典出版社 2004 年版，第 4575 页。

② 章培恒、喻遂生：《二十四史全译：明史》（全十册）第七册，汉语大词典出版社 2004 年版，第 4580 页。

③ 章培恒、喻遂生：《二十四史全译：明史》（全十册）第七册，汉语大词典出版社 2004 年版，第 4575 页。

④ 章培恒、喻遂生：《二十四史全译：明史》（全十册）第七册，汉语大词典出版社 2004 年版，第 4581 页。

⑤ 吴晗：《吴晗讲历史：中国人的生存法则》，江苏凤凰文艺出版社 2021 年版，第 95 页。

个臣僚莫高的褒奖。那么，明君眼中的廉官是什么样子呢？

汉代有个廉官叫尹翁归，他去世后，家无余财。汉昭帝下诏说：“扶风翁归廉平乡正，治民异等，早夭不遂，不得终其功业，朕甚怜之。其赐翁归子黄巾百斤，以奉其祭祠。”[①] 尹翁归在平阳做市吏，“廉不受馈，百贾畏之”[②]，后去东海当太守，尹翁归的廉名被传颂。当时家住东海的廷尉于定国借尹翁归来辞别之机，打算将东海老乡之子托付给他。可是，等到尹翁归和于定国聊了一整天后，于定国始终未能谈及私请。于定国对老乡之子说：“此贤将，汝不任事也，又不可干以私。”[③] 尹翁归的廉洁程度如此。史称“其（尹翁归）在公卿之间清洁自守，语不及私”，“甚得名誉于朝廷”[④]。

晋朝有个廉官叫李胤，其去世后，晋武帝下诏曰：“故司徒李胤，太常彭灌，并履忠清俭，身没，家无余积，赐胤（李胤）家钱二百万、穀千斛，灌（彭灌）家半之。”[⑤] 李胤外表不加修饰，却知识渊博，“言必有则”[⑥]。他为官后，“政尚清简”[⑦]，在百姓中有口碑。后入朝担任尚书郎、中护军司马、吏部郎，选拔官员，公正廉洁。他虽然身居要职，“而家至贫俭，儿病无以市药”[⑧]。皇帝知道后，赏赐他十万钱，用于家庭。

唐初名臣屈突通，“性刚毅，志尚忠悫，检身清正，好武略，善骑

---

① 安平秋、张传玺：《二十四史全译：汉书》（全三册）第三册，汉语大词典出版社2004年版，第1568页。

② 安平秋、张传玺：《二十四史全译：汉书》（全三册）第三册，汉语大词典出版社2004年版，第1567页。

③ 安平秋、张传玺：《二十四史全译：汉书》（全三册）第三册，汉语大词典出版社2004年版，第1567页。

④ 安平秋、张传玺：《二十四史全译：汉书》（全三册）第三册，汉语大词典出版社2004年版，第1568页。

⑤ 许嘉璐：《二十四史全译：晋书》（全四册）第二册，汉语大词典出版社2004年版，第1008页。

⑥ 许嘉璐：《二十四史全译：晋书》（全四册）第二册，汉语大词典出版社2004年版，第1007页。

⑦ 许嘉璐：《二十四史全译：晋书》（全四册）第二册，汉语大词典出版社2004年版，第1007页。

⑧ 许嘉璐：《二十四史全译：晋书》（全四册）第二册，汉语大词典出版社2004年版，第1007页。

射”[①]。他在隋朝就很有官声，在唐初亦受到重视。跟随唐太宗平定薛举，当时珍宝堆积如山，众多将领争先去抢，只有屈突通丝毫不动，受到唐高祖的赞赏。这是屈突通廉洁的地方。至于其舍身为国的气节，更让人动容。当时，朝廷让屈突通随军征讨王世充。唐高祖问屈突通，你还有两个儿子在洛阳，怎么办？屈突通回答：“当此之时，心口相誓，暗以身命奉许国家久矣。今此行也，臣愿先驱。两儿若死，自是其命，终不以私害义。”[②] 时人以为忠义。

在评论辅相时，宋太祖对侍臣说：“朕闻范质止有居第，不事生产，真宰相也。”[③] 宋太宗称赞范质：“宰辅中能循规矩、慎名器、持廉节，无出质（范质）右者。”[④] 范质成长于朝代更迭的时代，然其才颇大，其廉尤为出名，不管是哪个朝代的君主，都视其为干吏廉吏，对其十分重视。他以廉自持，“未尝受四方馈遗，前后所得禄赐多给孤遗”[⑤]。他位居高职，身边聚集的高官非常多，下去访问参观的地方很多，所结交的地方官也非常多，但均不接受官员馈赠。如果得到皇帝赏赐，所得之财，他均赈济贫困。他对自己的生活要求很严格，“闺门之中，食不异品”[⑥]；对自己身后之事，告诫其子一切从俭，“戒其子旻（范旻）勿请谥，勿刻墓碑”[⑦]。

宋理宗时期有一个臣僚叫徐侨，考中进士后，走上仕途。他在端平初年被提拔为秘书少监、太常少卿，在入朝觐见宋理宗的时候，着衣破旧，

---

① 黄永年：《二十四史全译：旧唐书》（全六册）第三册，汉语大词典出版社 2004 年版，第 1841 页。

② 黄永年：《二十四史全译：旧唐书》（全六册）第三册，汉语大词典出版社 2004 年版，第 1843 页。

③ 倪其心：《二十四史全译：宋史》（全十六册）第九册，汉语大词典出版社 2004 年版，第 5772 页。

④ 倪其心：《二十四史全译：宋史》（全十六册）第九册，汉语大词典出版社 2004 年版，第 5772 页。

⑤ 倪其心：《二十四史全译：宋史》（全十六册）第九册，汉语大词典出版社 2004 年版，第 5772 页。

⑥ 倪其心：《二十四史全译：宋史》（全十六册）第九册，汉语大词典出版社 2004 年版，第 5772 页。

⑦ 倪其心：《二十四史全译：宋史》（全十六册）第九册，汉语大词典出版社 2004 年版，第 5771 页。

手持奏章。宋理宗见了之后，对他说：“卿可谓清贫。”① 徐侨是一个刚毅有节之人，这一点曾被朱熹所称赞。看到国家积贫积弱，国库空虚，奸佞充斥朝堂，贪腐行于官场，徐侨向宋理宗发出重言：“世有扁鹊，将望见而却走矣。”② 宋理宗被触动，“申儆群臣以朋党为之戒，名有司裁节中外浮费”③，同时，赏赐徐侨金帛甚多，徐侨“固辞不受”④，足见其廉洁之风。他是一个没有私心的人。因其无私，才敢于直言皇帝，让皇帝实施德政善政，选贤才、黜奸佞、罢奢事，希望国富民强。因其无私，才会全心全意扑在工作上，不受外界干扰，按照自己的为人为官标准去执行。他的学说是很精深的，且希望能将学到的知识付诸实践，在实践中取得显著成效。因其清苦自持，在官员队伍中显得非常突出，一般人往往达不到他的高度。“若其守官居家，清苦刻厉之操，人所难能也。”⑤ 他不只在为官中以清苦自持，而且还能在居家中，在别人看不到的时候，仍然能够以清苦自持，这是难能可贵的。他去世后的谥号是“文清”，一方面说明他的文化底蕴之深；另一方面说明他为官之廉。

清代名臣施世纶去世之时，康熙下谕：“施世纶简任总漕，清慎自持，勤劳素著。”⑥ 他是海军名将施琅的次子，因父恩荫江南泰州知州；后奉朝廷之命，督修堤坝工程，颇有政声，百姓称之为“清官”。1689 年 3 月，担任扬州知府期间，施世纶整治民俗，市井风气为之一变。1691 年 8 月，兴修被冲塌的范公堤，实行以工代赈的办法，既解决了工程问题，又让许多民众有了生活之资。1701 年 12 月，施世纶就任湖南布政使，减掉百姓徭

---

① 倪其心：《二十四史全译：宋史》（全十六册）第十四册，汉语大词典出版社 2004 年版，第 9185 页。

② 倪其心：《二十四史全译：宋史》（全十六册）第十四册，汉语大词典出版社 2004 年版，第 9185 页。

③ 倪其心：《二十四史全译：宋史》（全十六册）第十四册，汉语大词典出版社 2004 年版，第 9185 页。

④ 倪其心：《二十四史全译：宋史》（全十六册）第十四册，汉语大词典出版社 2004 年版，第 9185 页。

⑤ 倪其心：《二十四史全译：宋史》（全十六册）第十四册，汉语大词典出版社 2004 年版，第 9186 页。

⑥ 王钟翰点校；《清史列传》（全二十册）第三册，中华书局 1987 年版，第 817 页。

役，民众感恩，特为其立碑，予以扬名。1706年3月，施世纶就任顺天府尹，改革积弊，卓有成效。1715年，被升迁为漕运总督，改革漕运积弊，弹劾贪官，罢免蠹役，治理十分严明，效率得以提升。1720年，康熙特命施世纶暂赴陕西，协助总督鄂海督办军饷事宜，办事得力，赢得康熙赞赏。1722年5月，施世纶积劳成疾，与世长辞。施世纶的为官特征是办事得力，且十分清廉。办事得力，朝廷喜欢他，皇帝欣赏他；十分清廉，百姓赞扬他，舆论推崇他。

于成龙的廉洁观

清代廉臣于成龙在其六十七岁去世的时候，引起各界震动。上至朝廷，下到百姓，均对其廉洁从政予以高度评价。朝廷给于成龙的谥号是“清端”，清是清廉，端是正直，颇能概括于成龙廉洁正直的一生。于成龙晚年在两江总督任上，因以廉治吏，难免得罪官场上的人，使得一些被他得罪的人在康熙面前对其人品和操守进行诋毁。康熙在于成龙去世后，虽然予以厚葬，且要为其举办祭祀典礼，还将“清端”的谥号给了于成龙，但心中仍对于成龙在江南的为政口碑心存疑虑。

康熙此时决定南巡，其中一项任务就是赴江宁，实地探听和考察于成龙的官品。经过实地考察后，康熙十分高兴，认为于成龙没有辜负自己的期望。回到北京，康熙才放心大胆地表彰于成龙，下诏曰：“国家澄叙官方，首重廉吏，其治行最著者，尤当优加异数，以示褒扬。原任江南江西总督于成龙操守端严，始终如一。朕巡幸江南，延访吏治，博采舆评，咸称居官清正，实天下廉吏第一。应从优褒恤，为大小臣工劝，其详议以闻。”[①] 康熙将“天下第一廉吏”的称号给了于成龙，来褒奖他在廉洁从政方面做出的贡献。康熙对于成龙偏爱有加，还为于成龙写诗，来褒奖其廉

① 王振川：《大清廉吏于成龙》，三晋出版社2015年版，第297页。

洁：“服官敦廉隅，抗志贵孤洁。”①

在于成龙即将隆重下葬之时，康熙为于成龙撰写了一篇碑文，高度评价了于成龙的一生，其中着重谈到了于成龙的廉洁：“而考其生平，廉为尤著，以故累加特擢，皆朕亲裁。”② 随后，康熙为于成龙亲写两道祭文。康熙在第一道祭文中说：“驭下则大革贪风，励己则寒同儒素，虽古廉吏，曷以加兹。”③ 康熙在第二道祭文中说：“惟尔苦节克贞，鞠躬匪懈，真一介之弗取，越数官而弥坚。”④ 于成龙的清廉之风，受到康熙的高度评价，将其提高到官员榜样的地位加以确认。

于成龙的好朋友、清代名臣魏象枢得知于成龙去世的消息，如闻霹雳，在自己病重的情况下，写下了寄托哀思的诗，其中有“清风亮节高千古，吏治民生济一时”⑤ 的句子，以证其为官清廉。原大学士熊赐履为于成龙撰写墓志铭，其中写道：“予考传记，三代而后以廉干称者代不乏人，然类多矫饰沽激，流为刻覈，以纳于偏畸，故措施建竖、表里初终之际，往往难言之。未若公之狷介性成，质任自然，略无矫强刻厉之迹。而诚意感孚，无不服教畏神，不疾而速，直有超越于古人之上者。”⑥ 熊赐履的阐释是十分深刻的：在于成龙之前，中国是不乏廉吏的，可好多廉吏为了邀名，为了出名，为了显名，往往以廉示人；而于成龙则不然，他是从内心而发，真诚地去做廉官，没有任何矫揉造作之感。

于成龙去世的时候，俭朴之状，令人感动。“将军、都统、寮吏来至寝室，皆见床头敝笥中唯绨袍一袭，靴带二事，堂后瓦甕米数斗，盐豉数器而已，无不恸哭失声。”⑦ 得到官府允许后，江宁的父老乡亲纷纷来到总督署，吊唁、祭拜于成龙。“公薨之日，举国若丧考妣，男妇童叟皆入公署，

① 王振川：《大清廉吏于成龙》，三晋出版社 2015 年版，第 297 页。
② 王振川：《大清廉吏于成龙》，三晋出版社 2015 年版，第 297 页。
③ 赵桂溟等：《于清端公政书》（全二册）上册，三晋出版社 2017 年版，第 18 页。
④ 赵桂溟等：《于清端公政书》（全二册）上册，三晋出版社 2017 年版，第 19 页。
⑤ 王振川：《大清廉吏于成龙》，三晋出版社 2015 年版，第 292 页。
⑥ 赵桂溟等：《于清端公政书》（全二册）下册，三晋出版社 2017 年版，第 397 页。
⑦ 王振川：《大清廉吏于成龙》，三晋出版社 2015 年版，第 291 页。

见孤灯茕茕，犹然在案，周身只见布被一床而已，清俭之节固千古所未有也。”① 百姓慨叹于成龙之廉洁，纷纷前来哀悼。

从走上仕途开始算起，于成龙的廉洁体现在对自身生活工作要求上，体现在对吏治整顿的严格要求上，体现在对廉洁这一命题的认识思考上。于成龙仕途第一站是广西罗城。当时罗城的状况是这样的：“广西柳州之罗城，偏处山隅，东北界连湖南道、通一带，西北界连贵州清、平一带。其余土司环绕，山如剑排，水如汤沸，蛮烟瘴雨，北人居此，生还者什不一二。”② 初到经济落后、环境凋敝、满目疮痍的广西罗城，于成龙日常生活极为艰苦，“日食粗粝，晚饮酒四钱，枕刀而卧”③。在罗城治政期间，被抽调到省会桂林参与乡试科考大典，“止带皮套一件，共相惊讶，留意相难”④。于成龙在当时讲究穿着的官员队伍中，其自身俭朴着装，引起大家围观和轻视。据于成龙回忆，在罗城的生活是艰苦清贫的：“日食二餐，或日食一餐，读书堂上，坐睡堂上，矛头赤脚，无复官长体统。夜晚酒一壶，值钱四文，并无小菜，亦不用箸快（筷子）。”⑤ 在罗城，当时的条件比较艰苦，磨炼了于成龙过清贫生活的意志和品质。他还写过《无酒》一诗，诗中再现了他在罗城窘迫的日子：“一夜一壶酒，床头已乏钱。强欲禁酤我，通宵竟不眠。”⑥ 当时的一些地方官，通过征收百姓钱财，命名为火耗银，来壮实自己的小金库。于成龙非但没有这样做，反而严厉禁止这样的行为。“于成龙在这件事情上严肃认真，完全遵守朝廷法令，赋税不加收一丝一毫。为了防止差役暗中取利，于成龙都是坐在大堂上亲自征收，老百姓直接把银钱交到于成龙手里，于成龙则直接把收据写好发给百姓。称银称粮的砝码升斗，都以户部统一颁发的为准，绝不欺瞒百姓、伤害百姓利益。”⑦ 他在给金光祖汇报治政经验和心得中，强调吏治整顿之必要：“窃敉宁地方

---

① 王振川：《大清廉吏于成龙》，三晋出版社 2015 年版，第 291 页。
② 常佩雨等选注：《于成龙诗文选注》，三晋出版社 2019 年版，第 36 页。
③ 王思治、李鸿彬：《清代人物传稿》（上编）第八卷，中华书局 1995 年版，第 234 页。
④ 常佩雨等选注：《于成龙诗文选注》，三晋出版社 2017 年版，第 46 页。
⑤ 常佩雨等选注：《于成龙诗文选注》，三晋出版社 2017 年版，第 46 页。
⑥ 赵桂溟等：《于清端公政书》（全二册）下册，三晋出版社 2017 年版，第 335 页。
⑦ 王振川：《大清廉吏于成龙》，三晋出版社 2015 年版，第 61 页。

之要，莫若安民；而安民之法，必以肃清吏治为先务。”[①] 肃清吏治是整顿吏治最先要做的工作，其中洁己爱人成为为吏者的首要之责。于成龙在《金抚台问地方事宜》中指出贪污腐化之官吏是害政的重要表现：“贪酷者，害民害政之本。”[②] 他认真分析了如罗城等偏远的地方，大部分官员以保存生命为念，敛财之人较少，需要担心的是衙役滥竽充数。官员队伍的风气营造十分重要，如果因贪腐而造成败坏，就会在社会上形成不良的风气，就会出现于成龙所言的情况，“官不清则民不良”[③]。罗城百姓知于成龙之清贫，心甘情愿地想帮助他。“罗人怜公（于成龙），每晨夕環视，问公安否，间敛金钱跪进云：‘知阿爷苦，我百姓每供些少盐米费。’公（于成龙）笑谢曰：‘我一人在此，何须如许物。可持归，易甘旨奉汝父母，一如我受。”[④] 于成龙没有接受百姓的馈赠。等到于家人来罗城探望于成龙时，得知此信息的罗城百姓又拿上财物来赠送于成龙。于成龙也拒绝了：“此去我家六千里，单人携资，适足为累。”[⑤] 当于成龙从罗城离开去其他地方为官的时候，罗城百姓听了之后追送数百里：“公今去，我侪无天矣！”[⑥]

于成龙随后在四川合州任上，兢兢业业，实心任事。合州虽然人口稀少，但因其交通位置重要，过往官吏客商较多，公务较为繁忙。于成龙简化办公程序，裁减多余差役，取消轿夫车夫，回绝了上司摊派，精简公务接待，受到上司的表扬：“合阳荒残冲瘠，得高贤抚而绥之，自必渐有起色。顷闻初莅新政，驱冗役，却舆从，及绝无名之应付，情操毅力即此已见一班，甚快甚慰也。”[⑦] 他从合州离开后，赴黄州府任同知，干了四年。当时他当同知，一年有八十两的俸银，虽然生活无忧，却经常节约钱财，多行奉献之事，自己仍然过着较为清贫的生活，“操守益自危苦，恶衣

① 常佩雨等选注：《于成龙诗文选注》，三晋出版社 2017 年版，第 9 页。
② 常佩雨等选注：《于成龙诗文选注》，三晋出版社 2017 年版，第 18 页。
③ 常佩雨等选注：《于成龙诗文选注》，三晋出版社 2017 年版，第 32 页。
④ 赵桂溟等：《于清端公政书》（全二册）下册，三晋出版社 2017 年版，第 355 页。
⑤ 赵桂溟等：《于清端公政书》（全二册）下册，三晋出版社 2017 年版，第 355 页。
⑥ 赵桂溟等：《于清端公政书》（全二册）下册，三晋出版社 2017 年版，第 355 页。
⑦ 赵桂溟等：《于清端公政书》（全二册）上册，三晋出版社 2017 年版，第 46 页。

食”[1]。当时，黄州遭逢大旱，当地民不聊生。于成龙将自己的俸银捐出来，将自己常骑的骡子卖掉换来的钱也捐了出去。他动员有钱人捐款捐物，认真核查受灾之人，依照受灾程度，予以发放赈济之物。于成龙以糠粥为食，日子过得十分清苦。黄州百姓十分怜之，编了两句民谣：“要得清廉分数足，难学于公吃糠粥。”[2] 在黄州为官期间，家中亲人前来探望。亲人住了一段时间后，相别时，于成龙找来一只咸水鸭，一分为二，给亲人拿了半只，自己留了半只。当地百姓编了民谣以颂其人：“于公豆腐量太狭，长公临行割半鸭。半鸭于公过夜钱，五厘酒价何处拈？”[3] 追随他的人都以为他的生活太过艰辛而埋怨他。于成龙以今昔变化为内容，强调在繁华处守清廉更为重要：“前在粤、蜀，民物凋残，持廉甚易。今日正须试此定力，幸尚能尔，何乃以为病耶！”[4]

经历起伏后，他辗转来到福建，出任按察使一职，其职责之一是监察管理全省的官员。他在《严戢衙蠹檄》中对于那些敢于贪赃之官进行了警告：“衙役犯赃，首严功令，本司法纪攸司，剔蠹除奸尤为急务。”[5] 于成龙深刻认识到福建全省许多地方，恶棍勾结官府中的官员，专干坑害百姓之事。这种现象是需要认真对待、严厉惩办的。他还积极地想办法，治理地方官员中存在的各种怠政、荒政、害政等，取得了显著成效。当时福建总督和巡抚对他的业绩十分认可，推举他为卓异。给他的评语中有这样的言语：“屏绝所属馈送，性甘淡泊，吏畏民怀。为闽省廉能第一。”[6] 康熙看到后很高兴，当即批示道：“于成龙清介自持，才能素著，允称卓异。”[7] 随后，于成龙被提拔为福建布政使，掌管全省财政，虽是肥缺，但他仍以廉自持，经受住了考验。在福建有许多码头，经常会有外国商船在这些码头

① 赵桂溟等：《于清端公政书》（全二册）下册，三晋出版社 2017 年版，第 356 页。

② 王振川：《大清廉吏于成龙》，三晋出版社 2015 年版，第 131 页。

③ 王振川：《大清廉吏于成龙》，三晋出版社 2015 年版，第 132 页。

④ 赵桂溟等：《于清端公政书》（全二册）下册，三晋出版社 2017 年版，第 356 页。

⑤ 常佩雨等选注：《于成龙诗文选注》，三晋出版社 2017 年版，第 303 页。

⑥ 中共吕梁市委宣传部：《大道之行　天下为公：清官廉吏于成龙》，中共中央党校出版社 2018 年版，第 102 页。

⑦ 王振川：《大清廉吏于成龙》，三晋出版社 2015 年版，第 197 页。

上停泊，以期进行贸易。清政府对此管理十分严格。为了使得贸易顺利进行，外商会对当地主抓对外贸易的官员行贿。当外商向于成龙行贿的时候，被他拒绝。他在衙门大堂，撰写了一副廉政对联："累万盈千，尽是朝廷正赋，倘有侵欺，谁替你披枷戴锁？一丝半缕，无非百姓脂膏，不加珍惜，怎晓得男盗女娼！"[①] 他自己生活依然十分俭朴。正如他所言："我生来无他嗜好，布衣蔬食，才免饥寒足矣。不知世间有享受事，亦不知馈遗交际欲何为计？俸入自给有余，要钱何用？"[②] "署中薪米不给，至无衣可典，或终日一食。"[③] 凡是看过他的居住之地的人，皆叹曰："于公，天下第一清官也！"[④] 康熙十分欣赏于成龙，特提拔于成龙为直隶巡抚。他在直隶巡抚任上，在整顿吏治方面，成绩斐然。针对吏治松弛出现的乱象，他发布《饬查劣员檄》，表达了十分心痛的心情："自入境以来，风闻地方各官未能洁己奉公，或征粮而滥收火耗者有之，或遇差而派取民间者有之，或严刑峻法贻累地方者有之，或听信衙蠹恣意诛求者有之。种种不法，殊可痛恨！"[⑤] 针对官员追求奢靡浪费的生活及由此而养成的不良习惯，他发布《严禁奢靡檄》，告诫各级官员要倡导节俭之风："是在为民上者，务须躬先俭朴，谆谆劝导。"[⑥] 针对部分官员以征收民财为自己谋私利的不良现象，他发布《严禁火耗谕》，认为收受火耗银两，是一种不良风气："种种窃脂之行，无异窃盗，相沿成风，恬不为怪。"[⑦] 于成龙严厉要求各级官员不得以征收民财为火耗之征之由："凡各州县卫，务须洗心涤虑，痛除积习，毋额外以横征，毋恣意以朘削（剥削）。"[⑧] 针对一些官员送礼的现象，他发布《严禁馈送檄》，严禁官员之间互相馈献："凡遇重阳、冬至、元宵等节，并过路送礼，各衙门概行禁止。如有私相馈献，查出并行题参，决不姑宽。各宜

① 王振川：《大清廉吏于成龙》，三晋出版社 2015 年版，第 205 页。
② 王思治、李鸿彬：《清代人物传稿》（上编）第八卷，中华书局 1995 年版，第 239 页。
③ 赵桂溟等：《于清端公政书》（全二册）下册，三晋出版社 2017 年版，第 362 页。
④ 赵桂溟等：《于清端公政书》（全二册）下册，三晋出版社 2017 年版，第 362 页。
⑤ 常佩雨等选注：《于成龙诗文选注》，三晋出版社 2017 年版，第 317 页。
⑥ 常佩雨等选注：《于成龙诗文选注》，三晋出版社 2017 年版，第 320 页。
⑦ 常佩雨等选注：《于成龙诗文选注》，三晋出版社 2017 年版，第 321 页。
⑧ 常佩雨等选注：《于成龙诗文选注》，三晋出版社 2017 年版，第 321 页。

一体恪遵施行。”[①] 在直隶巡抚任上，于成龙第一次近距离地见到了康熙。康熙对于成龙评价很高，见面就说：“尔为当今清官第一，殊属难得。”[②] 于成龙离开皇宫后，康熙对近臣讲了自己对于成龙廉洁始终的好感：“直隶巡抚于成龙起家外吏，即有廉明著闻。历升巡抚，益励清操，自始至终，迄无改辙。凡在亲戚交游相请托者，概行峻拒，绝不允从，顷来，沙河所属人员并戚友，间有馈遗，一介不取。如此情节，朕闻之殊为嘉悦。”[③] 康熙十分欣赏于成龙的廉洁之风，还特意给他送诗一首，诗中写道：“自昔崇廉治，勤思吏道澄。”[④] 随后，于成龙荣升两江总督，管辖大清最为富庶的地域。他在两江总督任上，仍然狠抓吏治，大力营造清廉之风。他在《示亲民官自省六戒》中“绝贿赂”里写道：“夫受人钱而不与干事，则鬼神呵责，必为犬马报人；受人财而替人枉法，则法律森严，定当妻孥连累。”[⑤] 对受贿赂一事的入情入理的分析，让官员有如沐春风之感。他在《兴利除弊条约》中再次明确“严禁火耗”“禁止私派”“严禁馈送”“禁止奢靡佚游”“严禁兵丁虚冒”等，对可能滋生腐化土壤的各类事宜进行了详细规定。他还亲自撰写《忍字歌》和《劝民节俭歌》，致力于引导民众养成俭朴朴实的生活习惯。他过去有好多廉政举措，在两江任上，融会贯通地去使用和实施，取得了显著效果。他在推行新政、净化两江政治生态的同时，自身修为仍在保持当中。“于成龙自奉俭朴，日食粗粝，侑以青菜，终年不识肉味，江南人号称‘于青菜’。”[⑥] 在于成龙的示范作用下，“江南风俗侈丽，总督力行节俭，世风大变”[⑦]。于成龙最后积劳成疾，死于两江总督任上。他一生坚持廉洁，做到有始有终，殊为难得。“至公（于成龙）廉介出于天性，在罗城时困顿备历，犹金之百炼而益精，故垂老不衰云。”[⑧]

---

① 常佩雨等选注：《于成龙诗文选注》，三晋出版社 2017 年版，第 323 页。

② 王思治、李鸿彬：《清代人物传稿》（上编）第八卷，中华书局 1995 年版，第 239 页。

③ 王思治、李鸿彬：《清代人物传稿》（上编）第八卷，中华书局 1995 年版，第 239 页。

④ 王振川：《大清廉吏于成龙》，三晋出版社 2015 年版，第 235 页。

⑤ 赵桂溟等：《于清端公政书》（全二册）下册，三晋出版社 2017 年版，第 279—280 页。

⑥ 王思治、李鸿彬：《清代人物传稿》（上编）第八卷，中华书局 1995 年版，第 240 页。

⑦ 王思治、李鸿彬：《清代人物传稿》（上编）第八卷，中华书局 1995 年版，第 240 页。

⑧ 赵桂溟等：《于清端公政书》（全二册）下册，三晋出版社 2017 年版，第 392 页。

使者篇

下西洋的郑和

提起郑和这个人，现今的国人都很熟悉。他是中国乃至世界上伟大的航海家。明史专家吴晗对郑和评价极高："像郑和这样由国家派遣的船队，一次出去几万人、几十条大船（这些船是当时世界上最大的船，也就是当时世界上最大的海军），不但到了现在南洋群岛的主要国家，而且一直到了非洲。其规模之大，人数之多，范围之广，那是历史上前所未有的，就是明朝以后也没有。这样大规模的航海，在当时世界历史上也没有过。郑和下西洋比哥伦布发现新大陆早八十七年，比迪亚士发现好望角早八十三年，比达·伽马发现新航路早九十三年，比麦哲伦到达菲律宾早一百一十六年。比世界上所有著名的航海家的航海活动都早。可以说郑和是历史上最早的、最伟大的、最有成绩的航海家。"①

郑和原姓马，云南晋宁昆阳宝山乡人，是世代信奉伊斯兰教的回族，1371 年出生。其父米里金袭封滇阳侯。米里金为人正直，品行高尚。在《故马公墓志铭》中描述米里金："公（米里金）生而魁岸奇伟，风裁凛凛可畏，不肯枉己附人，人有过，辄面斥无隐。性尤好善，遇贫困及鳏寡无依者，恒保护赒给，未尝有倦容，以故乡党靡不称公为长者。"② 郑和之母温氏，是一位有妇德的贤淑妇女。郑和出身名门，自幼接受了良好的家庭教育，有"才负经纬，文通孔孟"③ 之誉。1381 年 9 月，朱元璋派大军进入云南，击败世守云南的元朝贵族梁王，导致梁王携全家老小投滇池而亡。郑和的父亲米里金在追随梁王抗击明军过程中被杀，时年三十九岁。年幼的郑和被明军发现，并以"秀童"的身份献给朝廷。当了小太监的郑和被朱元璋赐给燕王朱棣。明代袁忠彻在《古今识鉴》中有一段关于郑和相貌的介绍："内侍郑和，即三保也，云南人。身长九尺，腰大十围，四岳峻而

① 吴晗：《吴晗讲历史：中国人的生存法则》，江苏凤凰文艺出版社 2021 年版，第 203—204 页。
② 周文林等：《郑和史诗》，云南美术出版社 2005 年版，第 53 页。
③ 周志斌：《江苏历代名人传记丛书·郑和》，江苏人民出版社 2015 年版，第 4 页。

鼻小，法反此者极贵。眉目分明，耳白过面，齿如编贝，行如虎步，声音洪亮。”① 朱棣看到郑和身材魁梧、长相俊异，十分赏识他。

进了燕王府后，郑和认真学习府中藏有的大量书籍，注重与出入燕王府的各界名流、达官显贵请教交流，逐渐成熟起来，进一步得到了朱棣的信赖。“郑和为人忠厚诚朴，才识卓著，因而逐渐得到朱棣的赏识和信任。在燕王府邸多年从事仆役，坎坷的人生经历锻炼了郑和坚韧不拔的毅力和拼搏的精神。”② 朱棣发动靖难之役，郑和一直跟随在朱棣身边，为其出谋划策、冲锋陷阵，深受信赖。明朝学人朱国桢在《皇明大政记》中记载：“靖难初不独名将甚多，而内臣兼智勇者，亦往往有之。”③ 其中就有郑和。他们这一批内臣帮助朱棣建功立业：“皆内臣从燕王起兵靖难，出入战阵，多建奇功。”④ 朱棣取得胜利，成为历史上的明成祖。明成祖基于郑和在靖难之役中的杰出表现，特赐与他“郑”姓，郑和之名由此而来。

当时，恰逢明成祖雄才伟略，国力日渐强盛，这为郑和下西洋提供了机会和条件。《明史》记载郑和下西洋的目标：“成祖疑惠帝亡海外，欲踪迹之，且欲耀兵异域，示中国富强。”⑤ 寻找明惠帝且不去说，探索与异域的联系，寻求和平交往的模式，或许是郑和下西洋的初衷吧。郑和下西洋中的“西洋”指的是什么区域呢？“明朝的时候把现在的南洋地区统称为东洋和西洋。西洋指的是现在的印度半岛、马来半岛、印度尼西亚、婆罗洲等地区。”⑥ 为什么委派郑和担任下西洋的负责人呢？“明廷选用郑和下西洋，授以统率庞大舟师和出使各国的重任，是经过缜密的考虑和慎重的选择的，除了他的忠诚和才干之外，伊斯兰教和佛教背景显然也是他入选的重要条件。”⑦ 明成祖即位后，郑和奉旨刊刻大量佛经，熟悉佛经和佛教，

---

① 周文林等：《郑和史诗》，云南美术出版社 2005 年版，第 48 页。

② 周文林等：《郑和史诗》，云南美术出版社 2005 年版，第 69 页。

③ 周文林等：《郑和史诗》，云南美术出版社 2005 年版，第 69 页。

④ 周文林等：《郑和史诗》，云南美术出版社 2005 年版，第 69 页。

⑤ 章培恒、喻遂生：《二十四史全译：明史》（全十册）第九册，汉语大词典出版社 2004 年版，第 6212 页。

⑥ 吴晗：《吴晗讲历史：中国人的生存法则》，江苏凤凰文艺出版社 2021 年版，第 203 页。

⑦ 王天有、高寿仙：《明史：多重性格的时代》，中信出版社 2017 年版，第 89 页。

成为他出使西洋的一个缘由。“同时，从永乐元年（1403 年）开始，郑和先后两次远洋航行出使暹罗、日本，积累了相当多的外交和远航海经验，这些都是郑和获得朱棣赏识，出任下西洋主帅的重要因素。”① 郑和先后七次下西洋：“郑和自永乐三年（1405 年）第一次奉命出使，至宣德八年（1433 年）第七次出使，先后七次下西洋，前三次可划归为郑和下西洋的前期，后四次为郑和下西洋的后期。”②

郑和下西洋所体现出来的努力拼搏、海纳百川、睦邻友好、科学航海的精神，成为中华民族精神的重要组成部分。首先来看努力拼搏。郑和为下西洋所做的大量准备工作、所经历的凶险、所克服的困难，如果没有努力拼搏的精神做支撑，有可能中途就放弃，有可能就此搁浅，有可能直接就导致失败。接到下西洋任务的郑和，用了十四个月的时间完成筹备工作。建造远航船舶是郑和筹备工作的首要之务。当时，中国的造船技术非常先进。明初统治者十分重视造船工作，促进了造船技术的提高。郑和下西洋的船队，相当一部分是在南京宝船厂制造。宝船厂规模很大，“东西横阔一百三十八丈，南北纵长三百五十四丈。面积达五十余万平方米”③。在宝船厂造船过程中，因领导重视、分工明确、作业专业等因素，所造船舶既壮观又实用。经过前期准备，郑和第一次下西洋的各类船舶建造完毕，各类船舶包括宝船、马船、粮船、座船、水船等。所谓宝船，是指郑和船队中最大的海船，“用于使团领导成员和外国使节乘坐，装载着明朝赠给各国的礼品和各国回赠的珍宝”④。郑和船队队员巩珍对宝船有一段记录：“体势巍然，巨无与敌，篷帆锚舵，非二三百人，莫能举动。”⑤ 宝船的实际尺度，在《明史》中有这样的记载：“造大舶，修四十四丈、广十八丈者六十二（62 艘）。”⑥ 郑和所乘宝船，更是豪华兼舒适，其舱室有“头门、仪门、丹

① 周志斌：《江苏历代名人传记丛书 · 郑和》，江苏人民出版社 2014 年版，第 32 页。
② 楼建军、李建业：《郑和》，辽海出版社 2012 年版，第 17 页。
③ 周文林等：《郑和史诗》，云南美术出版社 2005 年版，第 84 页。
④ 楼建军、李建业：《郑和》，辽海出版社 2012 年版，第 18 页。
⑤ 周文林等：《郑和史诗》，云南美术出版社 2005 年版，第 214 页。
⑥ 章培恒、喻遂生：《二十四史全译：明史》（全十册）第九册，汉语大词典出版社 2004 年版，第 6212 页。

墀、滴水、官厅、穿堂、后堂、库司、侧屋，别有书房、公廨等类，都是雕梁画栋。”① 所谓马船，是指水战与运输兼用的船只。“马船又名马快船，是明初才出现的一种大型运输船。”② “其功能主要是运输下西洋所需物资和海外贸易货物。”③ 所谓粮船是用来运粮及后勤供应物品的船只。“船队专门配备了粮船，此船据载约长二十八丈，宽十二丈，是船队中的第三号大船。”④ 外出远航，需要在粮船上带较多的粮食，以供应船上之人饮食需求。“如以第一次远航的二万七千余人计算，每人每天平均消耗口粮一斤半，一天耗粮约四万一千七百斤，合四百一十七石，则整个船队储备一年口粮之数为十五万三千二百零五石。”⑤ 所谓座船，是指用来自我防卫和保护的主力舰。座船上配备武器装备，可以直接参战，或用于突袭、侦察、观哨等。所谓水船，是指专门贮存淡水的船只。为了解决船员饮水问题，需要在水船上置放大量淡水。“郑和出于对船队全体成员性命安全的关注，并汲取了以往航海中因缺少淡水而造成悲剧的教训，率先主张要为船队配置水船。水船编入船队，为船队的远航解除了一大后顾之忧。”⑥ 通过对各类船只进行合理配置，为郑和成功下西洋奠定了扎实基础，解决了出航所需的船队、饮食、淡水、武器装备等问题。

在出航过程中，会遭遇多变的气候、狡诈的海盗、遥远的路途等凶险。《天妃灵应之记》中记载：“观夫海洋，洪涛接天，巨浪如山；视诸夷域，迥隔于烟霞缥缈之间。”⑦ 该碑文真实地记录了郑和下西洋所面对的多变惊险的气候。在出航过程中，会遇到海盗，需要用强大的火力加以攻击，“他们（郑和一行）第一次出去坐了六十二艘大船，带了很多军队。这里发生了这样的问题：他们既然是到外国去通商、去访问，为什么要带这么多军队？这是因为当时从中国去南洋群岛的航线上有海盗，这些海盗不但抢劫

---

① 周文林等：《郑和史诗》，云南美术出版社 2005 年版，第 214 页。
② 周文林等：《郑和史诗》，云南美术出版社 2005 年版，第 215 页。
③ 周文林等：《郑和史诗》，云南美术出版社 2005 年版，第 215 页。
④ 楼建军、李建业：《郑和》，辽海出版社 2012 年版，第 20 页。
⑤ 周文林等：《郑和史诗》，云南美术出版社 2005 年版，第 217 页。
⑥ 周文林等：《郑和史诗》，云南美术出版社 2005 年版，第 219 页。
⑦ 周文林等：《郑和史诗》，云南美术出版社 2005 年版，第 12 页。

中国商船，而且别的国家到我们这里来做买卖的商船也抢。郑和用强大的军事力量把海盗消灭了，这样就保证了航路的畅通”①。1407 年 9 月，郑和在爪哇旧港招降海盗首领陈祖义，遇到诈降情况，被郑和识破后逮捕，送至京师伏诛，确保了该航线的畅通无阻。郑和下西洋所经历的区域非常广，涉及大小三十余国，“涉沧溟十万余里”②。这又表明路途之遥远艰险。

郑和船队经过那么多国家和地区，遭遇了许多困难，都很好地得到协调与解决。郑和第一次下西洋中，来到爪哇，与当地民众进行商品贸易的时候，突遭西爪哇王属下士兵袭击，致使一百七十余名船队官兵被害。郑和一方面了解具体情况；一方面将此事奏报朝廷。西爪哇王自知理亏，担心明朝出兵打击，派使者赴明朝请罪。朱棣接见使者后，怒斥其无耻行径，要求其对每名牺牲官兵进行赔偿。西爪哇特使表示认罪且愿意接受赔偿。郑和冷静处理了这件事，避免了大规模流血冲突，维护了地区和平与稳定。在郑和第二次下西洋过程中，来到暹罗。当时，因暹罗国力强盛，经常欺负其周围小国，拦截过往船只、趁机勒索钱财等行为已昭然若揭。郑和对暹罗国王晓之以理、动之以情，暹罗国王最终被说服，答应与周边国家友好交往，保障了东南亚地区的和平。郑和七下西洋，经历那么多国家和地区，遇到那么多难题，但是大部分难题经过努力，都能很好地得到处理与解决。

海纳百川的气度在郑和及其船队那里体现得十分明显。郑和下西洋所经过的国家和地区，风俗不同、宗教信仰各异、对华态度有别，但明朝船队均能平等地对待，和平地与之相处，取得了良好的交往效果。占城（越南）是郑和下西洋的第一站。该国信仰佛教，盛产犀象、珍奇异木，国王出入乘象或牛车。占城对中国十分友好，中国对其亦十分珍视。朱元璋将其作为“不征之国”来对待。郑和奉命赠送其王冠带等礼物，占城的特产和贡物亦送到明廷。郑和还将占城作为自己船队物资存储、集散之地去打造。两国友好关系一直被很好地维护着。暹罗（泰国），在占城之西南。暹罗国民风彪悍，民习水战，百姓信奉释教，商业非常发达。郑和来了之后，

① 吴晗：《吴晗讲历史：中国人的生存法则》，江苏凤凰文艺出版社 2021 年版，第 208 页。

② 周文林等：《郑和史诗》，云南美术出版社 2005 年版，第 12 页。

不仅与当地民众做生意，而且还调解暹罗与周边国家关系，效果非常明显。小葛兰国（印度奎隆）土地贫瘠、民风淳朴，出产麝香、胡椒、菠萝蜜等，国王与民众皆信佛教。郑和礼节性地拜访了小葛兰国国王，在当地购买了大量的手工艺品和特产。古里（今属印度）头目是回族人，有自己的宗教信仰，喜欢和擅长做生意。郑和来到这个地方后，委托古里擅长做生意的两个大头目，全权负责其船队在古里的一切商贸活动。通过见面协商，将价格定好，写下合同，一式两份，各自保留一份，买卖交易就完工了。忽鲁谟斯（伊朗）"自古里西北行，二十五日可至"①。忽鲁谟斯地处波斯湾与阿曼湾交汇处，各国商贾云集，民众做生意都很有钱。国人以伊斯兰教为自己的信仰。忽鲁谟斯人得知中国船队要来，互相传告，用珊瑚、猫睛石、龙眼珍珠等物品与中国的丝绸、瓷器等商品进行交换。郑和下西洋所经过的国家和地区很多，虽不能一一加以说明，但是从以上事例中可以看出，无论国家宗教、习俗、国情等有何相异，郑和代表的明朝廷都能与之和平交往、友好往来，反映了我们的气度与胸襟。

古代中国有睦邻友好的传统，这一传统在郑和下西洋过程中得到了淋漓尽致的展示。郑和代表明廷，去西洋各国，宣告政治使命，赠送册诰印绶，并向他们赠送丝绸、瓷器、金银等珍贵礼品。朱棣对郑和船队诏谕："尔等只顺天道，恪守朕言，循理安分，勿得违越，不可欺寡，不可凌弱，庶几共享太平之福。"② 作为封建统治者，由于自身局限性，阐释出的外交政策具有俯视众生之感，但从中也可以看出，平等友好交往，不"违越"，不"欺寡"，不"凌弱"，共同构造和平相处模式或格局，是明廷的不懈追求。郑和代表明廷对所访国家宣示友好，政治上互相支持与勉励，得到了这些国家的认可。这些国家也积极地派使者前往明廷，以观明朝盛况，以示和平交往的诚意。"明成祖在位的二十二年间，与郑和下西洋有关的亚非国家使节来华共三百一十八次，平均每年十五次。"③ 满剌加（今属马来西亚）国王拜里迷苏剌于1411年率王妃、王子一行随同郑和船队前来明廷拜

---

① 周文林等：《郑和史诗》，云南美术出版社2005年版，第298页。

② 周文林等：《郑和史诗》，云南美术出版社2005年版，第331页。

③ 周文林等：《郑和史诗》，云南美术出版社2005年版，第333页。

见明成祖，共商合作大计，受到明廷的隆重接见和厚待。当然，追求睦邻友好的目标，一般是以和平的方式进行的。但是，和平并不是一味地妥协退让。对于那些无理的要求，对于那些充满挑衅的侵略和暴乱，郑和总是以坚决的态度，予以制止和打击，以确保睦邻友好政策的实施。郑和在第三次下西洋中，成功解决了锡兰山（今属斯里兰卡）国王废立问题。郑和在前两次下西洋的过程中，多次劝告锡兰山国王亚烈苦奈儿，让其改变暴虐之性，结果没有取得成效。第三次前往锡兰山国时，郑和秉持巨大诚意，直言告诫亚烈苦奈儿国王不要恃强凌弱。亚烈苦奈儿国王不仅没有听从建议，还暗中谋划劫掠郑和船队。郑和遇危不乱，“率所统二千余人，出其不意攻破其城，生擒亚烈苦奈儿及其妻子官属[①]，并将其押至京城”。群臣闻其事，皆怒欲杀之。明成祖则以为不然：“悯其无知，并妻子皆释，且给以衣食。”[②] 明成祖是成熟的政治家，深知留下亚烈苦奈儿等人性命的政治意义巨大。可若你以为明成祖试图送亚烈苦奈儿回国再登王位，那就错了。明成祖命礼部在亚烈苦奈儿宗族中选择贤良之人，将其立为国王。当时，找到的耶巴乃那是亚烈苦奈儿宗族中的贤良，遂将其立为锡兰山国王，由明成祖册封。同时，将亚烈苦奈儿等人遣送回国。明成祖在其发布的诰文中再次强调了信用的重要性：“惟信可以睦邻。”[③] 郑和用实际行动证明，虽然明朝军队实力很强，但是没有恃强凌弱，还能坚持公平正义原则。明朝通过和平的方式解决纠纷、平息威胁，维护了地区和平与安宁，赢得了这些国家和地区的赞赏。“睦邻友好的政策，消除了明廷与各国的隔阂，增进了彼此的信任。正是明王朝所追求的外交目标，它既有力地服务于内政需要，又保证了一个和谐稳定的周边国际环境，实现了‘四海清宁，天下太平’的盛世景象。”[④]

郑和下西洋，能做到科学航海，是了不起的事情。郑和科学航海是在

① 章培恒、喻遂生：《二十四史全译：明史》（全十册）第九册，汉语大词典出版社 2004 年版，第 6213 页。

② 楼建军、李建业：《郑和》，辽海出版社 2012 年版，第 78 页。

③ 楼建军、李建业：《郑和》，辽海出版社 2012 年版，第 79 页。

④ 周文林等：《郑和史诗》，云南美术出版社 2005 年版，第 333 页。

充分利用气候条件和航海技术基础上完成的。季风气候对古人的生产生活影响很大。宋代泉州太守王十朋在《提舶生日诗》中写道："北风航海南风回，远物来输商贾东。"[①] 这句诗生动再现了当时出入泉州港的商家积极利用季风气候进行航海、发展海外贸易的盛况。郑和下西洋之所以能够顺利成功，很重要的原因就是借助于季风这个便利的条件："明代郑和下西洋的庞大船队，其航行也是充分利用季风的。郑和船队历次下西洋都是在冬季利用东北季风出海，而在夏季利用季风回国。"[②] 追随郑和第七次下西洋的巩珍，在其《西洋番国志》中记载完成任务的船舶都要在满剌加集中，"停候五月中风信已顺"[③]，然后才能返航。这就说明当时返航日期的确定是根据季风的情况而定的。古代中国的航海技术，到了郑和那个时代，已经非常娴熟和先进了。美国学者费正清在《中国：传统与变革》中写道："郑和的航行之所以能够成功归功于中国造船工业的发展以及在南海航线上航海技术的发展。他的远洋船只规模巨大，有些船有四百多英尺长，有四层甲板，水密舱多达十二个。船员按照详细的航海指南航行，还使用罗盘。"[④] 费正清用敏锐的眼光发现了郑和船队取得成功的原因在于掌握了先进的航海技术，但只是粗线条地予以阐释，未能展开。具体而言，郑和船队在下西洋的过程中，使用了水罗盘、牵星板、测深铅锤等工具，更好地服务于航海事业。在航海中，判定方向是十分重要的事情。郑和下西洋所用的指南针是水罗盘，能够较为精准地判别方向。郑和船队利用牵星板测星体高度，是天文导航的一种展示。明代航海中用测深铅锤来探测海水深度，以预防触礁、搁浅。同时，郑和船队还采用对景定位和物标导航来实现科学航海。《郑和航海图》是郑和下西洋实现科学航海的结晶。明代学者茅元仪写了一本兵书集叫《武备志》，全书共二百四十卷，最后一卷叫《航海》，收有题为"自宝船厂开船从龙江关出水直抵外国诸番图"这套地图。这套地图后来被称为《郑和航海图》，是明人根据前人及郑和船队远航经验进行

① 周文林等：《郑和史诗》，云南美术出版社 2005 年版，第 223 页。
② 周文林等：《郑和史诗》，云南美术出版社 2005 年版，第 223 页。
③ 周文林等：《郑和史诗》，云南美术出版社 2005 年版，第 224 页。
④ ［美］费正清：《中国：传统与变革》，江苏人民出版社 2012 年版，第 173 页。

加工而成的作品。《郑和航海图》内容非常丰富。“《郑和航海图》四十幅《普通航海图》表示的内容主要有大陆岸线、岛屿、浅滩、礁石、港口、江河口，沿海的城镇、山峰，陆地上可作航行目标的宝塔、寺庙、桥梁、旗杆等地物，还详细注记地名。地名包括地理名称及地物名称。地理名称按自然地理分，计有山名、水域名、港湾名、航门水道名、岛屿名、礁石名、岬角名等。按行政等级来分，则有国名，本国省会的名称，州、县的名称及卫、所、巡检司的名称等。地物名称则有宫殿名、寺庙名、桥梁名、工厂名和城门名等。”① 这为古代航海事业的发展提供了非常好的依据。

郑和下西洋的意义是重大而深远的，其意义除了在政治层面巩固睦邻友好政策优势、加强与周边国家互信支持之外，在经贸、文化交流等方面的贡献也是很突出的。从经贸交流来看，郑和下西洋活跃了朝贡贸易、官方贸易、民间贸易等多种贸易形式。所谓朝贡贸易，是郑和代表明廷向所经过的国家和地区进行物资财富赏赐，以期得到他们的响应，来中国进行朝贡。所谓官方贸易，是郑和代表明廷与所经过国家和地区官方对接之下的贸易形式。郑和船队携带大量诸如丝绸、瓷器等物品与当地官方进行贸易交换，换来当地的特产。所谓民间贸易，是郑和船队的官兵及商人携带物品跑到集市与当地百姓进行贸易交换往来。郑和通过开辟航道，为沿线国家和地区贸易往来提供了交通上的便利，促使沿线国家和地区商贸往来越来越频繁。贸易的发展与繁荣，进一步加强了物质交流、满足了不同国家之间的需求。郑和下西洋所经过的国家盛产的特产和物品，比如香料、象牙、犀角等传入中国，而中国的瓷器、丝绸等传到西洋各国。从文化交流来看，中华优秀文化通过郑和开辟的航道传播到沿线国家和地区，也使得沿线国家和地区的文化习俗传到中国。马欢在《瀛涯胜览》中陈述了明廷欲借郑和下西洋来传播文教的用心：“盖声名施及蛮貊，使普天之下，含灵蠢动，悉粘德化，莫不知有其君而尊亲焉。”② 固然这里面有当时明廷以自我为中心，将周边国家视为蛮貊之邦的局限认识，但是宣教德化、传播礼

① 周文林等：《郑和史诗》，云南美术出版社 2005 年版，第 226 页。
② 周文林等：《郑和史诗》，云南美术出版社 2005 年版，第 339 页。

仪、践行和平理念等深深地影响了郑和下西洋所经过的国家和地区。郑和还将能代表中华文明的历法、冠服、图书、建筑等有关物品和技术赠送给部分国家和地区，传播了中华文明。郑和下西洋所经过的国家和地区的风俗习惯、文化样式等亦传入中国，丰富了中国人的生活，开拓了中国人的眼界。比如郑和使团考察了吴哥古寺的建筑风格，将这种建筑风格应用到兴建南京大报恩寺中。郑和下西洋，将中国人开眼看世界的意识和能力提升到了一个很高的境界和水平，说明中国人从来不缺乏勇于探索的勇气和胆识。

完成第七次下西洋任务后的郑和，在古里即将扬帆回国之时，不幸病逝。郑和为航海事业奉献了一生，他成就了航海事业，航海事业亦成就了他。“自和（郑和）后，凡将命海表者，莫不盛称和（郑和）以夸外番，故俗传三保太监下西洋，为明初盛事云。”① 郑和从此青史留名。梁启超说：“及观郑君（郑和），则全世界历史上所号称航海伟人，能与之并肩者，何其寡也。”② 孙中山说：“乃郑和竟能于十四个月之中而造成六十四艘之大舶，载运二万八千人巡游南洋，示威海外，为中国超前轶后之奇举。”③ 周恩来讲：“我国明代郑和是一位大航海家。郑和曾访问过东非索马里、肯尼亚等国家，为中非友谊作出过重大贡献。”④

通西域的张骞

刘邦建立汉朝后，实力虽然很强，但是在与北方匈奴对峙过程中，仍然处于下风。汉朝通过和亲、输送钱财等方式，暂时维持着与匈奴的和平关系。等到汉武帝时期，汉朝国力日渐强盛，开始作好了反击匈奴的准备。从匈奴人中听说大月氏被匈奴打败，与匈奴有不共戴天之仇。汉武帝为了

① 章培恒、喻遂生：《二十四史全译：明史》（全十册）第九册，汉语大词典出版社 2004 年版，第 6214 页。

② 周文林等：《郑和史诗》，云南美术出版社 2005 年版，第 14 页。

③ 周文林等：《郑和史诗》，云南美术出版社 2005 年版，第 14 页。

④ 周文林等：《郑和史诗》，云南美术出版社 2005 年版，第 14 页。

联合西域大月氏共同反击匈奴，公开征召能出使西域的人，这个人一定是敢于冒险、有担当精神的人。出使西域在当时来说具有很大风险：一方面，赴西域的道路十分崎岖难行，“西行的道路极尽艰辛，‘行旅负水担粮，履践沙石，行人唯以人畜骸骨及驮马粪为标验’”①；另一方面，当时匈奴控制着对西域的主导权，“是时汉与西域间的交通孔道还是在匈奴掌握中，而西域诸国多受匈奴的命令”②。作为郎官的张骞“为人强力，宽大信人”③，以极大的勇气“以郎应募”④，被汉武帝选中，派他率一百余人出使西域。“正是因为张骞能力强为人厚道，才能完成对汉王朝来说是以全新的角度认识世界。”⑤ 张骞从此登上历史舞台，书写了辉煌的人生篇章。张骞出使西域，面临许多艰险，其中就有路途遥远曲折、道路崎岖，十分艰难。“张骞出使之艰险，是显而易见的。不说匈奴武装力量的威胁，只是自然条件的险恶，已经为一般中原人所惊畏。南朝陈人江总在《陇头水》一诗中写道：‘陇头万里外，天涯四面绝。人将蓬共转，水与啼具咽。惊湍自涌沸，古树多摧折。传闻博望侯，苦辛持汉节。”⑥ 再从金朝高僧法显经过新疆段丝绸之路，差点命丧于此，就知道环境的险恶。法显写道：“沙河中多有恶鬼热风，遇则皆死，无一全者。上无飞鸟，下无走兽，遍望极目，欲求渡处，则莫知所以，唯以死人枯骨为标帜耳。”⑦

公元前139年，身负使命的张骞一行从长安出发，随员中有一人叫堂邑父的奴仆，帮助张骞克服路途各种险难。“堂邑父胡人，善射，穷急射禽兽给食。”⑧ 他们一路向西，在途经匈奴控制的地域时，被匈奴抓住。匈奴单

---

① 张安福：《远略雄心：西域两千年》，上海人民出版社2020年版，第2页。

② 陈寅恪等：《西南联大国史课》，天地出版社2021年版，第112页。

③ 安平秋、张传玺：《二十四史全译：汉书》（全三册）第二册，汉语大词典出版社2004年版，第1274页。

④ 安平秋、张传玺：《二十四史全译：汉书》（全三册）第二册，汉语大词典出版社2004年版，第1273页。

⑤ 尤伟琼等：《前四史与先秦秦汉时期的中国边疆民族史研究》，云南大学出版社2019年版，第74页。

⑥ 黎东方：《细说秦汉史》，上海人民出版社2002年版，第234页。

⑦ 王崇焕：《中国古代交通》，天津教育出版社1991年版，第14页。

⑧ 安平秋、张传玺：《二十四史全译：汉书》（全三册）第二册，汉语大词典出版社2004年版，第1274页。

于见到张骞后，对张骞说：“大月氏在我们的北面，汉朝为什么要向大月氏派使者？我想派使者到南越，汉朝能答应我们的要求吗？”于是，匈奴扣留了张骞。为了表示对张骞的拉拢之意，匈奴给张骞在匈奴找了妻子，且生了小孩。汉武帝看人的眼光比较准，任用张骞出使西域是正确的。虽然在匈奴过着安详的生活，但是在张骞内心，始终没有忘记自己的身份和使命，“持汉节不失”①。在匈奴十余年过后，趁着匈奴对他监视的松懈，张骞逃了出来，继续往西走，来到大宛国。大宛国王听说汉朝国力强盛、财富极多，想与汉朝经贸往来却没有渠道，看到汉朝使者张骞的到来，非常高兴，热情地接待了张骞。张骞说明来意后，在大宛国王的安排下，经康居国，最终来到大月氏。当时的大月氏已经远离匈奴的控制，征服了大夏国，当地水草丰美、土地肥沃，已经没有报复匈奴的想法了。

在大月氏待了一年多，张骞动员大月氏的目标未能实现，于是启程返回中原。为了在返回的途中避免被匈奴再次俘获，张骞精心设计了返回路线，“并南山，欲从羌中归”②。他沿着昆仑山、阿尔金山、祁连山走，想从羌族居住的地域返回，结果非常不幸，再次被匈奴人抓住。他在匈奴被扣留了一年多，恰逢匈奴单于死、出现混乱状态，于是携妻子及堂邑父逃回汉朝。这一年是公元前 126 年，距张骞出使西域的时间，过去了整整十三年。“张骞此行，历尽艰险，虽未达到联合大月氏夹击匈奴的目的，但意义仍很重大。张骞在西域传播了汉朝声望，获得了大量有关西域地形、物产的资料，使长期被匈奴阻隔的东西方，开始重新得到沟通。”③ 汉武帝见到回到京师的张骞十分激动。“不用说，张骞回京的消息，令汉武帝和朝廷上下大为震惊。而更让汉武帝高兴的是，张骞向他汇报了自己在大宛、月氏、大夏、康居等国的见闻，以及所听到的其他周边国家的情况。”④ 张骞详细地向汉武帝介绍了西域各国的地理位置、风土人情、生活习惯、经济方式等，引起了汉武帝极大的兴趣。“张骞向汉武帝报告了西域各国国情，使这

---

① （汉）司马迁：《史记》（全四册）第四册，上海古籍出版社 2015 年版，第 2380 页。

② （汉）司马迁：《史记》（全四册）第四册，上海古籍出版社 2015 年版，第 2381 页。

③ 曹大为等：《中国大通史 · 秦汉（上）》，学苑出版社 2018 年版，第 157 页。

④ ［日］日比野丈夫：《秦汉帝国》，四川人民出版社 2019 年版，第 156 页。

位有志于‘攘四夷广土斥境’的帝王进一步确定了打通河西道路，经营西域，并进而开拓通往‘西极’的国际通道以扬汉王朝威德于四海的决心。”① 汉武帝听张骞描述后，敏锐地判断出中原与西域各国加强联系的必要性和重要性，为汉武帝第二次派张骞出使西域奠定了基础。高兴之余的汉武帝拜张骞为太中大夫，以示奖励。因张骞对西域和匈奴之地情况的熟悉，故派他随大将军卫青出击匈奴，取得了作战胜利。张骞由此被封为“博望侯”，汉武帝取“广博瞻望”之意。两年后，随飞将军李广抗击匈奴，张骞因晚于约定的时间到达指定军事地点，被处重刑，用财物赎为平民。汉武帝仍然重视张骞的建议，通过张骞提出联合西域乌孙国，来阻击匈奴。公元前 119 年，被拜为中郎将的张骞，被汉武帝委以重任，第二次出使西域，去乌孙国。当时，给张骞配了三百余人，每人两匹马，数以万计的牛羊，价值不菲的金币、丝绸及大量持节的副使。如愿到达乌孙国后，乌孙国王当时未答应张骞，但是希望派使者赴汉进行经贸往来。此时的张骞，派出多位副使分别出访大宛、康居、大月氏、大夏等国家和地区，自己携乌孙使者返回长安。张骞被授予大行之职，位列九卿。返回长安后的第二年，张骞去世。张骞去世后，他派出去的副使相继回到长安。

司马迁在《史记》中以“凿空”一词来形容张骞两次通西域的历史贡献：“然张骞凿空，其后使王者皆称博望侯，以为质于外国，外国由此信之。”② “因而在中国正史的记录中，汉代外交家张骞正式开通丝绸之路的事迹，在《史记·大宛列传》中被誉为‘凿空’。”③ 凿空是指开辟道路，如果仅从交通意义上而言，他的贡献也是巨大的，他直接打通了中国东西一条交通大动脉，还将其一直延伸到今天的中亚、西亚地区。吕思勉讲：“交通者，国家之血脉也。”④ 按照古代中国版图区域划分，以首都为中心的陆路和水路交通，十分发达。然而，在汉武帝时期，都城长安以西的广大区域，都不知道能不能用有交通来形容。张骞把向西的丝绸之路打通了，繁

① 王子今：《秦汉交通史稿》，社会科学文献出版社 2020 年版，第 598 页。
② （汉）司马迁：《史记》（全四册）第四册，上海古籍出版社 2015 年版，第 2390 页。
③ 张岂之：《中国历史十五讲：典藏版》，北京大学出版社 2020 年版，第 103 页。
④ 吕思勉：《中国文化史六讲；中国政治思想史十讲》，上海古籍出版社 2021 年版，第 45 页。

荣了这条道路，这是很了不起的一件大事。同时，张骞通西域，开辟的丝绸之路，对于加强中原和西域地区的政治、经济、文化等联系，做出了极大贡献。从政治上看，汉朝在河西兴修水利、设置田官、发展生产，加大军垦力度，为随后西域地区被纳入中原版图奠定了基础。从经济上看，出现了西物东输和东物西进的现象。西域盛产的葡萄、核桃、苜蓿等通过丝绸之路传到中原，丰富了中原人民的生活。汉武帝时期，在长安就开始广泛种植："汉使取其实（种子）来，于是天子始种苜蓿、蒲陶（葡萄）肥饶地。"① 百姓说："不是张骞通西域，安得佳种自西来。"② 中原地区的农业技术、丝绸、茶叶等通过丝绸之路传到西域地区，丰富了西域地区人民的生活，提高了西域地区生产力水平。当时赴西域的中原人很多，"相望于道"，西域赴中原的商人亦络绎不绝。从文化上来讲，西域的胡笛、胡舞、胡乐等通过丝绸之路传入中原；中原文化通过丝绸之路传到西域地区。"张骞奉命出使西域，开辟了中原与西域文化艺术交流的坦途，揭开了中原文化艺术远播西域的历史新篇章。"③

《增修汉博望侯张公墓道碑记》碑文中高度评价张骞的功劳："犯万张之虏熖（焰），假危道以远袭，凿空之功，震烁古今。"④ 张骞第一次出使西域时率领百余人的队伍，等到归来时，所剩寥寥无几，反映了路途的艰险、形势的凶险。但是他用自己的坚毅和耐心，开创了闻名后世的丝绸之路，福泽后代。"唐人诗作中，'博望侯'已经成为英雄主义的文化象征，并且被看作当时时代精神的典型代表。"⑤ 唐诗《结客少年场行》中写道："寻源博望侯"⑥，希望能够继承张骞的精神："轻生殉知己，非是为身谋。"⑦ 一个坚毅、勇敢、为国做事、敢于担当的人的形象由此凸显出来。

---

① （汉）司马迁：《史记》（全四册）第四册，上海古籍出版社 2015 年版，第 2393 页。
② 张安福：《远略雄心：西域两千年》，上海人民出版社 2020 年版，第 4 页。
③ 王嵘：《西域艺术史》，人民出版社 2013 年版，第 168 页。
④ 梁中效、王继胜：《张骞文化与丝绸之路》，三秦出版社 2015 年版，第 101 页。
⑤ 王子今：《秦汉史：帝国的成立》，中信出版社 2017 年版，第 144 页。
⑥ 黎东方：《细说秦汉史》，上海人民出版社 2002 年版，第 236 页。
⑦ 黎东方：《细说秦汉史》，上海人民出版社 2002 年版，第 236 页。

出西域的班超

班超是一个富有传奇色彩的人。他出身于书香世家，自幼博览群书，“有口辩，而涉猎书传”①，志向高远。他为人真实豪放，不拘小节，具有行侠仗义之风范。他胆大心细，外表粗放，内心细腻，做事十分有谋略。班超对家人很有责任感，“内孝谨，居家常执勤苦，不耻劳辱”②，积极承担家务。他们一家来到洛阳后，富有大志的班超为了养家，只能在官府通过抄书来谋生。班超对朋友讲信义，只要是真诚交往，他亦能以诚待之。他的好朋友徐幹与班超志向相同，班超亦以义待之。“班超与徐幹（干）的相识，就是在市集上的一次接力抓贼，两人配合默契，之后一聊下来，更是相见恨晚，约定将来有机会要共谋大业。”③ 班超对国家非常忠诚，年轻的时候就希望到异域建功来报效国家。从他对家人、朋友、国家的态度中可以看出，他是一个心细之人，有想法之人。所以，班超在为生计奔波的过程中，仍然不废学习之功、练武之功。“对一个有志之人来说，日子再清苦也不会荒废。班超除了操办家务、侍候老母以外，天天坚持读书，尤其专注研究兵书，还弄刀舞剑，练就一身武功。”④

班超的人生，用与其有关的两个成语来概括，是十分恰切的。一个是“投笔从戎”，一个是“不入虎穴，焉得虎子”。投笔从戎决定了班超的职业选择，奠定了他建立事功的基础。不入虎穴，焉得虎子决定了班超的英勇，决定了他建立事功需要的胆识。在平凡的抄书谋生中，班超感受到了平庸对人的挤压和消磨，故其能发出这样的豪言壮语：“大丈夫无它志略，犹当

---

① 许嘉璐：《二十四史全译：后汉书》（全三册）第二册，汉语大词典出版社 2004 年版，第 1031 页。

② 许嘉璐：《二十四史全译：后汉书》（全三册）第二册，汉语大词典出版社 2004 年版，第 1031 页。

③ 王世东：《大汉史家：班氏家族传》，华中科技大学出版社 2018 年版，第 208 页。

④ 杨兆祥：《西域传奇：班超》，安徽文艺出版社 2020 年版，第 22 页。

效傅介子、张骞立功异域，以取封侯，安能久事笔研间乎？”① 班超对傅介子、张骞的功业和功勋十分钦羡，以他们为目标，以此磨砺自己。这是班超之后建立事功的转折，亦成为后人钦羡模仿的对象。唐代诗人刘希夷在《从军行》中写道：“平生怀仗剑，慷慨即投笔。”② 投笔从戎激励了一代又一代有志于军功建立的英雄人物，成为他们的精神支柱。当然，如果没有本事，空谈壮志，会沦为笑柄。但班超是有本事的人，却仍不免被人取笑，“左右皆笑之”③。班超对这些言论回应说：“小子安知壮士志哉！”④ 班超既有此志，又有本领，只缺贵人相助、机会降临。他的哥哥在帮助他，他的朋友窦固在帮助他。窦固父辈与班超的父辈一直都有交往和联系，窦固与班超因这层关系相互认识。窦固对班超建立军功的志向是欣赏的、支持的。等到窦固出军征讨匈奴，就趁机将班超带上，试图为其大展身手提供平台和机会。

在对匈奴作战中，窦固发现了班超杰出的军事才华，所以进一步委以重任，让其出使西域。“在进击北匈奴的过程中，东汉王朝感到与西域各国有着共同的利害关系，有必要联络西域各国。于是，班超受命到西域进行游说，以配合军事行动。”⑤ 班超非常高兴，想建立傅介子、张骞那样的功业，也不是不可能的。班超一行出使西域，第一站来到鄯善国。鄯善国王对东汉实力有所耳闻，对班超一行的到来，十分欢迎。可是，好景不长，鄯善国王对班超一行态度逐渐变得冷漠懈怠。经过分析后，班超认定，是因为北匈奴派使者来鄯善国，估计也在千方百计地游说鄯善国王。鄯善国王对于到底投靠谁拿不定主意，故对班超一行的态度逐渐冷淡下来。通过打听，了解到北匈奴的确派使者来游说一事。班超当机立断，找来一起前

---

① 许嘉璐：《二十四史全译：后汉书》（全三册）第二册，汉语大词典出版社 2004 年版，第 1031 页。

② 李毓芙选注：《成语典故文选》（上、下）下册，山东教育出版社 1997 年版，第 23 页。

③ 许嘉璐：《二十四史全译：后汉书》（全三册）第二册，汉语大词典出版社 2004 年版，第 1031 页。

④ 许嘉璐：《二十四史全译：后汉书》（全三册）第二册，汉语大词典出版社 2004 年版，第 1031 页。

⑤ 张安福：《远略雄心：西域两千年》，上海人民出版社 2020 年版，第 43 页。

来西域的三十六个吏士，发挥其论辩口才的优势，慷慨陈词，分析当前严峻的形势：如果不立即动手，制伏匈奴使者，他们就有可能沦为鄯善国王送给北匈奴的牺牲品。此时，班超对着大家讲："不入虎穴，不得虎子。当今之计，独有因夜以火攻虏，使彼不知我多少，必大震怖，可殄尽也。灭此虏，则鄯善颇胆，功成事立矣。"① "不入虎穴，不得虎子"后来用为"不入虎穴，焉得虎子"，形容不亲历险境，不会取得成功。这个成语业已成为国人的文化符号，化入血液之中。明代罗贯中在《三国演义》第七十四回中写道："忠（黄忠）曰：'不入虎穴，焉得虎子？'策马先进。"② 这个成语的内涵，实际上真正让班超建立了威信和事功。在班超的带领下，他们最终将在鄯善国的北匈奴使者全部消灭。鄯善国王由此臣服于汉。班超将事情经过向窦固作了汇报，窦固非常高兴，向朝廷请功，并建议选派新的使臣赴西域，接续已经开创的工作。汉明帝认为班超很有气节，对窦固说："吏如班超，何故不遣而更选乎？今以超（班超）为军司马，令遂前功。"③ 汉明帝亦是雄才大略之主，对许多问题的把握和分析足以让人称道。他看到班超的才华，就做了一个顺水人情，希望班超能够在西域继续建功立业。

班超继续着传奇之事。他带着使命来到西域于阗国，通过斩杀巫师，威服于阗国王。紧接着，班超来到疏勒，派使者劝降被龟兹所立的疏勒王兜题，并且劫持擒住了兜题。班超赶来后，召集疏勒所有将吏，述说龟兹的无道，改立忠为疏勒王，将兜题遣送回龟兹。"至此，班超凭借智勇，先后使鄯善、于阗、疏勒三个西域王国归附汉朝，使东汉王朝势力首次深入西域南道。同时，也使得汉朝威仪再度远播西陲，聚拢了西域诸国的向汉之心。班超的开拓之功，不仅展现了他在军旅中的胆识与韬略，也为他以

① 许嘉璐：《二十四史全译：后汉书》（全三册）第二册，汉语大词典出版社 2004 年版，第 1032 页。

② 李毓芙选注：《成语典故文选（上、下）》下册，山东教育出版社 1997 年版，第 24—25 页。

③ 许嘉璐：《二十四史全译：后汉书》（全三册）第二册，汉语大词典出版社 2004 年版，第 1032 页。

后经营西域奠定了基础。"[①] 班超在西域，面对所扶持之人的背叛，所信赖之国的背叛，以及错综复杂的各国关系，能够沉着对待，通过实施屯垦戍边、以夷制夷、军事征讨等方式，基本统一了西域，"于是西域五十余国，悉皆纳质内属焉"[②]。班超在西域，"改立其王，而绥其人。不动中国，不烦戎士，得远夷之和，同异俗之心，而致天诛，蠲宿耻，以报将士之仇。"[③] 班超终于实现了他建功西域的梦想。因其功劳太大，被封为定远侯。晚年的班超得以回到洛阳，不久辞世。

班超在西域立功，促进了文化的传播与交流，促进了多民族国家的统一。"班超在西域从事外交、军事活动三十一年，经历了汉明帝、汉章帝、汉和帝三代皇帝执政的时期，始终能够宽简为政，团结吏士，人心向附，威望甚高。他以艰苦的人生实践，推进了汉文化在西北方向的传播。"[④] 班超个人的励志奋斗过程和英雄主义传奇色彩，在后代永放光芒。唐代诗人胡曾在《玉门关》一诗中写道："西戎不敢过天山，定远功成白马闲。半夜帐中停烛坐，唯思生入玉门关。"[⑤] 他的成就为后人所铭记。

使中亚的傅安

明代郑和下西洋，尽人皆知，然略先于郑和的傅安出使中亚地区的伟大事件，知名度稍逊于郑和下西洋，也不为更多的人所熟悉。傅安是河南祥符人，经过个人努力，在洪武二十七年（1394 年），当上了兵科给事中。洪武二十八年（1395 年），朱元璋派出了以傅安为代表的出使中亚地区的庞大使团。"傅安使团是中外史籍记载的明朝到达中亚的第一个使团。组成这一使团的成员除傅安以外，还有给事中郭骥、御史姚臣、中官刘惟，以及

① 张安福：《远略雄心：西域两千年》，上海人民出版社 2020 年版，第 45 页。

② 吕思勉：《秦汉史》，中国华侨出版社 2020 年版，第 191 页。

③ 许嘉璐：《二十四史全译：后汉书》（全三册）第二册，汉语大词典出版社 2004 年版，第 1038 页。

④ 王子今：《秦汉史：帝国的成立》，中信出版社 2017 年版，第 305 页。

⑤ 王子今：《秦汉史：帝国的成立》，中信出版社 2017 年版，第 305 页。

将士一千五百人。”[1]

当时，朱元璋为什么要派傅安出使中亚呢？朱元璋部署外交战略的过程中，采取睦邻友好的政策，对中亚亦是如此，且颇为看重。因为朱元璋所建立的明朝是在推翻元朝的基础上建立的，而以蒙古部队为主的北元政权仍在漠北驻扎，不时侵扰明朝边境。积极防御固然是需要的，打通通往中亚的道路，筑起防御蒙古的防线，亦是很好的选择。朱元璋在北抗蒙古军队的同时，开始谋划如何畅通与中亚的来往。当时中国西北地区及通往中亚的区域，是明朝与北元激烈交锋争夺的地带，朱元璋在防御北元的同时，不忘畅通与中亚地区商人往来的通道：“洪武初年，中亚国家尚未与明朝建立外交关系。当时明朝为打通丝绸之路，切断蒙、藏之间的联系，对中亚的商人来华贸易采取积极鼓励的政策。”[2] 此时，在中亚地区，兴起了一个叫帖木儿的帝国，都城设在撒马儿罕，这是一座历史悠久的中亚名城。帖木儿帝国的创建者叫帖木儿，雄心勃勃，经过扩张，成为当时中亚的区域性大国。或许是出于韬略，想暂时稳住明朝，帖木儿在洪武二十年（1387），派使者来明朝，“贡马十五，骆二”[3]。朱元璋非常高兴，“诏宴其使，赐白金十有八锭”[4]。自此之后，帖木儿经常派使者来明廷进献马匹，以显其交好之诚。洪武二十七年（1394），帖木儿“贡马二百”[5]，且上表明廷，竭尽其辞，将朱元璋恭维一遍：“臣帖木儿僻在万里之外，恭闻圣德宽大，超越万古。自古所无之福，皇帝皆有之。所未服之国，皇帝皆服之。远方绝域，昏昧之地，皆清明之。老者无不安乐，少者无不长遂，善者无不蒙福，恶者无不知惧。”[6] 朱元璋听了之后，想必非常激动，域外之国能

① 万明：《明代中外关系史探研》，天津古籍出版社2019年版，第105页。

② 陈梧桐：《朱元璋大传》，中华书局2019年版，第490页。

③ 章培恒、喻遂生：《二十四史全译：明史》（全十册）第十册，汉语大词典出版社2004年版，第6949页。

④ 章培恒、喻遂生：《二十四史全译：明史》（全十册）第十册，汉语大词典出版社2004年版，第6949页。

⑤ 章培恒、喻遂生：《二十四史全译：明史》（全十册）第十册，汉语大词典出版社2004年版，第6949页。

⑥ 章培恒、喻遂生：《二十四史全译：明史》（全十册）第十册，汉语大词典出版社2004年版，第6950页。

对他表达臣服之心，不正是他孜孜求治想得到的结果吗？

朱元璋以此为契机，在洪武二十八年（1395 年），“命给事中傅安等齎（赍）玺书、幣帛报之”[①]，派傅安使团出使中亚帖木儿之国。当时，傅安使团从南京出发，一路向西北方向前行，出嘉峪关，经新疆流沙、哈梅里、伊宁，再往西行三千里，到达帖木儿国。路途经过戈壁、荒漠、山地等，加上多变的气候、艰苦的环境，让傅安使团出使中亚变得尤为艰辛。官家派出的使团，在明朝管辖的范围内，自有驿站负责接待照应。“驿站之设，人物既可往来，音讯亦资传递，实为最便之事。”[②] 然而，由于西北地区经济落后，交通设施亦不会过于发达，虽有驿站负责接待照应傅安使团，仍能想到其中艰辛，更不用说走出国界了。到达撒马儿罕后，傅安以贯彻朱元璋使命为责，劝说帖木儿与明朝交好。帖木儿东征西伐，取得一定的胜利，随之骄傲，对待傅安使团表现出顽傲之态：“骄倨不顺命，谓中国去我远，天子何如我何也。”[③] 傅安在帖木儿宫中，没有被帖木儿的冥顽不灵所慑服，而是守持民族气节，大义凛然，将大明使臣的职责和忠诚展现出来。帖木儿见威逼不行，于是采取利诱的方式，向傅安使团宣扬其国广阔富饶，试图打动傅安等人，以期实现诱其屈从甚至降服目标。傅安等人在帖木儿的安排和胁迫下，游历了其国。游历完毕后，傅安仍然不屈服。帖木儿一怒之下，将傅安使团扣留。傅安一行始终没有屈服，被羁留在撒马儿罕长达十三年之久。帖木儿的势力逐渐壮大，遂有东攻明朝的计划。“他（帖木儿）不断向外扩张，不仅占领原察合台全境，还征服了波斯、花剌子模等地，并先后攻入伊拉克、俄罗斯、印度、土耳其境内，大加焚掠，土耳其的苏丹也被他俘获。由于帝国盛极一时，帖木儿晚年企图东侵明朝。”[④] 当时，明朝是朱棣主政，他要求部队做好迎战准备。然而，帖木儿死于征途，其征伐明朝的计划沦为泡影。

---

① 章培恒、喻遂生：《二十四史全译：明史》（全十册）第十册，汉语大词典出版社 2004 年版，第 6950 页。

② 吕思勉：《中国文化史六讲；中国政治思想史十讲》，上海古籍出版社 2021 年版，第 50 页。

③ 万明：《明代中外关系史探研》，天津古籍出版社 2019 年版，第 106 页。

④ 王天有、高寿仙：《明史：多重性格的时代》，中信出版社 2017 年版，第 86 页。

帖木儿死后，其孙哈里继承王位。哈里不愿与明朝为敌，改变政策，于永乐五年（1407），派使者赴明进献方物，将傅安等人送回大明，以示修好之意。明成祖非常高兴，重重地赏赐了被派来的使者。傅安第一次出使中亚，“艰苦备尝，志节益励”①，终不辱使命，平安归来，打通了通往中亚的道路。归来之时的傅安，已是“须眉尽白”②，他向明成祖汇报了中亚之情况，被明成祖“厚赉之，赐安第东华门外，改官礼科给事中”③。因在帖木儿国所居多时，故对那里的情况非常熟悉，傅安将自己掌握的情况及时地向明成祖汇报，说帖木儿已死，其孙哈里继承王位。当时，明朝与帖木儿国关系改善，再派傅安出使撒马尔罕。因傅安“通知外国情伪，番人所信服”④，故有“天子有事西域，必以命安”⑤。傅安不辱使命，再次圆满完成出使任务。此后，他还有四次出使中亚的经历，均完成使命。傅安一生六次出使中亚，成为中西交通史上的典范之人。随后，陈诚等人从他手中接过接力棒，继续出使中亚等地。“由于他（傅安）出色地完成了西使使命，不仅为陈诚、李达的出使开了先声，而且使明朝与西域中亚各国的友好交往得以恢复和发展。傅安的出使，将明朝影响带到了西域中亚许多国家和地区，扩大了明王朝的政治影响，增强了中外联系，促进了中西文化交流。”⑥

① 万明：《明代中外关系史探研》，天津古籍出版社 2019 年版，第 108 页。
② 万明：《明代中外关系史探研》，天津古籍出版社 2019 年版，第 109 页。
③ 万明：《明代中外关系史探研》，天津古籍出版社 2019 年版，第 108 页。
④ 万明：《明代中外关系史探研》，天津古籍出版社 2019 年版，第 109 页。
⑤ 万明：《明代中外关系史探研》，天津古籍出版社 2019 年版，第 109 页。
⑥ 万明：《明代中外关系史探研》，天津古籍出版社 2019 年版，第 114 页。

读书篇

刘良臣的读书观

刘良臣，字尧卿，号凤川，谥号“文肃先生”，“自少英迈过人，有擢然远举之志”①。他多次赴京考试，皆落第而归。正德九年（1514），刘良臣赴吏部参加铨试急选，被任命为南直隶扬州府通判。因为人正直，做官清廉，得罪大太监刘瑾，被调平凉府通判，整顿部队骄蛮之气，平反冤假错案，颇有政声。后来，他辞官回故里，闭户读书教子。在教子过程中，写了一本题为《克己示儿编》的著作，写尽世情人理。在这本书中，我们尝试挖掘刘良臣的读书观。他对读书有着深刻的认识，希望其子能够在良好的读书环境中成长。下面，我们走进刘良臣的读书世界。

在《克己示儿编》中，刘良臣强调：“读书贵勤。”② 自古名臣贤将的成功，均离不开一个“勤”字，或勤于学习，积累大量知识，考中进士或名重于朝廷，被推上历史前台；或勤于习武，练就健康的体魄和一身武艺或有出众的军事战略，在战场中得以施展才华。唐代名臣马周，年少时成为孤儿，家境十分贫寒，但是喜欢学习，“好学，尤精《诗》《传》”③。虽然贫困、落魄、灰心让马周一时失色，但他因读书，在发言的时候，能够做到立论精深、切中要害、阐释周密，最终才华被唐太宗发现并被委以重任。马周用自己的才华，为唐太宗治世局面的出现，出力颇多。马周在四十八岁的时候，因病去世，唐太宗亲自为他举哀，追赠幽州都督，陪葬昭陵。如果没有年幼时的勤学苦读，哪能有后来的荣光乍起？出身贫穷的人要读书，出身富贵的人也要读书。与马周同一时期的另外一位名臣叫岑文本，其祖父、父亲都做过高官。他出身很好，长相又出众，但这并没成为

① 山右历史文化研究院：《山右丛书三编》（全十二册）第二册，上海古籍出版社 2021 年版，第 3 页。

② 山右历史文化研究院：《山右丛书三编》（全十二册）第二册，上海古籍出版社 2021 年版，第 143 页。

③ 黄永年：《二十四史全译：旧唐书》（全六册）第三册，汉语大词典出版社 2004 年版，第 2108 页。

他不勤奋读书的借口，反而使他更加认真地对待读书之事：“博考经史，多所贯综，美谈论，善属文。”① 因为他勤读苦读，所以才能学贯古今、融会贯通，才能展示出侃侃而谈的才华，才能展示出下笔如有神的才华。他在隋朝末年群雄逐鹿中尽显其才，被唐太宗所了解和重用。他负责起草唐太宗的诏诰，很短时间就能完成，写得还非常美妙贴切。他兢兢业业地撰写史论，认真负责地提出治国之议，均被唐太宗采纳。他在五十一岁的时候，突患疾病，唐太宗亲去探视，“抚之流涕”，不久而亡。唐太宗追赠他为侍中、广州都督，谥号为宪，陪葬昭陵。若没有他年少时的勤学苦读，哪能有后来的才华尽显、地位隆尊？

文臣如此，武将亦是如此。北宋有一个武将叫狄青，是农家子出身，家境不富裕，后应征入伍，“由于身材魁梧、武艺高强，又善于御马，狄青后来去骐骥院做了骑御马直，也就是皇家仪仗队的一名骑兵，倒也威风凛凛”②。从军后，因“善骑射”③，他的军事才华得以凸显。他如果没有勤奋地练习武艺，不可能在宋军中脱颖而出，成为一代名将。狄青的传奇之处还在于，他能够认识到自己的文化程度不高，在高人的指点之下，不断地通过读书来获取知识提升自己。范仲淹非常赏识狄青，把《左氏春秋》送给他：“将不知古今，匹夫勇尔。”④ 狄青非常高兴和感动：“折节读书，悉通秦、汉以来将帅兵法，由是益知名。”⑤ 狄青的成功离不开勤。同为北宋名将的种世衡，“少尚气节，昆弟有欲析其赀者，悉推与之，惟取图书而已”⑥。为什么他只留下图书，在于他非常喜欢读书。因西北用兵，种世衡

---

① 黄永年：《二十四史全译：旧唐书》（全六册）第三册，汉语大词典出版社 2004 年版，第 2035 页。

② 吴铮强：《北宋的十一张面孔》，浙江大学出版社 2021 年版，第 161 页。

③ 倪其心：《二十四史全译：宋史》（全十六册）第十册，汉语大词典出版社 2004 年版，第 6574 页。

④ 倪其心：《二十四史全译：宋史》（全十六册）第十册，汉语大词典出版社 2004 年版，第 6575 页。

⑤ 倪其心：《二十四史全译：宋史》（全十六册）第十册，汉语大词典出版社 2004 年版，第 6575 页。

⑥ 倪其心：《二十四史全译：宋史》（全十六册）第十二册，汉语大词典出版社 2004 年版，第 7489 页。

积极参与边疆守卫，成为名将。他建议朝廷在延安东北地域，修缮城堡、加强防御。于是，朝廷派他监督这一工程。在施工过程中，在离地表一百五十尺的地方，看到石头，石工说用什么工具都穿透不了这种石头。种世衡没有气馁，高价奖励能想出办法凿透石头的人，最终成功凿石后发现水，城由此筑成。城都能筑成，兵更会善带，成为名将乃是必然。你看种世衡筑城的韧劲和用心，在勤上用功夫，终于见了成效。其带兵抚民，更是用心。

读书还须持久，不能三天打鱼，两天晒网。刘良臣在《克己示儿编》中指出："钝者志笃功深，多至成就。"① 司马光无论是撰写史学著作，还是为官做事，都是那个时代的佼佼者。他写下了《资治通鉴》，青史留名；官至宰相，位高爵显。可是，谁能想到他小的时候，天赋不是很高，记忆力不强，在家塾中，其他兄弟都背好了，但他背不好。可司马光非常能吃苦，能下笨功夫，最终有所成效。"但这个孩子（司马光）已经懂得'力学'才能'致显位'，背不出，便下帷苦读，直至背得出来才放手。"② 司马光七岁的时候，就能听懂《左氏春秋》的大意，常常读书不知寒暑饥渴，终于有所成，最终考上了进士，走上了仕途。

读书还要正确对待精博："读书贵精而不贵博"③，"徒博而不精，则无一理一事之融畅"④，"故欲博也，必求其精，则博非徒博矣"⑤。对于精博，刘良臣认为，在读书中，应首先去精读，如果不首先去精读，光去广博地读书，对于事理，不会有通透的理解。如果想要做一个博学的人，首先要去精读书籍，"博"就有了扎实的基础。清代著名史学家赵翼，才华横溢，在京城和地方为官多年，后来辞官回家，著书立说。赵翼的成才，离不开

① 山右历史文化研究院：《山右丛书三编》（全十二册）第二册，上海古籍出版社2021年版，第143页。

② 程应镠：《司马光新传》，上海人民出版社2016年版，第5页。

③ 山右历史文化研究院：《山右丛书三编》（全十二册）第二册，上海古籍出版社2021年版，第143页。

④ 山右历史文化研究院：《山右丛书三编》（全十二册）第二册，上海古籍出版社2021年版，第143页。

⑤ 山右历史文化研究院：《山右丛书三编》（全十二册）第二册，上海古籍出版社2021年版，第143页。

从小养成的读书习惯。因早年家贫，无钱买书，从某种程度上讲，如遇珍贵书籍，必定会精读深研。当时，他偶遇《论衡》，视为珍宝，深入地阅读和思考。这种读书的习惯，为其后来从事史学著作撰述奠定了基础。“他（赵翼）的史学研究，起步于二十岁时。”① 二十岁的时候，他开始对历史感兴趣，并且作为自己的主攻方向之一，在读书方面，史学亦是其选择精读的对象。他辞官回家后，闲居无事，以读书为主要的生活内容：“一心攻读史书，‘爰取为日课，有所得辄札记别纸，积久遂多’，编成是书。”② 正因为他专注于史学，且终生学习，他才能够写出史学名著《廿二史札记》。当然，赵翼的成就很多，其在诗歌、文艺评论等方面，亦有成就。当他在史学方面精读研究的时候，打好了底子，在此基础上，融通其他领域，更容易出成果。

如果读书读得晚，起点低，还应不应该再去读书，或者再读书的话会不会有成效。刘良臣也为我们指出了一条路：“及时而学，固是美事。不幸过时，虽曰勤苦难成，然既觉悟，便须踏定跟脚，勇往直前，功倍志坚，终必有得。”③ 战国时期，有一个乡野之人叫宁越。他在农村，耕劳工作非常辛苦，于是就对友人说：“何为而可以免此苦也？”④ 怎样才能免除耕劳之苦呢？友人劝说他：“莫如学。学三十岁则可以达矣。”⑤ 宁越回答说，我将用十五年的时间，用来苦学，达到三十年学习的功效。经过苦学之后，宁越在十五年后，学有所成，被周威公拜为师。刘良臣说：“昔宁越苦耕而后学，人休不休，人卧不卧，欲以十五年成三十年之功，果十三年为诸侯师。”⑥ 宁越学习十三年后，成为诸侯师，十五年后，成为周威公的老师。宁越虽然学习晚、起点低，但是脚踏实地、勤奋读书、奋起直追、后来居

---

① 赵兴勤：《江苏历代文化名人传·赵翼》，江苏人民出版社2019年版，第172页。

② 邬国义、李孝迁：《袁英光史学论集》，上海古籍出版社2020年版，第256页。

③ 山右历史文化研究院：《山右丛书三编》（全十二册）第二册，上海古籍出版社2021年版，第144页。

④ 关贤柱译注：《吕氏春秋全译》，贵州人民出版社1997年版，第907页。

⑤ 关贤柱译注：《吕氏春秋全译》，贵州人民出版社1997年版，第907页。

⑥ 山右历史文化研究院：《山右丛书三编》（全十二册）第二册，上海古籍出版社2021年版，第144页。

上，最终学有所成。苏东坡的父亲苏洵，二十七岁时才开始发奋学习，持之以恒，“遂通《六经》、百家之说，下笔顷刻数千言”①。到了京师后的苏洵，将自己的文章献给文坛领袖欧阳修。经欧阳修的传播，“士大夫争传之，一时学者竞效苏氏为文章。”② 刘良臣因此说：“苏老泉（苏洵）年二十五（实为二十七岁）始读书，而文绝今古。”③ 只要肯努力，能做到持之以恒、有始有终，通过读书，终将有一个好的结果。刘良臣讲：“古之志士雄才如此者匪一也，虽至四十、五十觉悟而学，亦不可谓甚晚而自弃。”④

古人为什么要读书。从原因来讲，有人是为了做官，有人是为了经商，有人是为了婚姻等，不一而足。这些缘由，均把读书当成是功利的晋身之梯。刘良臣对这个问题研究很深。他认为，读书可以去做官、经商、得到爱情甚至婚姻，但是不能以做官、经商、得到爱情甚至婚姻为读书之由。他说：“学则得禄，非为禄而学，此正为己为人之分。”⑤ 北宋有一个名士叫江休复，“少强学博览，为文淳雅，尤善于诗”⑥。他读书的一个特征是不为“得禄”，不为做官、经商、得到爱情甚至婚姻，做到“不以声利为意”⑦。不以功利为目标，有可能最终会得到超过自己预设的东西。最终，他考上了进士，自然而然地走上了仕途。北宋还有一个名士叫章望之，“少孤，喜问学，志气宏放。为文辩博，长于议论”⑧。他的伯父章得象在仕途上春风

① 倪其心：《二十四史全译：宋史》（全十六册）第十五册，汉语大词典出版社 2004 年版，第 9614 页。

② 倪其心：《二十四史全译：宋史》（全十六册）第十五册，汉语大词典出版社 2004 年版，第 9614 页。

③ 山右历史文化研究院：《山右丛书三编》（全十二册）第二册，上海古籍出版社 2021 年版，第 144 页。

④ 山右历史文化研究院：《山右丛书三编》（全十二册）第二册，上海古籍出版社 2021 年版，第 144 页。

⑤ 山右历史文化研究院：《山右丛书三编》（全十二册）第二册，上海古籍出版社 2021 年版，第 144 页。

⑥ 倪其心：《二十四史全译：宋史》（全十六册）第十五册，汉语大词典出版社 2004 年版，第 9614 页。

⑦ 倪其心：《二十四史全译：宋史》（全十六册）第十五册，汉语大词典出版社 2004 年版，第 9614 页。

⑧ 倪其心：《二十四史全译：宋史》（全十六册）第十五册，汉语大词典出版社 2004 年版，第 9619 页。

得意。章望之沾了伯父章得象的光，走上仕途，后来因病辞职。想必他也是有远大志向和伟大抱负的，或许是因仕宦艰难，或许是自己身体原因，或许是因母亲去世后服丧而感悟，他在江淮一带奔波，艰难度日。他的好朋友劝他再入仕途，被他拒绝。实现人生价值的路径有许多，如果不为官，能够谋一个其他差事，凭着能力维持生计，为社会做贡献，亦是值得称赞之事。他为人正直，勤奋撰述，得了一个好名声。他的兄长章拱之在晋江县当知县的时候因冒犯蔡襄，被蔡襄陷害，诬以受贿之名，被贬。章望之为兄长打抱不平，多次写奏疏给朝廷以辩白。因蔡襄官运亨通、显达，章望之的上疏始终没有得到回复和公平处理。或许是章望之持之以恒的精神打动了朝廷，或许是蔡襄的权势走向衰落，朝廷终于重新审理了章拱之的案子，洗清了章拱之的冤屈且让他官复原职。章望之为其兄伸张正义后，名声更显，许多人推荐他出来做官，他都没有再入仕途。他发奋为文，“有歌诗、杂文数百篇，集为三十卷”①。他在创作方面，诗文较多，亦是一种对社会的贡献。

看书也好，学习也罢，不是纯粹地去看书或学习，或者是为了看书而看书，为了学习而学习。要把学到的知识，融汇到实践中，在实践中去检验。刘良臣说：“学贵躬行，勿尚口耳。凡于圣贤之言，古今之迹，读诵玩索，体诸心而措诸行。”② 曹操那个时期，有个社会贤达叫胡质，以廉洁著称，有政声。胡质的儿子叫胡威，在胡质言传身教下迅速成长。有一次，胡威千里迢迢地赶到父亲任职的荆州看望胡质。父子寒暄过后，胡威待了十几日，没有离开之意。胡质就拿出一匹绢布交给儿子作为回家的路费。胡威看到这匹绢布后，惊讶其来源。胡质回答说，是自己省吃俭用攒下来的钱买的绢布，放心拿走吧。胡质的清廉之名被传开了。胡威受父亲的影响，再通过读书，修身养性，塑造了廉洁的品性。等到胡威走上仕途，亦十分清廉。胡威的独特之处在于，他拥有廉洁的理念，还能把这种廉洁的

① 倪其心：《二十四史全译：宋史》（全十六册）第十五册，汉语大词典出版社 2004 年版，第 9619 页。

② 山右历史文化研究院：《山右丛书三编》（全十二册）第二册，上海古籍出版社 2021 年版，第 144 页。

理念贯穿到为官生涯中，切实做到廉洁从政，防止口是心非，杜绝做官场两面人。

古人的求学观

古人很重视学习。他们从小就立志，要做一个读书人，通过读书学习，试图对社会和国家有所裨益。他们或者勤学好问，转益多师，每日增长知识；或者以力求学，克服许多常人不敢想的困难，不断地充实自己；或者有一个好的学习氛围和环境，被熏陶过程中，观察授教者的言行，潜移默化地成长。他们的求学经历是宝贵的，是令人难忘的，对他们未来发展起到了至关重要甚至是决定性的作用。

孔子是我国伟大的思想家、教育家。他年轻的时候，勤奋好学，而且利用一切机会去学习，才积累起丰富的大量的知识。有了知识，他才会讲学授徒、撰述著作、参与政治、周游列国，且均有一些或大或小的成绩。孔子倡导学无常师，强调三人行必有我师。跟谁求学、拜谁为师，是非常重要的成才关键。这些传授知识的老师，在育人授业传道解惑方面，亦是起到至关重要的引路人的作用。“夫学由教而入者也。”① 孔子向谁求学、拜谁为师进行学习呢？其中的一个是苌弘。苌弘学识渊博，在音乐方面造诣极高。“苌弘博学多才，知天文地理，精星象音律。”② 孔子对音乐非常看重，也是非常努力学习的，是有一定基础的。“他（孔子）不但自己嗜好，还拿来做他学堂里的必修科目。”③ 伴随着音乐，感悟着人的情感，甚至衍化为对某种国家政治的感悟，颇为孔子所称道。孔子在齐地就景仰苌弘之才，后有机会来周地雒邑，亲自请教苌弘。孔子问苌弘，《武》乐与《韶》乐哪个好？苌弘就此进行阐释说，《武》乐是周武王时期的音乐名，《韶》

① 山右历史文化研究院：《山右丛书三编》（全十二册）第七册，上海古籍出版社 2021 年版，第 330 页。

② 王大千：《中国人，你真的了解孔子吗?》，青岛出版社 2017 年版，第 18 页。

③ 梁启超：《孔子与儒家哲学》，中华书局 2016 年版，第 28 页。

乐是虞舜时期的音乐名；如论功业，周武王与虞舜都是治理社会的能手，如若单纯从音乐上来探究，“《韶》乐之声容宏盛，字义尽美；《武》乐之声虽美，曲调节器却隐含晦涩，稍逊于《韶》乐。故尔《武》乐尽美而不尽善，唯《韶》乐可称尽善尽美矣！”[①] 孔子从中十分受教，满足地离开了。此外，孔子学琴于师襄子，问礼于老子，皆有所获，最后成就了孔子。

明初开国文臣之首宋濂，“自命儒者”[②]，以文受知于朱元璋。明政权稳定后，需要以文治国。宋濂的作用由此凸显，以文进言朱元璋，化为国家政策；以文教诲太子，“勉以孝友敬恭、进德修业”[③]，“傅太子先后十余年，凡一言动，皆以礼法讽劝，使归于道，至有关政教及前代兴亡事，必拱手曰：‘当如是，不当如彼。’”[④]。朱元璋评价他：“非止君子，抑可谓贤矣。”[⑤] 宋濂之所以能够做到功成名就，一个非常重要的原因在于他年轻的时候，尽管学习环境和条件不太好，但仍然刻苦学习，终有所获。在宋濂的名作《送东阳马生序》中，他饱含深情地回忆了自己小的时候，因家贫无力购书转而去很远的地方借书，备尝艰辛之状：“余幼时即嗜学，家贫，无从致书以观，每假借于藏书之家，手自笔録，计日以还。”[⑥] 遇到天寒地冻的天气，手都不能伸直，不敢懈怠，赶紧将所借之书的内容抄写下来，立即给人归还回去，不敢逾越所借日期。因为讲诚信，藏书多的人就愿意借书给宋濂，宋濂由此刻苦读书、奋发向上，阅读了大量的书籍，积累了丰富的知识。宋濂没有装样子，没有把书借回家，抄写下来后，进行炫耀；反而深入研究和思考，沉浸其中而心实悦之。宋濂在《杏庭摘稿序》中说：“濂（宋濂）昔受学于河东公，获见新安洪先生诗十余篇，心甚乐之，窃意

---

① 王大千：《中国人，你真的了解孔子吗?》，青岛出版社 2017 年版，第 18 页。

② 章培恒、喻遂生：《二十四史全译：明史》（全十册）第四册，汉语大词典出版社 2004 年版，第 2646 页。

③ 章培恒、喻遂生：《二十四史全译：明史》（全十册）第四册，汉语大词典出版社 2004 年版，第 2647 页。

④ 章培恒、喻遂生：《二十四史全译：明史》（全十册）第四册，汉语大词典出版社 2004 年版，第 2647 页。

⑤ 章培恒、喻遂生：《二十四史全译：明史》（全十册）第四册，汉语大词典出版社 2004 年版，第 2649 页。

⑥ （明）宋濂：《宋濂全集》（全八册）第六册，浙江古籍出版社 2014 年版，第 1877 页。

先生之所述，篇章必富。”[①] 光读书还不行，遇有疑惑之处，自己解答阐释不了，就需要请教高人。于是，宋濂走很远的道路，去拜访乡中贤达。乡中贤达身边有许多弟子，宋濂耐心地等候，如弟子般地立于贤达左右，一有机会，便积极地进行请教，如遇贤达面有怒色，“色愈恭，礼愈至，不敢出一言以复”[②]，等到贤达面色缓和，再次进行请教。不光如此，宋濂还要承担求师访贤路途中的艰险：“当余之从师也，负箧曳屣，行深山巨谷中。穷冬烈风，大雪深数尺，足肤皲裂而不知。”[③] 求学的艰辛没有吓倒宋濂，反而铸就了他勤奋多思的儒者气质，为他后来取得成就打下扎实的基础。一个人，在贫寒的时候，能做到勤苦学习，不容易；等到被人赏识，有了声望和地位后，仍然能够坚持学习，保持谦虚的状态，那就更不容易了。宋濂就做到了。《明语林》中记载：“宋景濂（宋濂）初学于闻人梦吉，继学于吴莱。自少至老，未尝一日去书不观。致仕后，在青萝山辟一室，曰静轩，闭户纂述，人罕见其面。”[④] 宋濂成为终身学习的典范：“自少至老，未尝一日去书卷，于学无所不通。”[⑤]

明代有个官员叫张瑄，为官有魄力，“有能声”[⑥]。他在吉安当知府的时候，“循仁义，谨礼法”[⑦]，民众皆爱仰之。当遇到饥荒时，他“陈牒上官，不俟报，辄发廪振贷”[⑧]。后在广东右布政使任上，他击退叛贼，斩杀贼首。又以右副都御使巡抚福建的身份，平定当地叛乱。在担任河南巡抚期间，他致力于选拔人才、安抚流民、治理水患、赈济民众，做出了很大政绩。最后，他官至南京刑部尚书。张瑄成才之前的求学经历是十分丰富的。张

---

① （明）宋濂：《宋濂全集》（全八册）第一册，浙江古籍出版社2014年版，第194页。

② （明）宋濂：《宋濂全集》（全八册）第六册，浙江古籍出版社2014年版，第1877页。

③ （明）宋濂：《宋濂全集》（全八册）第六册，浙江古籍出版社2014年版，第1877页。

④ （清）吴肃公：《明语林》，黄山书社2014年版，第40—41页。

⑤ 章培恒、喻遂生：《二十四史全译：明史》（全十册）第四册，汉语大词典出版社2004年版，第2649页。

⑥ 章培恒、喻遂生：《二十四史全译：明史》（全十册）第五册，汉语大词典出版社2004年版，第3149页。

⑦ 王志高等：《浦泉流芳：南京明代名臣张瑄研究》，江苏人民出版社2018年版，第2页。

⑧ 章培恒、喻遂生：《二十四史全译：明史》（全十册）第五册，汉语大词典出版社2004年版，第3149页。

瑄先受教于其长姐张氏，后受教于其长姐张氏丈夫李侃，在张瑄的印象中，张氏和李侃的教育之恩，终身难忘。尤其是其姐夫李侃的言传身教对张瑄影响极大。李侃学识渊博，得以考中进士，走上仕途，为官刚正廉洁，“性刚方，力振风纪，贪墨者屏迹”①，敢于向朝廷说出符合原则和实际的言语，受到朝野的钦服。李侃不仅刚正、廉洁，而且还好学、孝顺。张瑄对李侃有很深的认知，在其为李侃所作墓志铭中，可以看出对李侃的评价，为官能尽职，为文能尽意。李侃是古代中国名臣的典范。这样的典范，亲自指点教诲张瑄，卓有成效。故张瑄对李侃感恩戴德，“以师礼事之终身”②。李侃卒后不久，张瑄亲自去李家，哭于其柩前，且忍泪执笔为李侃作墓志铭。张瑄的求学经历，塑造了他刚正、廉洁、忠诚的品格，这些品格在其走上仕途后发挥了非常大的作用，赢得了很高的赞誉。

古人的藏书观

古人喜欢看书，亦喜欢藏书。在藏书群体中，有当官的，有做学问的，有编书的，等等。他们对书籍有自己的理解，这份理解源于他们一直以来对所藏之书的深读细研和消化沉淀，形成了他们对人生和社会的基本价值观。有了这个价值观，他们可以走得更远更顺利更美好。他们没有死藏书，而是用来品，用来读，用来思，让藏书有了价值和意义。

古代藏书家喜欢读书，立志读书，将学到的知识与自己从事的仕宦工作结合起来，试图做到有益于工作。唐代名臣李泌“少聪敏，博涉经史，精究《易象》，善属文，尤工于诗，以王佐自负”③。李泌自负的资本是什么？就是他少年之时，阅读了大量的书籍。李泌家藏书多，人称“书城”。

① 章培恒、喻遂生：《二十四史全译：明史》（全十册）第五册，汉语大词典出版社 2004 年版，第 3128 页。

② 王志高等：《浦泉流芳：南京明代名臣张瑄研究》，江苏人民出版社 2018 年版，第 41 页。

③ 黄永年：《二十四史全译：旧唐书》（全六册）第四册，汉语大词典出版社 2004 年版，第 3032 页。

韩愈赠诗与他："邺侯（李泌）家多书，插架三万轴。一一悬牙签，新若手来触。"[①] 从这首诗中可以看出，李泌家中藏书之多。他少年就有"神童"之誉，没有那么多藏书，没有对这些藏书进行深入的学习和思考，是不可能取得任何成就的。他的才华得到了当时名臣张九龄等人的赏识和推崇，逐渐见重于朝廷。李泌在安史之乱中给皇帝和朝廷出主意，名高于一时。唐肃宗对他很看重，对他说："卿当上皇天宝中，为朕师友，下判广平王行军，朕父子三人，资卿道义。"[②] 李泌身处仕途，名高位重，遭权臣嫉恨，多次谗言加身。然而，李泌虽经波折，终能化险为夷，最终做到了宰相的高位。是什么帮助和成就了李泌，是积累的知识。《旧唐书》记载，他遇到各种险境，最终皆得以摆脱，"恒由智免"[③] 便是例证。

古代藏书家酷爱藏书，浸渍其中，积极地学习，将学到的知识用到实践中，做到学以致用。明末清初思想家顾炎武，家学渊源。"炎武之先家海上，世为儒。"[④] 顾家是当时江南名族，从高祖一代算起，高祖、曾祖、祖父三代，共出了4个进士，且均位居要职。顾炎武的高祖叫顾济，考中进士后走上仕途。顾济喜欢看书藏书。据顾炎武回忆："自先高祖（顾济）为给事中，当正德之末，其时天下惟王府、官司及建宁书坊乃有刻板，其流布于人间者，不过《四书》《五经》《通鉴》性理诸书。他书即有刻者，非好古之家不蓄，而寒家已有书六七千卷。"[⑤] 后来，倭寇进犯江南，顾宅亦未能幸免于难，顾济所藏之书尽被倭寇焚毁。顾炎武的曾祖顾章志，是顾济的次子，考中进士后，在多个岗位上历练过，最后在南京兵部右侍郎卒于官。顾章志虽廉洁自持，钱财不取诸官，却嗜爱书籍，从自己俸禄中挤出钱来购书。顾章志有三子，分别是长子顾绍芳，是顾炎武的祖父；次子顾绍芾，是顾炎武的继嗣祖父；三子顾绍芬。顾章志将自己藏书分给自己的

---

① 王余光、徐雁：《中国读书大辞典》，南京大学出版社1993年版，第23—24页。

② 黄永年：《二十四史全译：旧唐书》（全六册）第四册，汉语大词典出版社2004年版，第3033页。

③ 黄永年：《二十四史全译：旧唐书》（全六册）第四册，汉语大词典出版社2004年版，第3035页。

④ 孙长来：《顾炎武》，辽海出版社2016年版，第51页。

⑤ 孙长来：《顾炎武》，辽海出版社2016年版，第51页。

子侄。顾炎武的继嗣祖父顾绍芾得到其中的一份，自己亦酷爱读书，又多方求购，藏书多至五六千卷。顾绍芾的独子顾同吉，十八岁早逝，无子嗣，遂将顾绍芳的孙子顾炎武过继成为顾同吉的嗣子。顾绍芾非常有才华，悉心教授顾炎武各种知识。顾炎武在青少年时期，花了很长时期，在家族读书楼中学习："读书楼为其青少年时读书抄书和写作地方。"① 在顾炎武十岁的时候，"嗣祖绍芾就曾经指着院子中的草根告诉他（顾炎武）：'尔他日得食此幸矣。'从此，悉心督导他阅读古代兵家的著述和《左传》《国语》《战国策》《资治通鉴》等史书，指示他以讲求实学的为学路径"②。顾绍芳的次子顾同应，是顾炎武的亲父。顾同应聪明好学，富有才华，乐善好施，然四十二岁早逝。顾炎武出身于这样的家庭，其家族藏书，对于其少年读书成才，起了十分重要的作用。"顾炎武的'经世致用'的'实学'思想，是和他的家世分不开的。"③ 顾炎武之所以能够在后来成为影响颇大的著名学者及开一代学术风气的先觉者，倡导将学到的知识用到实践中取得功效，跟其家族藏书、酷爱读书是分不开的。

古代藏书家痴迷于藏书，从所藏之书中不断汲取养料，提高自己的思想认识，为国家编撰书籍提供智力支持。乾隆时期的大才子纪昀，年幼之时，就爱读书，有过目不忘之本领。考中进士后，他在为官过程中，十分注重对各类书籍的学习与收藏。纪昀为了收藏好书，不惜花重金购之。纪昀购书，一方面是用来撰写稗官小说、地方志略，如他传世的《阅微草堂笔记》《八旗通志》等。在《阅微草堂笔记》中，纪昀既能将笔触伸到王朝政治方面，又能将视角聚焦于鬼神怪异之事，文笔朴实、叙事周至、说理透彻，读来饶有趣味。纪昀在该书中评诗文、说考证、记掌故、叙风俗，亦能做到牢牢地吸引读者。鲁迅先生对纪昀的此类笔记小说艺术成就夸赞不已："纪昀本长文笔，多见秘书，又襟怀夷旷，故凡测鬼神之情状，发人间之幽微，托狐鬼以抒已见者，隽思妙语，时足解颐；间杂考辨，亦有灼见。叙述复雍容淡雅，天趣盎然，故后来无人能夺其席，固非仅借位高望

① 王余光、徐雁：《中国读书大辞典》，南京大学出版社 1993 年版，第 52 页。

② 何龄修、张捷夫：《清代人物传稿》（上编）第二卷，中华书局 1986 年版，第 352 页。

③ 邬国义、李孝迁：《袁英光史学论集》，上海古籍出版社 2020 年版，第 244 页。

重以传者矣。”① 另一方面，纪昀购书为其编撰《四库全书》做知识上的储备。他被任命为《四库全书》总纂官后，负责撰写《四库全书总目提要》和《四库简明目录》等，对收入《四库全书》中的各类书籍，都要做到了然于胸，每部书都要作一个提要，冠于其首。做这项工作极为艰苦，既需要阅读大量的相关书籍，还需要在阅读基础上做出符合实际的点评概括。晚清的张之洞将纪昀的《四库全书总目提要》作为案头必学之书，作为通达学问门径的最好指南。如果没有纪昀的勤奋好学、勤思好悟，没有纪昀庞大的藏书及养成的藏书习惯作支撑，他是不可能有这么大成就的。

古人的用书观

古人十分善于学习，通过阅读大量的书籍，积累丰富的知识，来实现阅世治世的目标。他们从来没有死读书、读死书，而是悉心研究、领悟，将所学知识，用到实践中，去分析问题、指导实践、推动工作。这不仅是一种经验认识，更会养成一种习惯，促使人们在实践中去思考，在思考中去解决。清代学者方苞在《传信录序》中强调要做到学以致用，否则的话，就无须去学：“古之所谓学者，将明诸心以尽在物之理而济世用，无济于用者，则不学也。”②

明代的王家屏考中进士后，被选为庶吉士，授任编修。他给万历担任日讲官，“讲课恳切真挚，通俗易懂，深得皇上尊重”③。能给皇帝讲课的人，胸中之墨必多，亦要以实用的态度讲解经典，才能达到致用的目标。因他刚正不阿，在复杂的官场上，难申其志，遂有罢官辞职之念。他给皇帝写了《乞罢归以全臣节疏》，以陈罢归之意。汉武帝时期，有一位名臣叫

---

① 鲁迅：《中国小说史略》，上海古籍出版社 1998 年版，第 151 页。

② （清）方苞：《方苞集》（全二册）下册，上海古籍出版社 2009 年版，第 603 页。

③ 山右历史文化研究院：《山右丛书三编》（全十二册）第七册，上海古籍出版社 2021 年版，第 3 页。

汲黯，“好学，游侠，任气节，内行修洁，好直谏，数犯主之颜”①。有人因此责备汲黯。汲黯回应道：“天子置公卿辅弼之臣，宁令从谀承意，陷主于不义乎？且已在其位，纵爱身，奈辱朝廷何！”② 在礼节尊尚的时代，对权贵不低眉，对皇权不阿谀，汲黯做到了。从汲黯的回答中，可以看出他自身的行为规范符合自身的预期，且恰好成为自己设计的正义之路、忠诚之则的践行者。王家屏学养极深，他对汲黯了解得很透彻。在《乞罢归以全臣节疏》中，王家屏就引用了汲黯的典故，以达到表达自己心愿的目的：“臣闻汉臣汲黯有云：‘天子置公卿辅弼之臣，宁令从谀承意，陷主于不义乎？且已在其位，纵爱身，奈辱朝廷何？’每感斯言，惕然内省。窃自幸遭遇皇上明圣，诚使朝政无阙，帝德罔愆，即将顺不为从谀，缄默无嫌承意也。”③ 王家屏紧接着叙说国运渐衰，浮华渐起，皇帝怠政，百官都见不上皇帝、进不了忠言、治不了朝政，把所有的责任揽到自己的头上。或许是春秋之意，或许是自责之辞，王家屏说道：“臣具员辅弼，既不能婉导密规，防君志未萌之欲；又不能明诤显谏，扶乾纲将坏之枢。旷职鳏官，久当退避，所以逡巡未去，徒以被恩高厚，毫发靡酬，庶几殚竭愚忠，渐次匡正。”④ 如果不是一心为国、没有自己，哪里能说出这样一番感人之语？深通儒家之学的王家屏，理想中的建构在于致君尧舜、国富民强，可惜现实很残酷：“及今数月之间，请朝讲不报，请庙享不报，请元旦受贺不报，请大计临朝不报，臣犬马微诚，不能感回天意，已可见于此矣。”⑤ 王家屏希望通过谏言皇帝，让德政施于朝堂，然其计如泥牛入海，不见回复。王家屏是勇敢的儒臣，面对朝政荒芜，他没有选择以对抗的方式表达不满，

---

① 安平秋：《二十四史全译：史记》（全二册）第二册，汉语大词典出版社 2004 年版，第 1438 页。

② 安平秋：《二十四史全译：史记》（全二册）第二册，汉语大词典出版社 2004 年版，第 1438 页。

③ 山右历史文化研究院：《山右丛书三编》（全十二册）第七册，上海古籍出版社 2021 年版，第 132 页。

④ 山右历史文化研究院：《山右丛书三编》（全十二册）第七册，上海古籍出版社 2021 年版，第 132 页。

⑤ 山右历史文化研究院：《山右丛书三编》（全十二册）第七册，上海古籍出版社 2021 年版，第 132 页。

而是竭其文辞来表达对朝政的建议和看法，忠诚之心由此可见。皇帝不采纳谏言，谗言充斥朝堂，王家屏在《乞罢归以全臣节疏》中表达了罢归的想法："循省虚庸，终惭匡救，若复依违保禄，淟涊苟容，正汲黯所谓从谀承意，以陷主不义，贻辱朝廷者耳，死且有余僇焉。愿乞圣恩，亟赐罢归，俾全晚节。臣无任感激祈恳之至。"① 王家屏以汲黯的例子来说明，不屈从世俗和权力，按照事情本来应该的样子去解决，这是忠臣应该遵守的基本原则。王家屏钦服汲黯，从汲黯的典故中，感悟颇深，故能信手拈来，表达他的志向。如果志向不能实现，他亦只能以罢官为终了。

从郑板桥留传下来的诗文中，可以看出他是一个十分博学的人。郑板桥总结自己的读书特点："平生不治经学，爱读史书及诗文词集，传奇说簿之类，靡不览究。"② 他对于他之前的历史和文化，非常熟悉，了解甚多，还能用读过的书，来明理，来自励，来教诲晚辈。欧阳修作为北宋文坛领袖，致力于改变晚唐以来鲜丽繁缛的文风，遂振臂一呼，以文试之，响者众多，开北宋一代文风。"欧阳永叔（欧阳修）本以古文家先进者，领导着当时的中国文坛，走向韩、柳一派作家的领域，而将自唐以来的文学复古运动，作一个光荣的结局，从此展开了正统派—八家—的坦路；同时他又是一位历经三朝的名臣硕望，而负着领袖儒林的道学家。"③ 对欧阳修的人生经历和诗词著述非常熟悉的郑板桥，在《与杭世骏书》中谆谆告诫友朋，以期阐明至理："君由鸿博（博学鸿词科），地处清华（显贵门第或官职），当如欧阳永叔（欧阳修）在翰苑时，一洗文章浮靡积习，慎勿因循苟且，随声附和，以投时好也。"④ 感慨于郑板桥所生活的那个时代的不雅文风，郑板桥希望杭世骏能够学习欧阳修，扛起文坛领袖的重任，致力于改变文风，创作出更加贴近生活和实际的好文章来，这是其借用古代典故来明理的体现。看郑板桥《念奴娇·金陵怀古》十二首中的《周瑜宅》，其对周瑜

① 山右历史文化研究院：《山右丛书三编》（全十二册）第七册，上海古籍出版社 2021 年版，第 133 页。

② （清）郑燮：《郑板桥诗词文选》，中华工商联合出版社 2018 年版，第 179 页。

③ 薛砺若：《薛砺若宋词通论》，吉林人民出版社 2012 年版，第 77 页。

④ （清）郑燮：《郑板桥诗词文选》，中华工商联合出版社 2018 年版，第 173 页。

评价很高："周郎年少，正雄姿历落，江东人杰。"[①] "想他豪竹哀丝，回头顾曲，虎帐谈兵歇。"[②] 这是借古人以自励的体现。遥想周瑜当年，"长壮有姿貌"[③]，富有胆识，作战勇敢，吴郡之人称他为周郎。周瑜不只有豪情，还有柔情，他精通音乐，即使是在喝了许多酒的情况下，仍然能够听出曲子的缺误。民谚曰："曲有误，周郎顾。"[④] 在赤壁之战前，观其坚定孙权迎战决心之言，料其思维敏捷、虑事周详，哪里仅仅是个武将？在赤壁之战中，周瑜大显身手，不畏强敌，英勇抗之，年纪轻轻居然建立如此大的事功。周瑜虽然在三十六岁时离开人世，但是他英雄之貌激励了后世许多人。郑板桥出身贫寒，自幼苦读，富有济世之志向。如果能建立像周瑜的功业该多好，这不是臆想，而是符合青年时期郑板桥的人生走向的。他处于逆境，仍鞭策自己，不断努力，积极上进。郑板桥在《焦山别峰庵雨中无事寄弟墨》中指导其弟如何读书，推荐其弟读《西铭》："张横渠《西铭》一篇，巍然接《六经》而作，呜呼休哉！"[⑤] 这又是郑板桥用知识教诲他人的体现。张横渠是北宋的思想家张载，著名的理学家。"《西铭》原是张载《正蒙·乾称篇》的首段，张（张载）曾抄贴于学堂西侧，题为《订顽》，二程非常推崇，为之单独立篇，改名《西铭》，是张氏的代表作之一，最受后代赞誉。"[⑥]《西铭》中提出许多原创观点，其中一个观点就是"民吾同胞，物吾与也"[⑦]。意思是说，民众是我的同胞，万物是我的同伴。能够在宋代提出这么宝贵的思想，十分难得。郑板桥应该是十分钟爱张载的文章，尤其是其撰写的《西铭》。郑板桥在一首题画诗中写道："莫漫锄荆棘，由他与竹高。《西铭》原有说，万物总同胞。"[⑧] 郑板桥不仅学习《西铭》，而

---

① （清）郑燮：《郑板桥诗词文选》，中华工商联合出版社 2018 年版，第 78 页。

② （清）郑燮：《郑板桥诗词文选》，中华工商联合出版社 2018 年版，第 78 页。

③ 许嘉璐：《二十四史全译：三国志》（全二册）第二册，汉语大词典出版社 2004 年版，第 817 页。

④ 许嘉璐：《二十四史全译：三国志》（全二册）第二册，汉语大词典出版社 2004 年版，第 820 页。

⑤ （清）郑燮：《郑板桥诗词文选》，中华工商联合出版社 2018 年版，第 150 页。

⑥ 王同书：《郑燮评传》，南京大学出版社 2002 年版，第 165 页。

⑦ 王同书：《郑燮评传》，南京大学出版社 2002 年版，第 165 页。

⑧ （清）郑燮：《郑板桥诗词文选》，中华工商联合出版社 2018 年版，第 115 页。

且还能按照《西铭》所体现出的理念去待人、处世、为官、交友。上述强调的“民吾同胞，物吾与也”，在郑板桥生活和工作中，体现得很明显。在待人方面，郑板桥强调要有“爱”心：“爱人是好处，骂人是不好处。”① 在处世方面，郑板桥强调要有同情心，要济贫扶弱。他因葬父母于刹院寺旁，来尽孝心、保平安。然而寺院附近的穷人却吃糠啜粥、勉强度日，郑板桥每想到此处就落泪，就想帮助这些人：“每一念及，真含泪欲落也。汝（郑板桥之弟）持俸钱南归，可挨家比户，逐一散结。”② 在为官方面，郑板桥更是将浓厚的民本思想情结彰显出来。他关注民生，解决民忧。年过半百的郑板桥走上仕途。“由于来自社会底层，饱经生活的磨难，他有着鲜明的惜贫爱民思想，立志做一个为老百姓办实事的好官。”③ 他在范县、潍县当知县，积极地为老百姓办事，有政声。在交友方面，他以诚待人，与朋友交心，故能得到朋友的推崇。

① （清）郑燮：《郑板桥诗词文选》，中华工商联合出版社 2018 年版，第 151 页。
② （清）郑燮：《郑板桥诗词文选》，中华工商联合出版社 2018 年版，第 151 页。
③ 张捷夫：《清代人物传稿》（上编）第十卷，中华书局 2001 年版，第 246 页。